bell hooks

Gemeinschaft leben lernen

UNRAST

bell hooks, am 25. September 1952 als Gloria Watkins in Hopkinsville, Kentucky geboren und Ende 2021 verstorben, war eine afroamerikanische Literaturwissenschaftlerin, Autorin und Aktivistin. Schon als junge Studentin schloss sie sich der feministischen Bewegung an und machte sich 1981 gleich mit ihrem ersten Buch *Ain't I a Woman?* einen Namen weit über wissenschaftliche Kreise hinaus. In den nachfolgenden Jahrzehnten hat sie zahlreiche Werke veröffentlicht, in denen sie sich mit Rassismus, Sexismus und Klassismus beschäftigt, und ist dafür mehrfach ausgezeichnet worden.

bell hooks

Gemeinschaft leben lernen

Bildung als Praxis der Hoffnung

Aus dem amerikanischen Englisch
von Helene Albers

UNRAST

Bibliografische Information der Deutschen Bibliothek
Die Deutsche Bibliothek verzeichnet diese Publikation in der Deutschen Nationalbibliografie; detaillierte bibliografische Daten sind im Internet über https://dnb.de abrufbar.

bell hooks: Gemeinschaft leben lernen
1. Auflage, Mai 2024
ISBN 978-3-89771-383-3

www.unrast-verlag.de | kontakt@unrast-verlag.de
Mitglied in der assoziation Linker Verlage (aLiVe)

Titel der Originalausgabe
Teaching Community, A Pedagogy of Hope, New York 2003

Autorisierte Übersetzung der englischsprachigen Ausgabe, herausgegeben von Routledge, einem Mitglied der Taylor & Francis Group LLC

Umschlag: Unrast Verlag, Münster
Satz: Unrast Verlag, Münster
Druck: Multiprint, Kostinbrod

Inhalt

	Vorwort Hoffnung lehren und leben	9
1	Der Wille zum Lernen Die Welt als Schule	19
2	Auszeit Lehre ohne Grenzen	33
3	Über Rassismus sprechen	47
4	Demokratische Bildung	65
5	Wenn weiße Menschen sich ändern	75
6	Standards	91
7	Wie wir dienen können	107
8	Die Scham überwinden	117
9	Die Hoffnung bewahren Gemeinschaft stärken	129
10	Progressives Lernen Eine Familienangelegenheit	141
11	Von Herz zu Herz Mit Liebe unterrichten	151
12	Guter Sex Leidenschaftliche Pädagogik	163
13	Spiritualität in Bildung und Erziehung	181
14	Dies ist unser Leben Lehren im Angesicht des Todes	189
15	Spirituelle Themen im Unterricht	199
16	Erkenntnisse aus der Praxis	209

»Es ist unerlässlich,
die Hoffnung aufrechtzuerhalten,
auch wenn die raue Wirklichkeit
das Gegenteil nahelegen mag.«

Paulo Freire

Vorbemerkung des Verlags zum Sprachgebrauch:

Sprache als Kulturgut unterliegt beständigem Wandel, ebenso wie fortschreitende sozialwissenschaftliche Diskurse, in denen Standpunkte auch über sich verändernde Sprache vertreten werden. Dies ist in einer modernen Übersetzung eines 2003 geschriebenen Textes nicht immer unproblematisch und soll deshalb an dieser Stelle kurz erklärt werden.

In diesem Buch benutzen wir

- gendersensible Sprache, die mit dem eingefügten Doppelpunkt möglichst barrierearm alle biologischen und sozialen Geschlechter ansprechen soll. Begriffe, die im Kontext der 1990er-Jahre ausschließlich cis Frauen (und Lesben) bezeichnen, werden hier im generischen Femininum belassen und nicht gegendert.
- ›Schwarz‹ als identitätsstiftenden und selbstgewählten Begriff von Menschen und Communitys in Großschreibweise, weil er nicht als adjektivische Zuschreibung zu verstehen ist – und schon gar nicht als Farbe.
- den englischen Begriff *race* unübersetzt. Im Gegensatz zum deutschen Wort ›Rasse‹, das biologistisch und auch historisch äußerst problematisch konnotiert ist, wird *Race* heute auch im deutschen Sprachraum zunehmend als emanzipatorischer Begriff verwendet.

Vorwort

Hoffnung lehren und leben

Vor zehn Jahren begann ich, eine Sammlung von Aufsätzen über das Unterrichten zu schreiben – das Endergebnis war *Die Welt verändern lernen – Bildung als Praxis der Freiheit (engl.: Teaching to Transgress. Education as the Practice of Freedom)*. Als ich dieses Projekt in der Anfangsphase mit meinem sehr geschätzten weißen Lektor Bill Germano diskutierte, kam immer wieder die Frage nach dem möglichen Publikum für ein solches Buch auf. Gab es wirklich ein Publikum von Lehrenden und Lernenden[1], das an Diskussionen über Diversität im Unterricht, über Probleme und Hürden beim Lehren und Lernen, die den Kern dieses Textes bilden, interessiert war? Würden Professor:innen dieses Werk lesen wollen? Waren die Themen wirklich von allgemeiner Relevanz? Ich war damals sehr zuversichtlich, dass es viele Menschen im Lehrbetrieb gab, die sich, wie ich selbst, auf einen Austausch über all diese Themen einlassen wollten. Nachdem die Grundsatzfragen geklärt waren, machten wir uns an die Veröffentlichung. Die unmittelbare Reaktion des Publikums bewies dem

1 Anm. d. Ü.: In diesem Buch schreibt bell hooks über das Lehren an Schulen, Colleges und Universitäten. Für ihre pädagogischen Reflexionen nimmt sie ihre eigenen Erfahrungen als Schülerin, als Studentin und als Lehrerin bzw. Dozentin am College und an der Universität als Ausgangspunkt. Im englischen Original ist von »students«, »classroom«, »teacher«, »professor« usw. die Rede, ohne dass immer klar zwischen Schulen, Colleges und Universitäten unterschieden wird. Da ihre pädagogischen Konzepte sowohl für die Schule als auch für die Hochschulbildung relevant sind, wird im Folgenden oft allgemein von Lehrenden und Lernenden gesprochen und nur da von Schüler:innen, Studierenden, Lehrer:innen und Professor:innen bzw. Dozent:innen, wo sie ausdrücklich differenziert.

Verlag, dass das Werk zur rechten Zeit kam. Aufgrund seines lockeren Tons war es leicht zu lesen und bot den Leser:innen die Möglichkeit, zu den einzelnen Kapiteln zurückzukehren und mit Ideen zu arbeiten, die sie neu fanden und schwierig, aufwühlende Ideen oder ganz einfach Ideen, mit denen sie nicht einverstanden waren und die sie noch einmal überdenken wollten. Mehr als jedes andere Buch, das ich geschrieben habe, hat *Die Welt verändern lernen* die unterschiedlichen Zielgruppen erreicht, die ich mir als Lesepublikum vorgestellt habe. Die Aufsätze schlagen einen Bogen zwischen den Lehrkräften an öffentlichen Schulen und denjenigen von uns, die größtenteils, wenn nicht sogar ausschließlich, an Colleges und Universitäten lehren. Sie befassen sich mit allgemeinen Problemen, mit denen alle Lehrenden konfrontiert sind, unabhängig davon, in welcher Unterrichtsumgebung sie arbeiten.

Sicherlich war es die Veröffentlichung von *Die Welt verändern lernen*, die einen Raum schuf, in dem ich mit Lehrenden und Lernenden in öffentlichen Schulen ins Gespräch kam, mich mit angehenden Lehrer:innen unterhielt und ihnen zuhörte, wenn sie mit mir über das Unterrichten sprechen wollten. Der unglaubliche Erfolg von *Die Welt verändern lernen* veranlasste meinen Verleger, mich kurz nach der Veröffentlichung dieses ersten Buches zu drängen, ein weiteres Buch über das Unterrichten zu schreiben. Ich war aber fest entschlossen, kein weiteres Buch in dieser Art zu schreiben, es sei denn, ich verspürte dazu eine innere Notwendigkeit, die mich oft zum leidenschaftlichen Schreiben antreibt.

In den vergangenen zehn Jahren habe ich mehr Zeit damit verbracht, Professor:innen und Studierenden etwas über das Unterrichten beizubringen, als in den regulären Lehrveranstaltungen des Fachbereichs Englisch, der Feminist Studies oder der African American Studies. Es war nicht nur die große Resonanz auf mein Buch *Die Welt verändern lernen*, die mir diese neuen Räume für den Diskurs eröffnete. Hinzu kam etwas anderes: als ich in die Öffentlichkeit trat, um als Dozentin zu arbeiten, war ich von Anfang an bestrebt, Leidenschaft, Kompetenz und Würde in die Kunst des Unterrichtens einzubringen: Daher war meinem Publikum klar, dass ich das praktizierte, was ich predigte. Diese Verbindung von Theorie und Praxis war ein lebendiges Beispiel für alle Lehrpersonen, die auf der Suche nach praxisorientierter Erkenntnis sind. Ich will nicht unbescheiden sein, wenn ich die Qualität meiner Lehrtätigkeit und meines Schreibens über das Unterrichten anspreche, sondern ich möchte mit meinem Beispiel lediglich der vorherrschenden Meinung entgegentreten, dass es einfach zu schwierig sei, theoretische Erkenntnisse umzusetzen – dem ist nicht so. Diejenigen von uns, die Verbindungen herstellen und Grenzen überschreiten wollen, tun dies auch. Ich wünsche mir, dass alle, die mit Leidenschaft unterrichten und sich darüber freuen, wenn sie ihre Arbeit gut gemacht haben, ein inspirierendes Beispiel abgeben, gerade auch, um junge Menschen für den Lehrberuf zu begeistern.

Es gibt sicherlich Momente im Unterrichtsalltag, in denen ich in der Kunst des Lehrens nicht überragend bin. Es ist jedoch von entscheidender Bedeutung, dass wir uns dem Gefühl der Scham oder Verlegenheit widersetzen, dem Lehrpersonen, die ihre Arbeit gut machen, möglicherweise erliegen, wenn sie sich selbst loben oder von anderen für ihre hervorragende Leistung gelobt werden. Denn wenn wir unser Licht unter den Scheffel stellen, tragen wir zur allgemeinen kulturellen Abwertung unseres Lehrberufs bei. Als großer Basketballfan sage ich den Menschen, die mir zuhören, oft: »Glauben Sie wirklich, dass Michael Jordan nicht weiß, dass er ein unglaublicher Ballkünstler ist? Dass er während seiner gesamten Karriere wie kein anderer außergewöhnliche Fähigkeiten bewiesen und großartige Leistungen vollbracht hat?«

In den letzten zehn Jahren habe ich viele Stunden damit verbracht, abseits des normalen Hochschulbetriebs zu unterrichten. Durch die Veröffentlichung von Kinderbüchern habe ich mehr Zeit als ich jemals gedacht hätte damit verbracht, Kinder zu unterrichten und mit ihnen zu sprechen, insbesondere mit Kindern im Alter von drei bis sechs Jahren. Dieser Unterricht findet in unterschiedlichen Umgebungen statt – in Kirchen, Buchläden, Privathäusern, in denen Menschen zusammenkommen, und in verschiedenen Klassenräumen in öffentlichen Schulen, an Colleges und Universitäten. Der aufregendste Aspekt des Unterrichtens außerhalb konventioneller bzw. universitärer Strukturen besteht darin, dass wir die Theorie, die wir in der Welt der Wissenschaft entwickeln, mit einem nicht-akademischen Publikum teilen und, was am wichtigsten ist, dass wir den Hunger dieser Menschen nach neuen Erkenntnissen und ihren Wunsch, dieses Wissen auf sinnvolle Weise zu nutzen, um ihr tägliches Leben zu bereichern, miterleben.

Als ich anfing, feministische Theorie zu entwickeln und mich mit anderen feministischen Wissenschaftlerinnen über ihre Ideen auszutauschen, wollten wir auf keinen Fall nur an der Herausbildung einer neuen Elite mitwirken, bestehend aus der Gruppe von Frauen mit Hochschulbildung, die am meisten von feministischem Denken und feministischer Praxis profitieren würden. Unser Bewusstsein und unser Leben war durch das feministische Denken und die feministische Praxis grundlegend verändert worden, und wir glaubten damals wie heute, dass der Erfolg der feministischen Bewegung im Wesentlichen davon bestimmt ist, inwieweit sie die gleiche Wirkung auf die ›normale‹ Bevölkerung haben würde. Mit dieser politischen Hoffnung verbanden wir die Verpflichtung, eine Theorie zu entwickeln, die sich direkt und inklusiv an ein breites Publikum wendet. Mit der Verwissenschaftlichung des Feminismus und seinem Niedergang als politische Massenbewegung war es schwierig, dieses Ziel in einem akademischen Arbeitsumfeld zu erreichen, weil hier Theorien, um gut genug für eine Beförderung und eine feste Anstellung zu sein, oft in einer schwer verständlichen Wissenschaftssprache formuliert werden mussten. Viele faszinierende feministische Ideen erreichen so nie ein Publikum außerhalb der akademischen Welt, weil sie einfach nicht verständlich sind. Paradoxerweise geschieht dies oft in Bereichen wie Soziologie und Psychologie, in denen die Themen eigentlich unmittelbar mit den Entscheidungen verbunden sind, die Menschen im Alltag treffen. Ein Beispiel sind feministische Arbeiten über Elternschaft, insbesondere über den Wert männlicher Elternschaft. Ein großer Teil dieser Arbeiten ist jedoch in einem komplizierten akademischen Jargon verfasst. Selbst schwere Wälzer, in denen es nicht so sehr von Fremdwörtern wimmelt, sind für müde Berufstätige nur schwer durchzuackern, um etwas für sie Relevantes daraus ziehen zu können.

Je weiter ich in meiner akademischen Karriere vorankam, desto mehr sehnte ich mich danach, meine intellektuelle Arbeit für einen breiteren Kreis nutzbar zu machen und Foren zu finden, in denen über klassistische, rassistische und andere Barrieren hinweg ein Austausch über mein Praxiswissen erfolgen kann. Ich habe Theorien entwickelt, die für viele Menschen außerhalb der akademischen Welt schwer zu lesen sind, aber was sie verstehen, bringt sie oft dazu, sich mit den Schwierigkeiten auseinanderzusetzen. Gleichzeitig habe ich eine Reihe von populären Schriften verfasst, die viele verschiedene Menschen auf der Ebene ihrer unterschiedlichen Lernfähigkeiten ansprechen. Ich finde das nicht nur aufregend, sondern es bestätigt auch, dass die massenwirksamen Ziele feministischer Politik, die viele von uns vertreten, erreicht werden können. Wir können in der Tat eine Arbeit leisten, die mit allen geteilt werden kann. Und diese Arbeit kann dazu dienen, all unsere widerständigen Communitys zu erweitern, so dass sie nicht nur aus Hochschullehrenden, Studierenden oder versierten Politprofis bestehen.

In den letzten Jahren haben die Massenmedien der Öffentlichkeit weisgemacht, dass die Frauenbewegung nicht funktioniert hat, dass Frauenförderung ein Fehler war und dass alle im Rahmen der Kulturwissenschaften entwickelten alternativen Studiengänge und Fachbereiche bei der Ausbildung von Studierenden versagen. Um diesen öffentlichen Narrativen entgegenzuwirken, ist es von entscheidender Bedeutung, dass wir alle diese Fehlinformationen infrage stellen, und zwar nicht nur so, dass wir die Behauptungen abstreiten. Wir müssen auch wahrhaftig und gründlich Rechenschaft über die konkreten Maßnahmen ablegen, die als Folge unserer Bemühungen um Gerechtigkeit in der Bildung durchgeführt wurden. Vor allem müssen wir all die positiven, lebensverändernden Ergebnisse hervorheben, die aus den kollektiven Bemühungen erwachsen sind, unsere Gesellschaft und insbesondere das Bildungswesen so zu verändern, dass es nicht länger ein Ort der Ausübung von Herrschaft ist, in welcher Form auch immer.

Wir brauchen politische Massenbewegungen, die die Menschen in diesem Land dazu aufrufen, für die Demokratie und das Recht aller auf Bildung einzutreten und sich für die Beendigung von Herrschaft in all ihren Formen einzusetzen. Wir brauchen Menschen, die für Gerechtigkeit kämpfen und unser Bildungssystem verändern, damit Lernende dort nicht in einer Weise indoktriniert werden, dass sie das imperialistische, kapitalistische Patriarchat weißer Vorherrschaft oder irgendeine Ideologie unterstützen, sondern lernen, ihren Geist zu öffnen, sich ernsthaft Wissen anzueignen und kritisch zu denken. Lehrende wie Studierende haben sich dafür eingesetzt, die akademische Welt so zu verändern, dass der Unterricht nicht zu einem Ort wird, an dem Vorherrschaft (auf der Grundlage von Race, Klasse, Gender, Nationalität, sexueller Präferenz, Religion) aufrechterhalten wird, und sie haben positive Entwicklungen im Denken und Handeln miterlebt. Sie haben gesehen, wie weiße Vorherrschaft, rassistisch begründeter Kolonialismus, Sexismus und Fremdenfeindlichkeit auf breiter Front infrage gestellt wurden.

Mittlerweile gibt es eine unglaubliche Fülle von Texten, die konkret dokumentieren, dass einzelne Wissenschaftler:innen es nicht nur gewagt haben, frühere parteiische Arbeiten zu revidieren, sondern auch mutig neue Beiträge geliefert haben, um uns allen zu helfen, besser zu verstehen, wie Herrschaftssysteme funktionieren – sowohl eigenständig als auch in wechselseitiger Abhängigkeit –, um Ausbeutung und Unterdrückung dauerhaft aufrechtzuerhalten. Indem sie das Private zum Politischen machten, erlebten viele Menschen einen tiefgreifenden Wandel in ihrem Denken, der ihr Leben veränderte: Weiße, die sich gegen Rassismus engagierten; Männer, die Sexismus und Patriarchat infrage stellten; Heterosexuelle, die begannen, sich ernsthaft für sexuelle Freiheit einzusetzen. Es hat viele stille Momente gegeben, in denen es zu unglaublichen Veränderungen im Denken und Handeln kam, die radikal und revolutionär waren. Um diese Momente richtig zu würdigen und wertzuschätzen, müssen wir sie benennen, auch wenn wir weiterhin rigoros Kritik äußern. Beides, die Benennung der Probleme und die klare Formulierung dessen, was wir tun, um sie anzugehen und zu lösen, sind notwendig, um einen neuen Geist des Widerstands zu wecken und zu inspirieren. Wenn wir das Problem nur benennen, wenn wir uns bloß beschweren, ohne uns konstruktiv auf eine Lösung zu konzentrieren, nehmen wir uns die Hoffnung. Kritik kann so leicht zu einem bloßen Ausdruck von tiefem Zynismus werden, der dann sogar noch zur Aufrechterhaltung der Herrschaftskultur beiträgt.

In den letzten zwanzig Jahren haben Pädagog:innen es immer öfter gewagt, neue Wege des Denkens und Lehrens zu erforschen und zu erlernen. Um zu verhindern, dass pädagogische Arbeit dazu beiträgt, bestehende Herrschaftssysteme, Imperialismus, Rassismus, Sexismus oder Klassenelitismus zu verstärken, haben sie eine Pädagogik der Hoffnung entwickelt. Der brasilianische Pädagoge Paulo Freire erinnert uns an die Notwendigkeit, die Hoffnung nicht aufzugeben: »Der Kampf für die Hoffnung bedeutet, jegliche Missstände in aller Deutlichkeit anzuprangern. (...) Indem wir sie anprangern, wecken wir in anderen und in uns selbst das Verlangen nach Hoffnung und auch den Geschmack daran.« Die Hoffnung befähigt uns, unseren Kampf für Gerechtigkeit fortzusetzen, auch wenn die Kräfte der Ungerechtigkeit eine Zeit lang an Macht gewinnen mögen. Als Lehrende gehen wir mit Hoffnung in den Unterricht. Freire stellt fest: »Aus welcher Perspektive auch immer wir die authentische pädagogische Praxis betrachten – sie ist stets mit Hoffnung verbunden.«

Meine Hoffnung wächst, wenn ich Menschen erlebe, die darum ringen, ihr Leben und die Welt um sie herum positiv zu verändern. Unterrichten ist immer eine Berufung, die in der Hoffnung wurzelt. Als Lehrende glauben wir, dass Lernen möglich ist, dass nichts einen offenen Geist davon abhalten kann, nach Wissen zu streben und einen Weg zur Erkenntnis zu finden. In ihrem Buch *The Outrageous Pursuit of Hope. Prophetic Dreams for the Twenty-First Century* erinnert uns Mary Grey daran, dass wir alle von der Hoffnung leben. Sie verkündet: »Hoffnung erweitert die Grenzen des Möglichen. Sie ist mit jenem Grundvertrauen in das Leben verbunden, ohne das wir keinen Tag überleben könnten (...) Von der Hoffnung zu leben, bedeutet, zu glauben, dass es sich lohnt, den nächsten Schritt zu wagen: dass unser Tun einen Sinn hat, dass unsere Familie, unsere Kultur und Gesellschaft es wert sind, dafür zu leben und zu sterben. In der Hoffnung zu leben, heißt für uns: ›Es gibt einen Ausweg‹, selbst aus den gefährlichsten und verzweifeltesten Situationen.« Eine der Gefahren, denen wir in unseren Bildungssystemen begegnen, ist der Verlust des Gemeinschaftsgefühls; nicht nur die Nähe zu unseren Kolleg:innen und unseren Lernenden geht verloren, sondern auch das Gefühl der Verbundenheit und des engen Kontakts mit der Welt jenseits von Schule und Universität.

Progressive Bildung – Bildung als Praxis der Freiheit – ermöglicht es uns, Gefühle des Verlustes zu bewältigen und unser Gefühl der Verbundenheit wiederherzustellen. Sie lehrt uns, wie wir Gemeinschaft schaffen können. In diesem Buch weise ich auf vieles hin, was der Verbundenheit im Wege steht, und gleichzeitig verdeutliche ich, was wir bereits alles tun, um Gemeinschaft aufzubauen und zu erhalten. *Gemeinschaft leben lernen – Pädagogik als Praxis der Hoffnung [oder: Eine Pädagogik der Hoffnung]* bietet konkretes Praxiswissen darüber, was schon getan wird und was wir noch tun können, um den Unterricht zu einem Ort zu machen, der lebensdienlich und bewusstseinserweiternd ist, zu einem Ort der befreienden Gegenseitigkeit, an dem Lehrende und Lernende partnerschaftlich zusammenarbeiten. Ob ich nun über Liebe und Gerechtigkeit schreibe, über weiße Menschen, die ihr Leben so verändern, dass sie im Kern ihres Wesens antirassistisch werden, oder über die Frage von Sex und Macht zwischen Lehrenden und Lernenden, oder über die Art und Weise, wie wir das Wissen über Tod und Sterben nutzen können, um unseren Lernprozess zu fördern – dieses Buch soll ein Zeugnis der Hoffnung sein. Es Buch soll dazu beitragen, unser kollektives Bewusstsein für Gemeinschaft wiederzuerlangen, das immer vorhanden ist, wenn wir wahrhaftig lehren und lernen.

Die hier versammelten Texte gehören nicht mir allein. Sie sind das Ergebnis vieler Stunden, die ich im Gespräch mit Weggefährt:innen, Studierenden, Kolleg:innen und Fremden verbracht habe. Sie sind das Ergebnis von lebensverändernden Diskussionen, die im Kontext von Gemeinschaftsbildung stattgefunden haben. Der vietnamesische buddhistische Mönch Thich Nhat Hanh lehrt: »In einem echten Dialog sind beide Seiten bereit, sich zu verändern. Wir müssen anerkennen, dass die Wahrheit auch außerhalb – und nicht nur innerhalb – unserer eigenen Gruppe zu finden ist. Wir müssen wirklich daran glauben, dass wir durch den Dialog mit einer anderen Person die Möglichkeit haben, uns selbst zu verändern, dass wir dadurch eine tiefere Ebene erreichen können.« Indem ich in diesen Aufsätzen offen und ehrlich darüber spreche, wie wir uns für den Wandel einsetzen und wie wir dabei selbst verändert werden können, hoffe ich, den Möglichkeitsraum zu erhellen, in dem wir daran arbeiten können, unsere Hoffnung aufrechtzuerhalten und eine Gemeinschaft zu bilden, in der Gerechtigkeit die zentrale Grundlage ist.

Parker Palmer glaubt, dass aufgeklärter Unterricht Gemeinschaft schafft und fördert. Viele von uns wissen, dass dies so ist, weil wir in der lebensbejahenden Atmosphäre verschiedener widerständiger Communitys lehren und leben. Sie sind die Quelle unserer Hoffnung, der Ort, an dem unsere Leidenschaft, sich zu verbinden und zu lernen, ständig erfüllt wird. Palmer erklärt: »Diese Gemeinschaft geht weit über unsere persönliche Beziehung zueinander als menschliche Wesen hinaus. Besonders in der Bildung verbindet uns diese Gemeinschaft mit dem (...) ›großen Ganzen‹ dieser Welt und mit seiner ›Erhabenheit‹. (...) Wir sind gemeinschaftlich mit diesem großen Ganzen verbunden, und großartiges Unterrichten bedeutet, diese Gemeinschaft zu kennen, zu spüren und dann die Lernenden darin einzubinden.« Ich hoffe, dass *Gemeinschaft leben lernen – Pädagogik als Praxis der Hoffnung* euch auch in dieser Weise anspricht und euren Geist erneuert.

1

Der Wille zum Lernen

Die Welt als Schule

Seit den Anfängen des öffentlichen Schulwesens wurde Bildung dazu benutzt, die Werte der Herrschenden zu fördern und institutionalisierte Systeme der Dominanz über andere (Rassismus, Sexismus, nationalistischer Imperialismus) zu stärken. Als fortschrittliche Lehrende im ganzen Land begannen, dies infrage zu stellen, kam es in den Colleges zu einer pädagogischen Revolution. Mehr und mehr konnten wir die versteckte konservative politische Ausrichtung der Unterrichtsinhalte und -materialien aufdecken und zeigen, wie Ideologien der Herrschaft beeinflussen, auf welche Art und Weise unterrichtet und agiert wird. Dadurch eröffnete sich ein Raum, in dem Lehrende begannen, ganz grundsätzlich darüber nachzudenken, wie ein Unterricht aussehen könnte, in dem Studierende frei denken können anstatt indoktriniert zu werden. In den Schwarzen Schulen meiner Kindheit in den Südstaaten wurden imperialistische, weiß-suprematistische, kapitalistische und patriarchale Werte gelehrt, auch wenn diese Werte zuweilen kritisiert wurden. In jenen Tagen wurden ›hellhäutigere‹ Schüler:innen von Schwarzen Lehrpersonen bevorzugt, waren diese in der Regel doch selbst meist ›hellhäutig‹, da die Hierarchie unter den Menschen of Color es ihnen eher ermöglicht hatte, eine bessere Bildung zu erhalten und aufzusteigen. Indem sie diesen Schüler:innen mehr Respekt und Achtung entgegenbrachten, vermittelten sie das Gedankengut der weißen Vorherrschaft, auch wenn sie möglicherweise lehrten, dass die Versklavung der Schwarzen durch die Weißen grausam und ungerecht war, und selbst dann, wenn sie antirassistische Rebellion und Widerstand priesen.

In diesem – wenn auch begrenzten – Freiraum der alternativen Denkangebote konnten sich die Lernenden an der Auflehnung gegen die Unterdrückung bestimmter Wissensbestände beteiligen. So war es möglich, befreiende Ideen selbst in einem Kontext der Unfreiheit kennenzulernen, auch wenn dieser Kontext eigens geschaffen worden war, um uns dazu zu erziehen, Herrschaft zu akzeptieren, unseren Platz innerhalb der rassistischen, sexistischen und klassistischen Hierarchien zu akzeptieren. Natürlich war diese Praxis in allen Bildungseinrichtungen anzutreffen. Als Frauen, zumeist Weiße, zum ersten Mal Schulen und Hochschulen betraten und dort über das Patriarchat lernten, war ihre bloße Anwesenheit selbst ein Moment des Aufruhrs, eine Herausforderung. Im patriarchalen Wissenschafts- und Lehrbetrieb haben Frauen seither beständig gelernt, sexistische Verzerrungen des Wissens, die geschlechterspezifische Herrschaft festschreiben, zu erkennen und Wissensformen zu entdecken, die das Bewusstsein für Geschlechtergleichheit und weibliche Selbstbestimmung stärken.

Sicherlich hat die Institutionalisierung der Black Studies afroamerikanischen Menschen einen Raum eröffnet, in dem die vorherrschende imperialistische Ideologie der weißen Überlegenheit infrage gestellt werden konnte. In den späten 1960er und frühen 1970er Jahren radikalisierten sich die Studierenden, mich eingeschlossen, weil sie ein kritisches Bewusstsein dafür entwickelten, wie das Denken der Herrschenden unser Wissen geprägt hatte. Als junges Mädchen hatte ich den weißen Lehrkräften noch geglaubt, wenn sie mir sagten, wir würden keine Bücher von Schwarzen lesen, weil es keine gäbe, oder jedenfalls keine guten. Als kritisch denkende Studierende lernte ich dann aber, die Quellen von Informationen zu hinterfragen. Im Jahr 1969 veröffentlichte June Jordan den Aufsatz »Black Studies: Bringing Back the Person«. Sie argumentierte hier, dass Black Studies ein gegenhegemonialer Ort für dekolonisierte Schwarze sei, und schrieb: »Schwarze Studierende, die auf der Suche nach der Wahrheit sind, verlangen nach Lehrpersonen, die am wenigsten lügen, die am wenigsten die Traditionen der Lüge aufrechterhalten; Lügen, die den Vater aus dem Gedächtnis des Kindes tilgen. Wir fordern Schwarze Dozent:innen in Black Studies. Wir glauben zwar nicht, dass nur Schwarze Menschen die Schwarze Erfahrung verstehen können (...) Für uns gibt es jedoch keine Alternative zur ›Schwarzen Erfahrung‹ und auch nicht zu den ›Black Studies‹: Wir müssen uns selbst kennen (...) Wir suchen nach Gemeinschaft. Wir haben bereits viel zu lange unter dem Gegenteil von Gemeinschaft, von Menschlichkeit gelitten. Wir haben die Peitschenhiebe der ›white studies‹ ertragen (...) und deshalb können wir unmöglich die Potenziale der ›Black Studies‹ ungenutzt lassen. Wir müssen die Schwarzen Menschen erforschen – die einzigen Menschen, die der Rettung dieser Menschen verpflichtet sind.« Dies war eine eindringliche Botschaft über die Dekolonisierung der Wissensformen und die Befreiung des Wissens aus dem Würgegriff weiß-suprematistischer Interpretationen und Gedanken. In diesem Essay warf Jordan die entscheidende Frage auf: »Ist die Universität bereit, uns etwas Neues zu lehren?« Von Anfang an schuf die Präsenz der Black Studies einen Kontext für eine Gegenerzählung, in der ein Lernen stattfinden konnte, das die weiße Vorherrschaft nicht verstärkte.

Mit dem Erfolg der militanten antirassistischen Arbeit der Schwarzen nahm auch die feministische Bewegung an Fahrt auf. Da gut ausgebildete weiße Frauen mit Klassenprivilegien in der einzigartigen Lage waren, durch Gleichstellungs- bzw. Fördermaßnahmen in weitaus größerer Zahl als Schwarze in die akademische Welt einzutreten, gelang es ihnen selbst wiederum, durch diese Politik der Affirmative Action den Frauenanteil zu erhöhen. Da sie die unmittelbarsten Nutznießerinnen der Fördermaßnahmen waren, diente ihre Einbeziehung letztlich dazu, »weiße Macht und Privilegien« zu stärken, ob sie nun antirassistisch eingestellt waren oder nicht. Wenn Stellen in der Wissenschaft, die durch die bürgerrechtlich inspirierte Antidiskriminierungspolitik geschaffen wurden, an weiße Bewerberinnen gingen, konnten weiße Männer an der Macht sich selbst als Kämpfer gegen Diskriminierung darstellen, ohne wirklich Platz für ethnische Diversität oder für die Einbeziehung größerer Gruppen von Menschen of Color zu machen. Feministische, größtenteils weiße Frauen, die ab den späten 1960er-Jahren und bis in die 1980er-Jahre hinein in großer Zahl in die Wissenschaft eintraten und durch feministische Bewusstseinsbildung radikalisiert wurden, stellten das Patriarchat infrage und begannen tatsächlich, Änderungen in den Curricula zu fordern, damit diese nicht länger geschlechterspezifische

Vorurteile widerspiegeln würden. Weiße Akademiker waren viel eher bereit, sich auf die Gleichstellung der Geschlechter einzulassen als auf eine Gleichstellung rassifizierter Gruppen.

Feministische Interventionen waren erstaunlich erfolgreich, wenn es darum ging, akademische Lehrpläne zu verändern. So waren es beispielsweise nicht die Black Studies, die zur Wiederentdeckung von zuvor nicht anerkannten Schwarzen Schriftstellerinnen wie Zora Neale Hurston führten, sondern feministische Wissenschaftlerinnen. Dazu gehörten auch Schwarze Frauen, die die »Herstory« neu aufleben ließen, indem sie auf die patriarchale Ausgrenzung von Frauen aufmerksam machten und so das Bewusstsein schufen, das zu ihrer stärkeren Einbeziehung führte. Obwohl ich meine Lehrtätigkeit im Bereich der Black Studies begann, beschäftigten sich die Kurse, die immer am besten besucht waren (ich musste sogar Studierende abweisen) mit schreibenden Frauen. Mittlerweile hat die feministische Infragestellung patriarchaler Lehrpläne und Lehrmethoden den Unterricht insgesamt völlig verändert. Immer mehr Studierende strömten in diese Kurse, in denen es keine einseitigen und voreingenommenen Unterrichtsmethoden und -inhalte gab, wo Bildung als Praxis der Freiheit eher die Norm war. Und da Colleges und Universitäten um zu überleben, darauf angewiesen sind, dass die Studierenden die Ware »Kurs« »kaufen«, führte dies dazu, dass die Autorität der traditionellen weißen männlichen Machtstruktur erfolgreich untergraben werden konnte.

Nur indem sie sich der Kampagne zur Änderung der Curricula anschlossen, waren weiße Männer in der Lage, ihre Machtpositionen zu behaupten. Wenn beispielsweise ein rassistischer, patriarchaler Englischprofessor, der einen Kurs über William Faulkner unterrichtete, der für viele Studierende obligatorisch war, mit einem ähnlichen Kurs konkurrieren musste, der von einer feministischen, antirassistischen Professorin unterrichtet wurde, konnte es passieren, dass am Ende niemand an seinem Kurs teilnehmen wollte. Daher lag es im Interesse seines Überlebens, dass er seine Sichtweise revidierte und zumindest einmal eine Diskussion über die Genderfrage oder eine feministische Analyse einbezog.

In der Auflehnung gegen die Unterdrückung bestimmten Wissens hatten feministische Interventionen in der akademischen Welt eine größere Wirkung als die Black Studies, da weiße Frauen die größere Gruppe der weißen weiblichen Studierenden ansprechen konnten. Die Black Studies richteten sich von Beginn an hauptsächlich an Schwarze Studierende, während Women's Studies von Beginn an weiße Studierende ansprachen, in der Regel Frauen mit einem gewissen Grad an radikalem Bewusstsein. Doch mit der zunehmenden Akzeptanz der Geschlechtergleichstellung wurden feministische Kurse immer größer und zogen diverse Gruppen weißer Studierender und Studierender of Color an. Es fällt auf, dass feministische weibliche Professor:innen im Gegensatz zu den meisten nicht-feministischen Black-Studies-Professor:innen viel innovativer und progressiver in ihrem Lehrstil waren. Und so strömten die Studierenden oft in Scharen in die feministischen Lehrveranstaltungen, weil der Unterricht dort herausfordernder und einfach interessanter war. Wäre dies nicht der Fall gewesen, hätten es konservative weiße Akademiker:innen aus dem Mainstream nicht nötig gehabt, zum Gegenangriff überzugehen und die Women's Studies zu verunglimpfen. Fälschlicherweise behaupteten sie, dass die Studierenden in diesen Kursen keinerlei Wissen von weißen Männern zu lernen bräuchten, und dort auch nicht wirklich viel tun müssten. Indem sie die feministischen Lehrveranstaltungen abwerteten, gaben sie den Studierenden das Gefühl, dass sie akademisch suspekt erscheinen würden, wenn sie diese alternativen Disziplinen als Hauptfach wählten. Dabei war gerade der feministische Kurs ein anspruchsvoller Ort des Lernens, und als Bonus war der Unterrichtsstil in solchen Kursen oft weniger konventionell.

Ungeachtet der Intensität der antifeministischen Gegenreaktionen oder der konservativen Bemühungen um die Abschaffung der Black Studies und Women's Studies hatten die fortschrittlichen Interventionen nun einmal stattgefunden und enorme Veränderungen bewirkt. Einzelne Schwarze Frauen und Frauen of Color brachten zusammen mit einzelnen weißen Frauen, die sich dem antirassistischen Kampf angeschlossen hatten, eine Rassismuskritik in das feministische Denken ein, die die feministische Wissenschaft grundlegend veränderte, so dass viele der Anliegen der Black Studies nun durch eine Kooperation mit den Women's Studies und durch die feministische Wissenschaft aufgegriffen wurden. Im Laufe der Zeit, als sich die akademische Welt mehr und mehr veränderte und die notwendigen inklusiven Reformen – Gleichstellung der Geschlechter und mehr Diversität – durchgeführt wurden, waren feministische und/oder Schwarze Wissenschaftler:innen nicht mehr nur in alternativen Studiengängen zu finden. Progressive feministische weibliche Professor:innen und/oder Schwarze Professor:innen bzw. Professor:innen of Color wurden in den akademischen Betrieb eingebunden – mit anderen Worten, sie wurden aus dem ›Ghetto‹ der Women's Studies oder der Ethnic Studies herausgeholt. Dies geschah, weil weiße Männer ihre Kontrolle über diese Disziplinen zurückgewinnen wollten, aber es bedeutete auch, dass abweichende Stimmen in die konventionellen Disziplinen Einzug hielten. Diese Stimmen veränderten den Charakter des akademischen Diskurses nachhaltig.

Die erstaunlichen Veränderungen, die die Women's Studies und die Black Studies bzw. Ethnic Studies in der Hochschulbildung bewirkt haben, werden nur selten gewürdigt. Als fortschrittliche weiße Männer die alternative Disziplin der Kulturwissenschaften schufen, die von progressiven Standpunkten aus gelehrt wurde, tendierte der Erfolg dieser Studiengänge dazu, die kraftvollen Interventionen von Frauen und von Männern of Color zu überschatten. Das lag einfach an der Art und Weise, wie das Denken und die Praxis der weißen Vorherrschaft die Interventionen weißer Männer honoriert, während der Anschein erweckt wird, dass die progressiven Interventionen von Frauen und von Männern of Color nicht so wichtig sind. Da die Kulturwissenschaften – ungeachtet der Aufrechterhaltung der hegemonialen weißen männlichen Präsenz – häufig die Anerkennung von Race und Gender mit einschlossen, wurden sie unwissentlich zu einer der Kräfte, die Colleges und Universitäten dazu brachten, Studiengänge für Ethnic Studies und Women's Studies abzuschaffen, mit dem Argument, dass sie einfach nicht mehr gebraucht würden. Das allgemeine Mainstreaming alternativer Disziplinen und Perspektiven war eine Taktik, die eingesetzt wurde, um die konkreten Orte der Macht zu beseitigen, an denen sich eine andere Politik und eine andere Bildungsstrategie durchsetzen ließen, denn die Leute mussten sich nicht mehr auf den konservativen Mainstream verlassen, wenn es um Beförderung und Festanstellung ging. Nun, das hat sich alles geändert. Durch den erfolgreichen Backlash wurden die progressiven Veränderungen untergraben, und alles ist wieder so, wie es war. Die Herrschaft der weißen Männer bleibt ungebrochen. Überall in unserem Land wurden die Programme für Women's Studies und Ethnic Studies rücksichtslos zusammengestrichen.

Die konservative Manipulation der Massenmedien hat Eltern und Studierende erfolgreich darin bestärkt, sich vor alternativen Denkweisen zu fürchten und zu glauben, dass die Belegung eines Kurses in Women's Studies oder Ethnic Studies zum Scheitern führt und dazu, dass man später keinen Job bekommt. Diese Taktiken haben der Bewegung für progressive Bildung als Praxis der Freiheit geschadet, aber sie haben nichts an der Tatsache geändert, dass unglaubliche Fortschritte gemacht wurden. In *Teaching Values* erinnert uns Ron Scapp daran: »Die Feindseligkeit denen gegenüber, die ›Fragen stellen‹, und die Angst vor ihnen haben eine lange (und gewalttätige) Geschichte. Dass diejenigen, die heute Fragen stellen und sich gegen die scheinbar selbstverständlichen ›Gewissheiten‹ unserer Kulturgeschichte auflehnen, als Parias angesehen und angegriffen werden, sollte ebenfalls nicht überraschen.« Scapp macht darauf aufmerksam, dass die Leute, die sich gegen progressive Bildungsreformen wehren, »schnell dabei sind, sie abzutun oder zu diskreditieren (und manchmal ganz zunichte zu machen)«, aber das ändert nichts an der Tatsache, dass es einen mächtigen, bedeutsamen Aufstand des unterdrückten Wissens gegeben hat, der befreiend und lebenserhaltend ist.

Die Kämpfe für Gendergleichstellung und ethnische Diversität verknüpften Fragen der Beendigung von Herrschaft und der sozialen Gerechtigkeit mit Pädagogik. Der Unterricht wurde verändert. Die Kritik am herkömmlichen Kanon ermöglichte es den Stimmen visionärer Intellektueller, Gehör zu finden. So hat etwa Gayatri Spivak die Vorstellung, dass nur die Bürger:innen dieses Landes die Bedeutung des traditionellen Kanons kennen und verstehen können, auf brillante Weise hinterfragt. Kühn stellt sie fest: »Die Frage des literarischen Kanons ist in Wirklichkeit eine politische Frage: Es geht um die Sicherstellung von Autorität.« In *Outside in the Teaching Machine* erklärt sie, wie wichtig eine »transnationale Literalität« ist, und zwar bereits im Unterricht an der Highschool. Wenn Spivak über die Auswahl der Lerngegenstände schreibt, erklärt sie, dass sie sich aus postkolonialer Perspektive »in die

Debatte über den Unterrichtskanon einbringen muss«, aus der heraus es notwendig ist, Bildungsgerechtigkeit zu schaffen:

»Es kann keine allgemeine Theorie des Kanons geben. Der Kanon ist die Bedingung von Institutionen und die Wirkung von Institutionen. Der Kanon sichert die Institutionen, wie die Institutionen den Kanon sichern (...). Da es unzweifelhaft ist, dass es keine Expansion ohne Kontraktion gibt (...), [müssen wir] im Unterricht die neu in den Kanon aufgenommenen Werke verbindlich machen. Immer wenn ich dies anspreche, höre ich Geschichten von Studierenden, die ihren Lehrenden erzählt haben, dass ein ganzes Semester Shakespeare oder Milton oder Chaucer ihr Leben verändert hat. Ich bezweifle diese Geschichten nicht, aber wir müssen eine qualitative/quantitative Verschiebung vornehmen, wenn wir die neuen Werke kanonisieren wollen. (...) Das Leben der Studierenden wird sich vielleicht auch dadurch verändern lassen, dass sie ein Gefühl für die Diversität des neuen Kanons und für das unausgesprochene Machtspiel bekommen, das mit der Sicherung des alten Kanons verbunden ist.«

Spivaks Werk ist aus einer transnationalen, feministischen, antirassistischen und linken Kulturkritik hervorgegangen und verkörpert die außergewöhnliche Genialität und Macht der intellektuellen Interventionen, die die alte akademische Welt verändert haben.

Offensichtlich hat sich trotz der bildungspolitischen Interventionen nichts Grundlegendes geändert. Das macht die Veränderungen, die trotz allem stattgefunden haben, jedoch nicht weniger relevant oder beeindruckend. Während der konventionelle herrschaftsorientierte Frontalunterricht nach wie vor ein Ort war, an dem die Schüler:innen bzw. Studierenden einfach nur den Stoff auswendig lernen und wiederkäuen mussten, lernten sie im progressiven Unterricht, kritisch zu denken und offen zu werden. Und je mehr sie ihr kritisches Bewusstsein erweiterten, desto unwahrscheinlicher wurde es, dass sie Ideologien der Vorherrschaft unterstützten. Progressive Lehrende brauchten die Lernenden nicht zu indoktrinieren und ihnen beizubringen, dass sie sich der Herrschaft widersetzen sollten. Die jungen Menschen entwickelten diese Positionen von allein – durch ihre eigene Fähigkeit, kritisch zu denken und die Welt, in der sie leben, zu verstehen. Indem nun Fragen von Imperialismus und Rassismus, von Gender, Klasse und Sexualität erörtert wurden, schärfte sich das Bewusstsein aller für die Bedeutung dieser Anliegen (auch derjenigen, die nicht mit unserer Perspektive übereinstimmten). Dieses Bewusstsein hat die Voraussetzungen für konkrete Veränderungen geschaffen, auch wenn diese Voraussetzungen noch nicht allen bekannt sind. In den letzten zwanzig Jahren haben sich fortschrittliche Lehrende und Lernende für soziale Gerechtigkeit eingesetzt und damit die demokratischen Grundsätze auf beeindruckende Weise verwirklicht. Entsprechend heftig fiel auch die Gegenreaktion aus.

Bezeichnenderweise kamen die heftigsten Angriffe auf fortschrittliche Lehrende und neue Formen des Wissens nicht von Pädagog:innen, sondern von politischen Entscheidungsträger:innen und ihren konservativen Verbündeten, die die Massenmedien kontrollieren. Auf der ganzen Welt wurde diese konkurrierende Pädagogik, die Stimme der Herrschenden, durch die Lektionen der imperialistischen, weiß-suprematistischen, kapitalistischen und patriarchalen Massenmedien verbreitet. Während sich das Bildungswesen zu einem Ort entwickelte, an dem humanitäre Träume durch Bildung als Praxis der Freiheit mittels einer Pädagogik der Hoffnung verwirklicht werden konnten, war die Welt draußen damit beschäftigt, den Menschen die Notwendigkeit der Aufrechterhaltung der Ungerechtigkeit, der Angst, der Gewalt und des Terrors zu vermitteln. Die von progressiven Pädagog:innen vorgebrachte Sichtweise auf das ›Anderssein‹ war nicht so stark wie das Beharren der konservativen Massenmedien darauf, dass das ›Anderssein‹ benannt, gejagt und zerstört werden muss. In ihrem Buch *Hatreds. Racialized and Sexualized Conflicts in the Twenty-First Century* erklärt Zillah Eisenstein in dem Kapitel »Writing Hatred on the Body«:

»An der Schwelle zum 21. Jahrhundert explodiert der Hass an Orten wie Sarajevo, Argentinien, Tschetschenien, Ruanda, Los Angeles und Oklahoma City. Der Hass ist Ausdruck eines komplexen Bündels von Ängsten vor Differenz und ›Anderssein‹. Er offenbart das, was manche Menschen an sich selbst fürchten, ihre eigene ›Verschiedenheit‹. Der Hass richtet sich gegen das Unbekannte, gegen die Andersartigkeit der ›Anderen‹. Und wir haben die Differenz, die wir fürchten, durch rassifizierte und sexualisierte Markierungen vermittelt bekommen. Weil

Menschen durch ihre rassifizierten, sexualisierten und geschlechtlich definierten Körper zu >Anderen< werden, sind Körper wichtig für die Geschichtsschreibung des Hasses.«

Die akademische Auseinandersetzung mit diesem Hass ist zwar sinnvoll, erreicht aber leider nicht genügend Menschen in diesem Land.

Als sich die tragischen Ereignisse des 9/11 ereigneten, war es, als ob in wenigen Augenblicken all unsere Arbeit zur Beendigung der Herrschaft in jeglicher Form, all unsere Pädagogik der Hoffnung, bedeutungslos geworden wären. Die amerikanische Öffentlichkeit reagierte auf die Berichterstattung über die Tragödie mit einer Welle von imperialistischer, weiß-suprematistischer, nationalistischer, kapitalistischer, patriarchaler Wut gegen Terroristen, die als dunkelhäutig definiert wurden, auch wenn es keine Bilder, keine konkreten Beweise gab. Diese Wut schwappte über in den alltäglichen Hass auf Menschen of Color in diesem Land, da Muslime, egal mit welchem Hintergrund, fortan geächtet waren und zu Objekten einer willkürlichen und rücksichtslosen Gewalttätigkeit wurden. Eine überwältigende Mehrheit der Opfer, die am 11. September auf tragische Weise ums Leben kamen, waren Menschen of Color, und unter den Opfern waren mehr als sechzig Länder und jede Religion der Welt vertreten. Unschuldige jeglicher Gestalt, Größe und Hautfarbe, Neugeborene und Alte starben – doch der grausame westliche Kulturimperialismus reduzierte dieses brutale Massaker auf die einfache Dualität von >wir gegen sie<, von Bürger:innen der Vereinigten Staaten als >das auserwählte Volk< gegen eine Welt voller >nicht auserwählter< Menschen. Zum Glück gab es Kolleg:innen und Mitstreiter:innen, die es besser wussten, vereinzelte Menschen of Color, die hofften, dass sie zunächst trauern und dann von Gerechtigkeit sprechen konnten. Wann immer wir für Gerechtigkeit eintreten und uns auf die Seite der Gerechtigkeit stellen, verweigern wir uns einfachem Schubladendenken. Wir weigern uns, zuzulassen, dass ein schlichtes Entweder-oder-Denken unser Urteilsvermögen vernebelt. Wir machen uns die Logik des Sowohl-als-auch zu eigen. Wir erkennen die Grenzen dessen an, was wir wissen.

Obwohl ich zu den Schauplätzen der Tragödie vom 11. September 2001 gehen konnte, war ich eine Zeit lang nicht in der Lage, über diese Ereignisse zu sprechen, weil ich mit den Grenzen meines Wissens konfrontiert wurde. Denn ich konnte nicht auf der einen Seite eine Kritikerin der imperialistischen, weiß-suprematistischen, kapitalistischen, patriarchalen Massenmedien sein und mich dann auf der anderen Seite darauf verlassen, dass diese Medien mich über das Geschehene richtig informieren würden. Das, was ich wusste – und das, was ich nicht wusste – wurde durch die Informationen in den alternativen Massenmedien und durch mein beschränktes unmittelbares Erleben als Zeitzeugin bestimmt. Das war alles, was ich erklären konnte. Alles andere wären Interpretationen von Interpretationen gewesen, die mir von Medien angeboten wurden, deren Absichten mir suspekt sind.

Vom Zeitpunkt der Anschläge an und auch in den Tagen und Wochen danach waren unsere Stadtteile abgeriegelt. Nur die Geräusche der Flugzeuge waren zu hören. Nur die staatlichen Ordnungskräfte, die Polizei, liefen frei herum. Überall waren Männer, hauptsächlich Weiße, mit Gewehren. Überall wurden willkürlich Menschen of Color ins Visier genommen. Sobald sie konnten, machten sich die privilegierten Leute in unseren Vierteln (hauptsächlich Weiße) auf den Weg in ihre Landhäuser. Nachbar:innen riefen mich aus ihren Häusern an, die Stunden entfernt waren, um mir die Neuigkeiten mitzuteilen. Freund:innen und Weggefährt:innen aus der ganzen Welt riefen an, um mit mir zu trauern und zu wehklagen. Ich fühlte mich von fürsorglicher Gemeinschaft umgeben. Doch der rassistische Hass, der nun auch von Leuten ausging, die bisher immer ein kritisches Bewusstsein an den Tag gelegt hatten, war genauso intensiv wie der von den Gruppen, die sich noch nie um Gerechtigkeit geschert hatten und die nicht einmal in der Lage waren, anzuerkennen, dass unser Land ein imperialistisches, kapitalistisches Patriarchat weißer Vorherrschaft ist. Es war ein Moment des totalen Chaos, in dem die Saat der faschistischen Ideologie überall Früchte trug. In allen Nationen, in all unseren Schulen und Hochschulen musste die Redefreiheit der Zensur weichen. Einzelne verloren ihren Arbeitsplatz oder wurden nicht mehr befördert, weil sie es wagten, ihre abweichende Meinung zu äußern, was in einer demokratischen Gesellschaft ein zentrales Bürgerrecht ist. Überall in unserem Land erklärten die Menschen, dass sie bereit seien, ihre Bürgerrechte aufzugeben, um sicherzustellen, dass dieses Land den Krieg gegen den Terrorismus gewinnen würde.

Innerhalb weniger Monate hörten viele auf, an den Wert des Lebens in diversen Communitys, der antirassistischen Arbeit und der Suche nach Frieden zu glauben. Sie gaben ihren Glauben an die heilende Kraft der Gerechtigkeit auf. Der Hardcore-Nationalismus derjenigen, die an der weißen Vorherrschaft festhalten wollten, erhob seine hässliche Stimme und sprach ganz offen, überall. Einzelne, die es wagten, zu widersprechen, Kritik zu üben und Fehlinformationen infrage zu stellen, wurden und werden als Verräter:innen abgestempelt. Im Laufe der Zeit erlebten wir einen immer stärkeren Backlash, eine zunehmende Hetze gegen jede Einzelperson oder Gruppe, die es wagte, sich für Gerechtigkeit einzusetzen und sich der Herrschaft in all ihren Formen zu widersetzen.

Die Dominanzkultur,[2] wo immer sie in der Welt auftritt, ist von einem tiefen Zynismus durchdrungen. In dieser Zeit fühlen sich die Menschen überall auf der Welt von einem todbringenden Zynismus heimgesucht, der Gewalt als normal darstellt, der Krieg führt und uns sagt, dass Frieden nicht möglich ist, dass er vor allem nicht unter denen verwirklicht werden kann, die anders sind, die nicht gleich aussehen oder gleich klingen, die nicht das gleiche Essen essen, die gleichen Götter anbeten oder die gleiche Sprache sprechen. Da uns in den Vereinigten Staaten ein Großteil der Pädagogik der Dominanz über die Massenmedien, insbesondere über das Fernsehen, vermittelt wird, sehe ich selten fern. Kein noch so intelligenter und kritisch denkender Mensch ist vor den unterschwelligen Suggestionen geschützt, die sich in unser Unterbewusstsein einprägen, wenn wir stundenlang fernsehen. In den USA ist das Fernsehen in erster Linie zu einem nie enden wollenden Spektakel verkommen, das die Ideologie des imperialistischen, kapitalistischen Patriarchats weißer Vorherrschaft aufrechterhält. In der Geschichte der Vereinigten Staaten gab es durchaus Zeiten, in denen die Medien ein Ort waren, an dem trotz der Hegemonie konservativerer Kräfte vielfältige Stimmen zu hören waren.

Gegenwärtig jedoch werden die Redefreiheit und das Recht auf Widerspruch durch die von den konservativen Massenmedien vorangetriebene Dominanzkultur untergraben. Diese Botschaft der Dominanzkul-

2 Anm. d. Ü.: bell hooks spricht im Original von »dominator culture«, was hier im Interesse einer gendersensiblen Sprache mit Dominanzkultur übersetzt wird.

tur hätte kaum Auswirkungen, wenn die Massenmedien sie nicht auf so verführerische Weise verstärkt hätte. Beispielsweise konzentrierte sich ein Großteil der Fernsehberichterstattung über den 11. September auf Feuerwehrleute, bei denen es sich überwiegend um weiße Männer handelte. Die New Yorker Feuerwehr ist für ihre rassistischen Einstellungspraktiken berüchtigt. Viele Amerikaner:innen sahen die Opfer der 9/11-Tragödie als weiß an. Hätte man sich auf die Opfer der Tragödie konzentriert und dabei nicht nur auf die Porträts privilegierter reicher weißer Menschen, die ihr Leben verloren haben und deren Tod immer noch tragisch ist, sondern auf die Masse der armen arbeitenden Menschen, die hingemordet wurden (eine große Mehrheit von ihnen waren nicht-amerikanische Menschen of Color), hätte die konservative »Wir gegen sie«-Agenda nicht so leicht verfangen. Hätten die Massenmedien beschlossen, sich auf die unglaubliche nationale und religiöse Diversität der Opfer von 9/11 zu konzentrieren (einschließlich der vielen getöteten Muslim:innen), wäre es unmöglich gewesen, die sentimentale Erzählung von »wir gegen sie«, von Amerikaner:innen gegen den Rest der Welt zu schaffen. In der Tat war die ganze Vielfalt der Welt in den Menschen verkörpert, die an 9/11 getötet wurden. Es handelte sich nie um eine rein amerikanische Tragödie, aber das Fernsehen verzerrte die Wahrheit, um den Anschein zu erwecken, dass dem so sei. Und viele der Zuschauenden, die es normalerweise hätten besser wissen können, ließen sich davon verleiten, weil die Trauer einen Kontext von Verletzlichkeit und Wut schuf, in dem die Leute alles vereinfachen wollten, nur um ein gemeinsames Feindbild zu schaffen.

Unsere Sinne werden jeden Tag vom Gestank der Herrschaft angegriffen, direkt hier an den Orten, an denen wir leben. Kein Wunder also, dass sich so viele Menschen furchtbar verwirrt, unsicher und ohne Hoffnung fühlen. Mehr als irgendwo sonst greifen uns die von den Mächtigen kontrollierten Massenmedien mit ihrer ständigen Manipulation im Dienste der herrschenden Verhältnisse dort an, wo wir eigentlich Hoffnung bräuchten. Verzweiflung ist die größte Bedrohung. Wenn Verzweiflung vorherrscht, können wir keine lebenserhaltenden Gemeinschaften des Widerstands schaffen. Paulo Freire erinnert uns daran, dass »ohne eine Vision für morgen Hoffnung unmöglich ist«. Unsere Visionen für morgen sind dann am wichtigsten, wenn sie aus den konkreten Umständen des Wandels hervorgehen, den wir gerade jetzt erleben.

2

Auszeit

Lehre ohne Grenzen

Obwohl ich die meiste Zeit meiner Lehrtätigkeit an der Universität spannend fand, verspürte ich in den letzten Jahren zunehmend das Bedürfnis nach einer längeren Auszeit. Ich war ausgebrannt. Wenn ich an meine Großstadtuniversität kam und meinen Kursraum betrat, hatte ich auf einmal das Gefühl, in ein Gefängnis zu kommen, einen geschlossenen Raum, in dem es, egal wie sehr ich mich bemühte, schwierig war, ein positives Lernumfeld zu schaffen. Zunächst machte ich die Größe der Lehrveranstaltungen dafür verantwortlich – oder die unterschiedlichen Fähigkeiten und Fertigkeiten meiner Studierenden und die zunehmende Bespitzelung durch die Verwaltung und die Fakultät (in der Regel wurden die Studierenden über das, was in meinen Lehrveranstaltungen geschah, befragt und anschließend erhielt ich auf der Grundlage ihrer Kommentare unerwünschte kritische Rückmeldungen). Aber diese Hindernisse waren eigentlich schon immer Teil meiner Unterrichtserfahrung gewesen. Meine Fähigkeit, mit ihnen auf konstruktive Weise umzugehen, hatte allerdings abgenommen. Ich brauchte eine Auszeit vom Unterrichten.

Alle Lehrpersonen – in jeder Unterrichtssituation, vom Kindergarten bis zur Universität – brauchen irgendwann in ihrer Laufbahn eine Auszeit vom Unterrichten. Der zeitliche Umfang ist dabei immer relativ. Sicherlich könnten die vielen arbeitslosen Lehrkräfte, vor allem auf College-Ebene, alle einen Teil der Zeit arbeiten, wenn es Lehrenden überall, in jeder Art von Bildungseinrichtung, erlaubt wäre, unbezahlten Urlaub zu nehmen, wann immer sie wollen. An der städtischen Universität, an der ich als fest angestellte Professorin tätig war, wurde bei der Aushandlung meines Vertrags vereinbart, dass ich unbezahlten Urlaub nehmen kann, um zu schreiben und zu forschen. Das Gehalt, das mir gezahlt wurde, hätte leicht die Einstellung von zwei oder drei neuen Lehrbeauftragten abdecken können. Obwohl ich diese Vereinbarung ausgehandelt hatte, war es schwierig, die Genehmigung der Dekane, der Fakultät und der Verwaltung einzuholen, wenn ich eine Beurlaubung beantragen wollte.

Manche befürchteten, dass die Zustimmung zum beantragten unbezahlten Urlaub dazu führen würde, dass alle hochkarätigen Lehrkräfte ständig abwesend sein würden. Das halte ich für ein fadenscheiniges Argument. Hätten wir alle ein Einkommen, das uns eine ständige Abwesenheit ermöglicht, hätten wir gar nicht erst eine Stelle als Lehrperson gebraucht. Selbst wenn alle Hochschullehrenden die Möglichkeit hätten, unbezahlten Urlaub zu nehmen, wann immer sie wollen, verfügt die überwiegende Mehrheit doch nicht über die wirtschaftlichen Mittel, um eine solche Gelegenheit über Gebühr zu nutzen. Wenn ich mich mit Lehrkräften aller Bildungsstufen unterhalte, stelle ich fest, dass die meisten von uns nur dann eine Auszeit nehmen wollen, wenn wir sie dringend brauchen, wenn wir uns einfach ausgebrannt fühlen und nicht mehr in der Lage sind, ein konstruktives Lernumfeld zu schaffen.

Der Unterricht ist eine der dynamischsten Arbeitsumgebungen überhaupt, gerade weil wir so wenig Zeit haben, aber in dieser Zeit so viel tun müssen. Um eine hervorragende Leistung zu erbringen, müssen die Lehrenden im gegenwärtigen Moment völlig präsent, konzentriert und fokussiert sein. Wenn wir nicht ganz präsent sind, wenn wir mit unseren Gedanken woanders sind, wird unser Unterricht beeinträchtigt. Ich wusste, dass es für mich an der Zeit war, eine Pause vom Unterrichten einzulegen, als ich mit meinen Gedanken immer öfter ganz woanders war. Und im letzten Stadium meines Burnouts wusste ich, dass ich wirklich woanders sein musste, weil ich einfach keine Lust mehr hatte, aufzustehen, mich anzuziehen und zur Arbeit zu gehen. Ich fürchtete mich vor dem Unterricht. Die negativste Folge dieser Art von Burnout zeigt sich, wenn Lehrende beginnen, die Lernenden zu verabscheuen und zu hassen. Das kommt vor. Als ich kürzlich mit Grundschullehrer:innen zusammentraf, erklärte eine Frau ganz unverblümt, dass sie das Gefühl hatte, die Situation in der Klasse sei verrückt geworden, dass die Größe der Klasse und Disziplinprobleme es ihr einfach unmöglich machten, zu unterrichten. Sie hasste ihren Job und ihre Schüler:innen.

Ich schlug ihr vor, sich Zeit zu nehmen, um über ihre Situation nachzudenken und herauszufinden, welche Aspekte des Lehrberufs sie immer noch als besonders befriedigend empfindet. Doch sie teilte der Gruppe auf grobe und zynische Weise mit, dass sie nichts Positives mehr an ihrer Arbeit finden könne. Für sie ist, war und wird es der Job sein, den sie allein deshalb weiterhin ausüben wird, um sich den materiellen Lebensstil zu erhalten, den sie für erstrebenswert hält. Als ich ihr vorschlug, dass es vielleicht an der Zeit wäre, sich eine befriedigendere Arbeit vorzustellen und zu suchen, reagierte sie überrascht und ließ die Gruppe wissen, dass sie sich damit abgefunden hatte, dass es für sie keinen Ausweg gibt. Sie fühlt sich dazu verdammt, in der Arbeit gefangen zu bleiben, die sie nicht mehr machen will. Und natürlich sind auch die Schüler:innen, die sie unterrichtet, dazu verdammt, in einer Umgebung zu bleiben, in der die einzige Hoffnung auf Lernen darin besteht, Informationen aus formelhaften Unterrichtsschemata zu gewinnen.

Eine solche zynische Einstellung zum Unterrichten, wie sie diese Person offenbarte, ist weit verbreitet. Sie war mutig genug, Gefühle zu äußern, die viele Lehrende empfinden. Und leider ist es oft die öffentliche Schule, in der das Gefühl der Hoffnungslosigkeit in Bezug auf den Lehrberuf am stärksten ausgeprägt und verbreitet ist. Der Pädagoge Parker Palmer ist sich bewusst, dass es Zeiten gibt, in denen wir »eher für Geld als für Ideale arbeiten müssen«, und beschreibt in *The Courage to Teach*, wie es dem Selbst Gewalt antut, in irgendeinem Beruf, vor allem aber im Lehrberuf, weiterzuarbeiten, wenn wir uns nicht mehr positiv einbringen können, »und zwar genau in dem Sinne, dass es meine Integrität und Identität verletzt (...) Wenn ich mich selbst verletze, verletze ich am Ende auch immer die Menschen, mit denen ich arbeite. Wie viele Lehrkräfte fügen Lernenden ihren eigenen Schmerz zu, den Schmerz, der entsteht, wenn sie eine Arbeit tun, die für sie noch nie die richtige war, oder die es nicht mehr ist?«

Lehrer:innen an staatlichen Schulen fühlen sich durch die Größe der Klassen und durch vorgegebene Unterrichtspläne, bei denen sie kaum eine Wahl haben, was den Inhalt des von ihnen zu unterrichtenden Stoffes angeht, extrem eingeengt. Und wenn wieder einheitliche, standardisierte Prüfungen vorgeschrieben werden, wird es für Lehrpersonen an staatlichen Schulen noch schwieriger sein, kreative Ideen in den Unterricht einzubringen. Sie werden dann immer stärker darauf reduziert, einfach nur Informationen vermitteln zu müssen, als ob ihre Tätigkeit mit Fließbandarbeit zu vergleichen wäre.

Als ich für zwei Jahre unbezahlten Urlaubs von meiner Professur zurücktrat, gab ich allerdings die Lehrtätigkeit nicht ganz auf. Um wirtschaftlich über die Runden zu kommen, hielt ich Vorträge. Das war eine wohltuende Abwechslung, denn die Leute, die meine Vorträge besuchten, kamen in der Regel, weil sie offen für das waren, was ich zu sagen hatte, und weil sie bereit waren zu lernen. Das war etwas anderes als in einem Kurs, in dem viele Studierende dir gleich in der ersten Sitzung mitteilen, dass sie nicht gekommen sind, weil sie sich für das Thema interessieren, sondern weil sie alle ihre Kurse an einem Dienstag besuchen müssen, und da passt dein Kurs perfekt. Natürlich ist der große Unterschied beim Halten von Vorträgen, dass es keine Zensuren gibt. Wie viele Lehrende empfinde ich die Leistungsbewertung als einen der stressigsten Aspekte des Lehrberufs. Die Notengebung ist noch stressiger geworden in einer Welt, in der die Studierenden der Meinung sind, dass sie eine bestimmte Note erreichen müssen, um erfolgreich zu sein, und dass sie diese Note unabhängig von ihrer Leistung erhalten wollen.

Da ich die Benotung als eine Bewertung der Lernfähigkeit und der Leistung der Studierenden verstand, überwand ich meine Schwierigkeiten damit, indem ich den Studierenden die Kriterien, nach denen sie benotet wurden, transparent machte und sie dann bat, sich selbst danach zu benoten, damit sie sich immer wieder bewusst machen konnten, ob sie gerade in der Lage waren, die erforderliche Arbeit auf dem von ihnen gewünschten Leistungsniveau zu leisten. In unregelmäßigen Abständen wurden ihre Selbsteinschätzungen in Einzelgesprächen mit meiner Bewertung abgeglichen. Der schwierige Teil dieses Prozesses bestand darin, den Studierenden beizubringen, bei ihren Selbsteinschätzungen streng und kritisch zu sein. Meistens jedoch waren unsere Bewertungen deckungsgleich.

Genauso wie ich meine Studierenden in jedem Kurs, den ich unterrichtete, bewertete, evaluierte ich mich selbst. Die ständige Selbstbeurteilung war es schließlich, die meinen Burnout noch deutlicher und intensiver werden ließ. So wie sich Lernende, deren Note von einer Eins auf eine Drei abfällt, schlecht fühlen, fühlte ich mich schlecht, wenn ich das Gefühl hatte, dass mein Unterricht nicht durchgängig eine Eins plus war. Als ich zum ersten Mal das Bedürfnis nach einer Auszeit verspürte, tauschte ich mich mit einigen besonders geschätzten Studierenden über meine Sorgen aus. Sie konnten mich dann noch eine Zeit lang davon überzeugen, dass mein Unterricht an einem ›schlechten‹ Tag immer noch viel produktiver war als die meisten anderen ihrer Lehrveranstaltungen. Sie wussten, dass viele der Probleme, die mir im Zusammenhang mit meiner Arbeit Stress bereiteten, nichts mit dem Unterricht an sich zu tun hatten. Ich arbeitete in einem Bildungssystem, in dem neunzig Prozent der Lehrkräfte weiß waren und neunzig Prozent der Studierenden nicht weiß. Es herrschte das vor, was Paolo Freire als »Bankiers-Erziehung« bezeichnet hat, ein Ansatz, in dem Bildung als rein schematische Vermittlung von Wissen begriffen wurde, das möglichst auswendig gelernt werden sollte, um später bei Bedarf abrufbar zu sein, ähnlich wie ein angelegtes Kapital. Hinzu kam, dass die meisten Kolleg:innen dort auch rassistisch geprägten Vorstellungen von Brillanz und Genialität anhingen, und dass ich mich folglich von ihnen entfremdet fühlte. Viele von ihnen waren wohlmeinende Liberale, die freiwillige Überstunden machten, abereinfach nicht über Fragen des Rassismus aufgeklärt waren. Obwohl sie es gut meinten, hielten sie oft unbewusst rassistische Stereotypen aufrecht und behaupteten, dass die Anwesenheit so vieler nicht-weißer Studierender, von denen sehr viele aus dem Ausland kamen, das Niveau gesenkt habe. Gleichzeitig glaubten sie, dass sie ihre Standards senken müssten, um diese ›schwachen‹ Studierenden zu unterrichten.

Ich war als Dozentin an eine Großstadtuniversität gekommen, die in einer diversen nicht-weißen Community liegt, nachdem ich jahrelang an überwiegend weißen Elitehochschulen unterrichtet hatte. Da ich schon immer geplant hatte, vorzeitig aus dem Lehrbetrieb auszuscheiden, wollte ich die letzten Jahre meiner Unterrichtstätigkeit an einer Bildungseinrichtungverbringen, die es mir ermöglichen würde, Studierende zu unterrichten, die aus einem ähnlichen armen Arbeitermilieu stammen wie ich selbst. Meine erste Vollzeitstelle als Assistenzprofessorin war an der Yale University gewesen. Es war eine wunderbare Lehrerfahrung gewesen, denn die Studierenden, die in meine Kurse kamen, hatten sich bewusst dafür entschieden; sie waren einzigartig und anders. Sie waren sehr engagiert, wollten lernen, akademische Spitzenleistungen erbringen und harte Arbeit leisten. Es war eine Freude, sie zu unterrichten.

Als ich mich dann dazu entschied, an einem großen staatlichen College zu unterrichten, warnten mich viele meiner Kolleg:innen, dass ich von den jungen Menschen dort enttäuscht sein würde, dass ich mich bald als ›Lehrende zweiter Klasse‹ fühlen würde. Diese Warnungen kamen von Kolleg:innen, die an Eliteschulen unterrichteten, und sie wurden auch in meinem neuen Kollegium geäußert. Jedoch stellte ich fest, dass meine Studierenden an dieser staatlichen Einrichtung genauso brillant und lernwillig waren wie meine geliebten Yalies, dass der Unterschied aber oft im Selbstwertgefühl lag. Ein geringes Selbstwertgefühl verleitete so manche brilliante Studierende in Harlem zur Selbstsabotage. Deshalb war es für mich immer schwierig, wenn ich herausragende Studierende ›verlor‹. Ein Beispiel: Ein wirklich fleißiger, begabter männlicher Studierender, der hervorragende Arbeit leistet, hört vielleicht in den letzten Wochen einfach auf, am Unterricht teilzunehmen. Als ich an einer privaten Eliteschule unterrichtet hatte, wo die meisten Lernenden auf dem Campus oder in der Nähe wohnten, war es bei einem solchen Problem ein Leichtes gewesen, den Betreffenden ausfindig zu machen (selbst wenn es bedeutete, bei ihm zu Hause anzuklopfen), um eine Erklärung und eine Lösung für das Problem zu finden. An einem College, wo die Studierenden zumeist pendelten und oft zwei oder drei Stunden entfernt wohnten, war dies nicht möglich. Denn eine nicht erschienene Person ausfindig zu machen, nahm oft Stunden in Anspruch. Und bis eine Verbindung hergestellt war, war es zu spät für Noten, die hervorragende Leistungen widerspiegeln.

Ich unterrichtete überwiegend nicht-weiße Studierende aus armen Familien der Arbeiterklasse. Die meisten von ihnen waren selbst schon Eltern, und viele waren alleinerziehend, hatten einen Job und gingen nur nebenbei aufs College. Deshalb musste ich ständig darauf achten, dass im Unterricht ein hoher Leistungsstandard aufrechterhalten wurde. Aus meiner eigenen privilegierten Position heraus (ich bin alleinstehend und kinderlos) bot sich mir immer wieder die Gelegenheit, Mitgefühl für Lernende zu empfinden, deren Lebensumstände schwierig waren. Es war oft schwer, ihrem Schmerz und ihrer Not ins Auge zu sehen und sie dann trotzdem daran zu erinnern, dass sie es selbst waren, die sich für ein Studium entschieden hatten und daher den von ihnen verlangten Anforderungen und Verantwortlichkeiten auch gerecht werden mussten. Ich sagte ihnen, dass sie lernen müssten, hervorragende Arbeit zu leisten und gleichzeitig mit ihren unzähligen Pflichten fertig zu werden. Und wenn sie keine herausragenden Leistungen erbringen konnten, mussten sie ihr Bestes geben und sich mit dem Ergebnis abfinden. Auch ich musste mich mit dem Ergebnis abfinden. Nicht nur für die Studierenden, sondern auch für ihre geliebte Lehrerin war es eine emotional schwierige Situation.

Ich verwende das Wort »geliebt« hier nicht, um unbescheiden zu sein, sondern um zu beschreiben, was ich wirklich erlebt habe. Ich fühlte mich von den meisten meiner Studierenden geliebt. Sie waren mir dankbar dafür, dass ich an sie geglaubt habe, dass ich sie für das Leben in Freiheit ausgebildet und sie dazu angehalten habe, kritisch denkende Menschen zu werden, die in der Lage sind, verantwortungsvolle Entscheidungen zu treffen. Ihre Wertschätzung für meinen Unterricht war eine Kraft, die mich noch lange, nachdem ich das Gefühl hatte, mich trennen und gehen zu müssen, an meine Lehrtätigkeit band. Exzellent zu unterrichten und für diese Arbeit durch exzellente Leistungen der Studierenden belohnt zu werden, ist eine wahrhaft ekstatische Erfahrung. Mit meinem Ausscheiden ließ ich auch die ganze emotionale und akademische Intensität dieses Erlebnisses zurück. Daher klangen die Worte von Parker Palmer in mir nach:

»Wenn gute Lehrende den Stoff weben, der sie mit ihren Lernenden und ihren Unterrichtsfächern verbindet, dann ist das Herz der Webstuhl, auf dem die Fäden gezogen werden, die Spannung gehalten wird, das Schiffchen fliegt und der Stoff straff gespannt wird. Kein Wunder also, dass das Unterrichten am Herzen zerrt, das Herz öffnet, es sogar bricht – und je mehr man das Unterrichten liebt, desto herzzerreißender kann es sein. Der Mut zum Unterrichten ist der Mut, das eigene Herz gerade in den Momenten offen zu halten, in denen es mehr aushalten muss, als es eigentlich kann, damit Lehrende, Lernende und das Fach in das Gewebe der Gemeinschaft verwoben werden können, das zum Lernen und Leben notwendig ist.«

Jede Lehrperson, die mit Freude unterrichtet, muss den Mut haben, Zeiten des Burnouts zu akzeptieren und darauf zu reagieren, den Herzschmerz von Verlust und Trennung anzunehmen.

Um eine meiner Sportmetaphern zu verwenden: Ich fühlte mich oft wie der Spieler, der mit dem Rücktritt droht, aber nie geht. Oder der geht, aber zurückkommt. Als ich mich selbst dabei beobachtete, wie ich immer frustrierter und des Unterrichtens überdrüssiger wurde, wusste ich, dass es für mich an der Zeit war, eine Pause einzulegen oder die Lehrtätigkeit sogar für immer aufzugeben. Und doch war es schwierig, sich damit abzufinden, einerseits eine großartige Lehrerin zu sein, die ihre Studierenden liebt, und andererseits doch das verzweifelte Bedürfnis zu haben, der akademischen Welt mit all ihren Abgründen den Rücken zu kehren. Im konventionellen Wissenschafts- und Lehrbetrieb besteht das Hauptziel darin, Bildung zu verkaufen und eine professionelle Führungsklasse hervorzubringen, die in der Kunst des Gehorsams gegenüber Autoritäten geschult ist und eine auf Dominanz und Herrschaft basierende Hierarchie akzeptiert. Ich fühlte mich dort oft wie in der dysfunktionalen Familie meiner Kindheit, in der ich nicht selten in der Position der Außenseiterin war und als Sündenbock, als verrückt und gleichzeitig als Bedrohung angesehen wurde. Um wieder zu mir selbst zu finden, musste ich die Hochschule verlassen und mich von dem ständigen Druck befreien, mich anzupassen oder die Strafe für meine Unangepasstheit zu ertragen.

Ich nutzte meine Beurlaubungszeit, um herauszufinden, ob ich trotz der enormen Einkommenseinbußen, die sich ergeben würden, wenn ich meine Stelle ganz aufgäbe, überleben könnte. In den ersten sechs Monaten meiner Abwesenheit vom akademischen Lehrbetrieb empfand ich ein tiefes Gefühl des Verlustes. Mehr als zwanzig Jahre lang war mein Lebensrhythmus von den Zyklen der zu Ende gehenden und beginnenden Semester, der Ferien und des freien Sommers bestimmt gewesen. Plötzlich befand ich mich in einer Welt, in der jeder Tag ein freier Tag war. Und das fühlte sich nicht sehr befriedigend an. Ich musste mich damit abfinden, dass mir der Zauber des Unterrichts und die fürsorgliche Gemeinschaft der Lernenden fehlte, in der ich den größten Teil meines Erwachsenenlebens verbracht hatte, erst als Lernende, später dann als Lehrende. Wie viele Menschen, die in den Ruhestand gehen, hatte ich plötzlich das Gefühl, von einem System abgeschnitten zu sein, das mich sozusagen lebendig gehalten hatte. Ohne dieses System fühlte sich das Leben weniger interessant, weniger spannend an. Jetzt war ich die Lehrerin, die mit sich allein war, die sich plötzlich selbst als Schülerin fühlte und einen neuen Weg für sich selbst finden musste. Das Unterrichten hatte einen großen Raum in meinem Leben eingenommen, und mein Zusammensein mit den Lernenden war voller emotionaler Intensität und Intimität, was sich nun durch mein Ausscheiden aus dem Lehrbetrieb grundlegend verändert hatte.

Anfangs verbrachte ich die Monate ohne Unterricht damit, darüber nachzudenken, wo eigentlich mein Platz wäre. Ich verweilte in diesem kontemplativen Raum, den Palmer als »eine innere Leere« beschreibt, »in der eine neue Wahrheit, oft eine fremde und beunruhigende Wahrheit, auftauchen kann«. In *The Active Life* schreibt Palmer über das Empowerment, die Stärke, die daraus erwachsen kann, wenn wir eine festgefahrene Situation verändern, wenn wir uns umorientieren, und erklärt: »Wenn Desillusionierung eine der natürlichen Formen der Kontemplation im Leben ist, dann ist die Erfahrung der Entwurzelung eine andere. Dies geschieht, wenn wir durch die Umstände gezwungen sind, einen ganz anderen Standpunkt einzunehmen als den, den wir normalerweise einnehmen, und sich unser Blickwinkel plötzlich ändert, um eine fremde und bedrohliche Landschaft zu enthüllen. (...) Der Wert dieser Entwurzelung, wie auch der Wert der Desillusionierung, liegt darin, dass sie uns über die Illusion hinausführt, so dass wir die Realität im Ganzen sehen können – denn was wir zu sehen vermögen, hängt ganz davon ab, wo wir stehen.« Abseits des akademischen Lehrbetriebs mit seiner Fixierung auf Universitätsabschlüsse konnte ich mich mehr auf die eigentliche Praxis des Unterrichtens konzentrieren. Insbesondere begann ich, über jene Formen des Lehrens und Lernens nachzudenken, die außerhalb von Schule und Universität stattfinden.

Trotz meiner Kritik an der »Bankiers-Erziehung« hatte ich mich unbewusst von der falschen Vorstellung leiten lassen, dass bestimmte Unterrichtszeiten als fester Rahmen die beste Voraussetzung für das Lehren und Lernen sind. Nun, da ich nicht mehr als Dozentin tätig war und Zeit hatte, über das Leben außerhalb des regulären Lehrbetriebs nachzudenken, begann ich nach neuen Wegen zu suchen, um ins Unterrichten zu kommen. Die Entwurzelung ist der perfekte Kontext für frei fließende Gedanken, die uns über die engen Grenzen einer vertrauten sozialen Ordnung hinausgehen lassen.

Wie viele Menschen auf der Suche nach neuen Wegen habe auch ich darüber nachgedacht, was ich tun würde, wenn ich die Freiheit hätte, alles an der Lehre selbst zu gestalten und zu wählen. Als erstes wurde mir klar, dass ich nicht in einer Umgebung unterrichten wollte, in der sich die Lernenden nicht voll und ganz auf unsere gemeinsame Lernerfahrung einlassen würden. Genauso wenig wollte ich Noten geben. Für mich war der beste Unterricht natürlich einer, in den die Lernenden freiwillig kamen, weil sie von mir und von anderen lernen wollten. Anstatt Kurse zu geben, die sich über ganze Semester erstreckten, wollte ich lieber kurze, intensive Lernworkshops abhalten, in denen die Aufmerksamkeit konzentriert und fokussiert ist. Ich wollte über das Lehren lehren, darüber, wie der Unterricht ein Ort sein kann, an dem wir alle die Praxis der Freiheit lernen. An Gerechtigkeit, Frieden und Liebe orientiertes Lehren und Lernen sowie die Schaffung und Aufrechterhaltung einer akademischen oder intellektuellen Gemeinschaft wurden zu den beruflichen Zielen, die ich verfolgen wollte. Und als ich anfing, diese Sehnsüchte zu äußern, kamen Anfragen von Menschen, die mir eine Stelle anboten.

Als meine zweijährige Beurlaubung endete, kündigte ich. Doch nur widerwillig ließ ich das Sicherheitsnetz der Festanstellung und des regelmäßigen Austausches mit den anderen Fakultätsmitgliedern los. Denn als ich meine akademische Stelle aufgab, befürchtete ich, dass ich als Intellektuelle in einer anti-intellektuellen Gesellschaft noch mehr isoliert sein würde.

Eine Intellektuelle zu sein ist nicht dasselbe wie im Wissenschafts- und Lehrbetrieb tätig zu sein. In unserer Gesellschaft erfahren die Insider im akademischen Betrieb eine enorme Unterstützung. Wer die unzähligen Diskussionen über die Unterschiede zwischen der akademischen Welt und der sogenannten »realen« Welt miterlebt hat, weiß, dass sich viele Professor:innen als Mitglieder einer auserwählten Gruppe, einer großen, elitären und hierarchischen Geheimgesellschaft sehen und sich dadurch besonders ausgezeichnet fühlen. Colleges und Universitäten funktionieren in mancher Hinsicht wie Wirtschaftsbetriebe, doch die damit einhergehende Macht wird fast immer verschleiert. Und die meisten Lehrkräfte verleugnen lieber, als sich bewusst zu machen, wie krude wirtschaftliche Interessen das akademische Umfeld prägen.

Als Intellektuelle, die im Bildungswesen beschäftigt war, hatte ich oft das Gefühl, dass mein Engagement für radikale Offenheit und Hingabe an kritisches Denken, für die Suche nach Wahrheit, im Widerspruch zu den Anforderungen stand, die an mich gestellt wurden, um den Status quo aufrechtzuerhalten; nur letzteres wurde belohnt. Meine Integrität war in der akademischen Welt ebenso gefährdet wie dies in der nicht-akademischen Arbeitswelt der Fall gewesen wäre, wo von den Arbeitnehmer:innen erwartet wird, dass sie der Autorität gehorchen und feste Regeln befolgen. Zwar gibt es viele Lippenbekenntnisse zur Redefreiheit im akademischen Umfeld, doch in Wirklichkeit findet hier eine ständige – oft selbst auferlegte – Zensur statt. Lehrende fürchten, nicht befördert zu werden oder im schlimmsten Fall ihren Arbeitsplatz zu verlieren. Dennoch ist die akademische Welt in unserer Gesellschaft nach wie vor der Ort, an dem Lehren und Lernen am meisten geschätzt werden, an dem Lesen und Denken als sinnvolle und notwendige Arbeit angesehen werden. Diese Wertschätzung, so begrenzt sie auch sein mag, bietet Akademiker:innen und/oder Intellektuellen in einer insgesamt eher anti-intellektuellen Kultur Bestätigung und Halt.

Als ich meine sicheren Bindungen zu den akademischen Institutionen löste, stand ich vor der Herausforderung, Räume zu finden und zu schaffen, in denen Lehren und Lernen außerhalb der Norm stattfinden konnten. Wie viele Professor:innen war ich naiv genug gewesen, zu glauben, dass ich umso mehr Freiheit gewinnen würde, je weiter ich auf der akademischen Leiter aufstieg, nur um feststellen zu müssen, dass größerer akademischer Erfolg noch mehr Anpassungsdruck mit sich brachte, dass man sich noch stärker den institutionellen Zielen und Werten verschreiben musste als der intellektuellen Arbeit. Ich empfand es als großes Glück, dass ich in der akademischen Welt als radikale Querdenkerin erfolgreich sein konnte. Mein Erfolg, wie auch der anderer Menschen, die dieses Glück hatten und deren Denken im Widerspruch zur herrschenden Norm steht, erinnerte mich ständig daran, dass es keine geschlossenen Systeme gibt, dass jedes System Lücken aufweist und dass in diesen Lücken ein Ort der Möglichkeiten liegt. Überall in unserem Land sind konservative, repressive Einrichtungen doch immer wieder auch berufliche Heimstätten für die seltenen Individuen, die sich nicht anpassen, die sich der Bildung als Praxis der Freiheit verschrieben haben.

Auf der Suche nach Lehr- und Lerngelegenheiten außerhalb der formalen Bildung boten sich mir verschiedene Gelegenheiten zu kritischer Intervention. Ich begann, staatliche Schulen zu besuchen, wobei ich meist von Familienangehörigen und Befreundeten zu diesem Engagement gedrängt wurde. Meine Schwester G., eine Grundschullehrerin in Flint, Michigan, hat mich immer wieder gebeten, zu kommen und mit ihren Schüler:innen zu sprechen. Wie viele Leute, die nur an der Universität lehren, konnte ich gut mit Erwachsenen reden und sie unterrichten, aber ich hatte Angst, dass mir die Fähigkeiten fehlten, mit Kindern einen sinnvollen Dialog zu führen. G. überzeugte mich davon, dass dies Unsinn sei und ich es schaffen könne, und ließ mich auf ihre Klasse los, ebenso wie auf Auditorien, die mit Kindern aus dritten und vierten Klassen gefüllt waren. Diese Arbeit war eine Herausforderung. Es war keine bezahlte Arbeit. Wie mir diese Erfahrung und die vielen anderen, die darauf folgten, gezeigt haben, gibt es viele formale Bildungseinrichtungen, die informelle Lehrtätigkeiten begrüßen, wenn man bereit ist, ohne Bezahlung zu arbeiten.

In den letzten Jahren habe ich dann doch gegen Bezahlung in einer Reihe von formalen Bildungseinrichtungen gearbeitet. Ich gab Intensivkurse für eine Woche oder einen Monat für Professor:innen und Studierende, was mir bis heute ermöglicht, mich für Bildung als Praxis der Freiheit zu engagieren, ohne Einschränkungen hinnehmen oder Angst vor strafenden Repressalien haben zu müssen. Dies ist eine äußerst bereichernde Erfahrung. Und so verstehe ich Palmers Behauptung nur zu gut: »Ich bin im Herzen ein Lehrer, und es gibt Momente im Klassenzimmer, in denen ich vor Freude kaum an mich halten kann.« Dass ich meine hoch dotierte Festanstellung aufgab, eröffnete mir neue Räume für das Lehren und Lernen, die meinen Geist wiederbelebten und es mir ermöglichten, die Freude am Unterrichten zu bewahren, die mein Herz erfüllt.

3

Über Rassismus sprechen

Lehrende gehören oft zu der Gruppe, die am wenigsten bereit ist, sich einzugestehen, wie sehr die Ideologie der weißen Überlegenheit jeden Aspekt unserer Kultur prägt, einschließlich der Art und Weise, wie wir lernen, der Inhalte, die wir lernen, und der Methoden, mit denen wir unterrichtet werden. Ein Großteil der Bewusstseinsbildung zum Thema weiße Vorherrschaft und Rassismus hat sich darauf konzentriert, zu vermitteln, was Rassismus ist und wie er sich in unserem Alltag manifestiert. In antirassistischen Workshops und Seminaren wird ein Großteil der Zeit damit verbracht, die Verleugnung zu durchbrechen, die viele unaufgeklärte Weiße wie auch Menschen of Color dazu verleitet, so zu tun, als sei rassistisches Denken und Handeln in unserer Kultur nicht mehr allgegenwärtig.

Im Unterricht habe ich oft von Studierenden zu hören bekommen, dass Rassismus die Konturen unseres Lebens nicht mehr prägt, dass es so etwas wie ›Rassen‹-unterschiede einfach nicht gibt, dass »wir alle nur Menschen sind«. Ein paar Minuten später gebe ich ihnen dann immer eine bestimmte Aufgabe: Ich frage sie, welche Identität sie wählen würden, wenn sie kurz vor dem Tod stünden und die Wahl hätten, als weißer Mann, weiße Frau, Schwarze Frau oder Schwarzer Mann zurückzukehren. Jedes Mal, wenn ich diese Übung durchführe, entscheiden sich die meisten Personen, unabhängig von ihrer Gender- oder Race-Positionierung, für die weiße Identität, und am häufigsten für die männliche weiße Identität. Schwarze Frauen werden am seltensten gewählt. Wenn ich die Studierenden bitte, ihre Wahl zu begründen, führen sie eine ausgefeilte Analyse der Privilegien und Nachteile aufgrund rassistischer Zuschreibungen durch (mit Perspektiven, die auch die Kategorien Gender und Klasse berücksichtigen). Diese Diskrepanz zwischen ihrer bewussten Ablehnung von Race als Marker für Privilegien und ihrem unbewussten Verständnis davon ist eine Kluft, die wir überbrücken müssen, eine Illusion, die zerschlagen werden muss, bevor eine sinnvolle Diskussion über Rassismus geführt werden kann. Die Übung hilft ihnen, ihre Leugnung der Existenz von Rassismus zu überwinden. Sie ermöglicht es uns, gemeinsam auf einen unvoreingenommeneren Zugang zum Thema hinzuarbeiten.

Als Lehrende, Vortragsreisende, Workshop-Leiterin und Autorin habe ich mich in vielfältigster Weise mit der Überwindung von Rassismus und jeglicher Form von Herrschaft befasst und dabei festgestellt, dass die Auseinandersetzung mit rassistischen Vorurteilen und, was noch wichtiger ist, mit dem Denkmodell der weißen Vorherrschaft in der Regel erfordert, dass wir alle einen kritischen Blick auf das werfen, was wir in unserer Kindheit darüber gelernt haben. Denn diese frühen Prägungen scheinen die diesbezüglichen Einstellungen unverhältnismäßig stark zu bestimmen. In Schreibgruppen beginnen wir oft einfach mit unseren ersten Erinnerungen an Rassismus. Wenn wir unser frühestes Verständnis dieser Kategorie sozialer Ungleichheit erforschen, fällt es uns leichter, auch über die Frage des Standpunkts nachzudenken. Einzelne Weiße, die in dieser Frage von der Verleugnung zur Bewusstwerdung übergehen, erkennen plötzlich, dass es die Kultur der weißen Vorherrschaft ist, die Weiße geradezu darin bestärkt, Rassismus bewusst zu verleugnen und ihre Überlegenheit u. a. darin zum Ausdruck bringen, dass sie behaupten, Rassismus wäre kein Thema für sie. Doch wenn die Verleugnung aufhört, wird klar, dass die meisten Weißen unter ihrer Haut ein tiefes Bewusstsein für Rassismus haben. Sie haben gelernt, so zu tun, als sei dies nicht der Fall, und eine Haltung der erlernten Hilflosigkeit einzunehmen.

Für Weiße im akademischen Umfeld ist es durchaus in Mode gekommen, über Rassismus nachzudenken und zu schreiben, und manchmal ist es auch profitabel. Allerdings wird das Nachdenken über Rassismus oft immer noch als ›schmutzige‹ Arbeit angesehen, die am besten für Schwarze und andere Menschen of Color geeignet ist, oder allenfalls als eine Art privilegierte ›Spielwiese‹ für weiße Antirassist:innen. Schwarze bzw. Menschen of Color, die ›zu viel‹ über dieses Thema sprechen, werden von rassistisch denkenden Menschen oft als »die Rassenkarte spielend« dargestellt (bezeichnenderweise ist es gerade dieser Ausdruck, der Diskussionen über Rassismus trivialisiert und impliziert, dass alles nur ein Spiel sei). Nicht selten werden sie auch einfach nur für verrückt erklärt. Weiße, die über Rassismus sprechen, werden dagegen oft als ›gute Menschen‹, als überlegene zivilisierte Wesen dargestellt. Dabei sind ihre Handlungen nur ein weiteres Indiz für die weiße Vorherrschaft, nach dem Motto: »Wir sind so viel zivilisierter und intelligenter als Schwarze bzw. Menschen of Color, dass wir alles, was man über Rassismus wissen muss, besser wissen als sie.«

Allein das Sprechen über weiße Vorherrschaft und Rassismus kann dazu führen, dass man in eine Schublade gesteckt wird, dass man ausgeschlossen wird und sich in der Nahrungskette des bestehenden Systems weißer Vorherrschaft ganz unten wiederfindet. Kein Wunder also, dass ein solches Sprechen zu einem Akt der Machtlosigkeit werden kann, weil es von denjenigen gefiltert und übermittelt wird, die die Macht haben, das öffentlich Gesagte zu kontrollieren, sei es durch redaktionelle Bearbeitung und Zensur, oder durch bestimmte Arten der Darstellung und Interpretation. Doch auch, wenn immer mehr Menschen in der Kultur der Gegenwart über Rassismus sprechen, wird die Macht dieses Gesprächs durch rassistische Gegenreaktionen geschmälert, die das Problem verharmlosen und das Sprechen darüber meist als bloße Hysterie abtun.

Nicht wenige Schwarze bzw. Menschen of Color berichten von Momenten, in denen sie rassistische Äußerungen auf Versammlungen oder in anderen formellen Zusammenhängen kritisiert haben, um dann mitzuerleben, wie die Mehrheit der Anwesenden die zur Rede gestellte rassistische Person in Schutz nimmt, so als sei diese das Opfer und die Person, die das Problem angesprochen hat, Täter:in. Es ist also kein Wunder, dass Diskussionen über weiße Vorherrschaft und Rassismus zwar in wissenschaftlichen und journalistischen Texten inzwischen gang und gäbe sind, die meisten Menschen aber vorsichtig, wenn nicht gar ängstlich sind, wenn es darum geht, diese Themen in Gruppensituationen zu erörtern, vor allem wenn sie unter Fremden sind. Oft sagen mir Menschen, dass sie ihre Gedanken über die Ideologie der weißen Vorherrschaft und den Rassismus nicht offen und ehrlich mitteilen, weil sie befürchten, etwas Falsches zu sagen. Doch wenn diesem Argument auf den Grund gegangen wird, zeigt sich meist, dass sich dahinter die Angst vor Konflikten verbirgt. Die Leute glauben, das Falsche zu sagen, würde zu Streit, schlechten Gefühlen oder zu einem Gegenangriff führen. Gruppen, in denen Weiße in der Mehrheit sind, beteuern oft, dass Rassismus heutzutage keine große Bedeutung mehr habe, weil wir alle langsam wirklich darüber hinweg seien, uns mit so etwas noch aufzuhalten. Ich frage sie, warum sie dann so viel Angst haben, ihre Meinung zu sagen. Denn ihre Angst, ihr Schweigen und ihre Selbstzensur sind Zeichen dafür, welch hochgradig aufgeladene Bedeutung das Thema in unserer Gesellschaft noch immer hat.

Eine der bitteren Ironien, mit denen sich Antirassist:innen konfrontiert sehen, wenn sie sich für die Beendigung der weißen Vorherrschaft einsetzen, besteht darin, dass die Leute, die diese am meisten aufrechterhalten, in der Regel am wenigsten bereit sind, anzuerkennen, dass Rassismus eine Rolle spielt. In fast allen Schriften, die ich zu diesem Thema verfasst habe, verwende ich das Wort »weiße Vorherrschaft«, um das System der rassistischen Vorurteile, in dem wir leben, zu beschreiben, weil dieser Begriff über Rassismus hinausgeht und alle Menschen einschließt. Er umfasst auch Schwarze bzw. Menschen of Color, die rassistische Einstellungen verinnerlicht haben, mögen sie vielleicht auch anders denken und handeln als rassistische Weiße. Ein Beispiel: Eine Schwarze Frau, die Rassismus verinnerlicht hat, glättet vielleicht ihr Haar, um mehr wie eine weiße Frau auszusehen. Und dennoch könnte dieselbe Person wütend werden, wenn eine weiße Person sie dafür lobt, dass sie weiß sein möchte. Sie könnte dieser weißen Person sagen, dass sie rassistisch ist, und gleichzeitig ihr eigenes weißes Vorherrschaftsdenken in Bezug auf Schönheitsideale völlig verleugnen. Es ist möglicherweise genauso schwierig, die Verleugnung dieser Schwarzen Person über ihre Komplizenschaft mit weißem Vorherrschaftsdenken zu durchbrechen, wie der Versuch, bei einer rassistischen weißen Person ein entsprechendes Bewusstsein zu schaffen. Die meisten Menschen in unserem Land lehnen offen rassistische Terror- oder Gewaltakte ab. Wir sind wahrlich ein Land, in dem alle von sich behaupten, dass sie ein Ende rassistischer Diskriminierung anstreben. Doch zwischen Theorie und Praxis klafft eindeutig eine große Lücke. Kein Wunder also, dass es für alle in unserem Land einfacher ist, einen kritischen schriftlichen Diskurs über Rassismus zu akzeptieren, der in der Regel sowieso nur von denjenigen gelesen wird, die über ein gewisses Bildungsprivileg verfügen, als dass wir konstruktiv über weiße Vorherrschaft und Rassismus sprechen – und nicht nur sprechen, sondern auch tatsächlich handeln.

In den letzten Jahren, als Diskurse über Rassismus im akademischen Umfeld zunehmend akzeptabler wurden, haben manche Schwarze bzw. Menschen of Color die bizarre Kluft zwischen Theorie und Praxis geradezu als Psychoterror empfunden. Ein Beispiel: Eine wohlmeinende liberale weiße Professorin schreibt möglicherweise ein nützliches Buch über die Intersektionalität von Race und Gender, lässt aber weiterhin zu, dass die Art und Weise, wie sie persönlich auf Frauen of Color reagiert, durch rassistische Vorurteile geprägt ist. In ihrem übersteigerten Selbstbewusstsein mag sie der festen Überzeugung sein, dass sie auf jeden Fall antirassistisch ist, und dann achtet sie möglicherweise nicht darauf, die Zusammenhänge herzustellen, die nicht nur ihr Denken, sondern auch ihr Verhalten verändern würden. Wenn es um das Thema Rassismus geht, waren viele einmal in dem naiven Glauben, dass wir das Verhalten der Menschen ändern könnten, wenn wir ihre Denkweise ändern würden. In den meisten Fällen hat sich dies jedoch nicht bewahrheitet. Dennoch sollten wir uns davon nicht beirren lassen. In einer Kultur der Herrschaft und Dominanz zeigen fast alle Menschen Verhaltensweisen, die ihren Überzeugungen und Werten widersprechen. Aus diesem Grund wird in der Soziologie wie auch in der Psychologie die Tatsache beschrieben, dass die Menschen in unserem Land immer häufiger über alle möglichen großen und kleinen Dinge lügen. Dieses Lügen führt oft zu Formen der Verleugnung, bei denen die Menschen nicht mehr in der Lage sind, zwischen Fantasie und Realität, zwischen Wunschträumen und Wirklichkeit zu unterscheiden.

Es ist zwar ein positiver Aspekt unserer Kultur, dass die Menschen ein Ende des Rassismus herbeisehnen, aber paradoxerweise ist es genau diese

Sehnsucht, die zu der irrigen, sich aber hartnäckig haltenden Annahme führt, dass der Rassismus ein Ende gefunden habe, dass wir in unserem Land keine weiße Vorherrschaft mehr kennen. In unserer Gesellschaft assoziieren fast alle Menschen, unabhängig von ihrer Hautfarbe, weiße Vorherrschaft mit extremem konservativen Fanatismus, mit Nazi-Skinheads, die all die alten Stereotype über die »Reinheit der Rasse« predigen. Doch bedrohen diese extremen Gruppen selten unser alltägliches Leben. Es sind vielmehr die leichter zu verschleiernden, weniger extremen Überzeugungen und Annahmen bezüglich der weißen Vorherrschaft, die den Alltagsrassismus als eine Form der Unterdrückung bestimmter Bevölkerungsgruppen umso nachhaltiger fortbestehen lassen.

Wenn wir erst einmal die unzähligen Möglichkeiten erkannt haben, wie das Gedankengut der weißen Vorherrschaft unsere täglichen Wahrnehmungen prägt, können wir verstehen, warum liberale Weiße, die sich für die Beendigung des Rassismus einsetzen, gleichzeitig an Überzeugungen und Vorurteilen festhalten können, die ihre Wurzeln in eben dieser weißen Vorherrschaft haben. Wir können dann auch erkennen, wie Schwarze bzw. Menschen of Color wissentlich oder unwissentlich weißes Vorherrschaftsdenken verinnerlicht haben. In einem Kurs, den ich kürzlich gegeben habe, diskutierten wir über einen von mir gehaltenen Vortrag, bei dem viele weiße Studierende ihre Verachtung für die von mir geäußerten Ideen und für meine Anwesenheit durch Buhrufe zum Ausdruck brachten. Ich forderte den Kurs auf, zu überlegen, dass das, was ich sagte, die Gruppe wahrscheinlich nicht so sehr störte wie der Umstand, dass ich als jung wirkende Schwarze Frau mit naturbelassenem Haar in Zöpfen auftrat. Kaum hatte ich diese Bemerkung beendet, wurde ich von einem liberalen weißen Mann aus der Runde angegriffen, der sagte: »Sie spielen hier die Rassenkarte aus.« Seine unmittelbare Abwehrreaktion ist ein typisches Feedback, das oft kommt, wenn Schwarze bzw. Menschen of Color eine Beobachtung über die alltägliche Dynamik von Rassismus und Sexismus machen, die nicht den Wahrnehmungen privilegierter Weißer entspricht.

Es ist für jeden öffentlichen Diskurs über dieses Thema von entscheidender Bedeutung zu verstehen, in welchem Maße Klassenprivilegien die Wahrnehmung von Rassismus beeinflussen und modellieren, denn die privilegiertesten Menschen in unserem Land (insbesondere diejenigen mit Klassenmacht) sind oft am wenigsten bereit, ehrlich über rassistische Vorurteile zu sprechen. Bei uns sprechen Weiße aus der Arbeiterklasse oft sehr eloquent über die Art und Weise, wie rassistische Annahmen unsere Wahrnehmung und unser tägliches Handeln bestimmen, während Weiße aus privilegierten Verhältnissen weiterhin einen Verleugnungskurs fahren und so tun, als ob gemeinsame Klassenprivilegien den Rassismus abmildern oder verändern. Ich erklärte meinen Studierenden, dass das Alltagsleben in einem imperialistischen, kapitalistischen Patriarchat weißer Vorherrschaft meist so aussieht, dass die überwiegende Mehrheit der Weißen nur wenige Kontakte zu Schwarzen hat und sich selten in Situationen befindet, in denen sie einer Schwarzen Person (insbesondere einer Schwarzen Frau) dreißig Minuten lang zuhören muss. Mit Sicherheit gab es keine Schwarzen Lehrpersonen, als ich Englisch studierte und promovierte. Und es wäre mir nie in den Sinn gekommen, nach Schwarzen weiblichen Dozent:innen in anderen Fächern zu suchen. Ich habe dieses Fehlen einfach hingenommen.

Ich erzählte dem Kurs, dass ich als Angehörige der Oberschicht, die allein in einer überwiegend weißen Nachbarschaft lebt und in einem überwiegend weißen Umfeld arbeitet, in meinem täglichen Leben nur wenig Kontakt zu Schwarzen Frauen hätte. Wenn ich mich mit Schwarzen Frauen unterhalten oder ihnen zuhören wollte, musste ich mich schon anstrengen. Doch hier war ein weißer Mann aus der Oberschicht, der in einer überwiegend weißen Welt lebte und arbeitete, mir aber erzählte, dass es für Weiße kein Problem sei, Schwarzen Frauen zuzuhören, wenn sie ihnen etwas beibringen wollen, ihnen zuzuhören, wenn sie Überzeugungen und Werte zum Ausdruck bringen, die ihren eigenen zuwiderlaufen. Ich bat die Runde, darüber nachzudenken, warum die Reaktion auf meine anfänglichen Überlegungen, dass Weiße nur selten Schwarzen Frauen beim Reden und Unterrichten zuhören müssen, nicht lautete: »Mensch, ich habe noch nie darüber nachgedacht, wie sehr das Konstrukt Race bestimmt, auf wen wir hören, wen wir als Autorität akzeptieren.« Es wäre interessant gewesen, wenn der vehement widersprechende weiße Mann sich mit seinen Kommentaren zurückgehalten hätte, bis er ernsthaft über die Angelegenheit nachgedacht hätte, bis er in der Lage gewesen wäre, stichhaltige Gründe zu nennen, warum er mit meiner Aussage nicht einverstanden war. Indem er mich bewertete, mir unterstellte, dass ich unredlicherweise »die Rassenkarte gespielt« hätte, vermied er es, die faktenbasierten und/oder erfahrungsbedingten Gründe darzulegen, warum er anders dachte als ich. Seine Reaktion war typisch und beileibe kein Einzelfall.

Das imperialistische, kapitalistische Patriarchat weißer Vorherrschaft ist ein System, das unsere Kultur und unsere Ansichten prägt, und angesichts dessen ist es einfach eine Tatsache, dass die meisten Weißen selten, wenn überhaupt, in Situationen kommen, in denen sie Schwarzen Frauen zuhören müssen, die ihnen Vorträge halten. Selbst die Weißen, die täglich Schwarze Dienstmädchen und Haushälterinnen in ihren Häusern arbeiten lassen, hören diesen Frauen nicht zu, wenn sie reden. Diese Realität wurde bereits in dem Kinohit der 1950er Jahre, *Imitation of Life*, anschaulich dargestellt, als Laura, die reiche weiße Frau, zur Beerdigung ihrer Schwarzen Haushaltshilfe Annie kommt und sich darüber wundert, dass Annie Freund:innen hatte, eine hoch angesehene Frau in der Kirche war usw. In den Biografien und Autobiografien weißer Frauen, die von Schwarzen Hausangestellten großgezogen wurden, finden sich zahlreiche Aussagen darüber, dass sie nicht mit diesen Frauen sprachen, ihnen nicht zuhörten, wenn sie ihre Geschichten erzählten oder ihnen Dinge sagten, die sie nicht hören wollten.

Wir leben in einer Welt der Klassenprivilegien, die nach wie vor undemokratisch und diskriminierend sind, so dass die meisten Schwarzen der Oberschicht in einem weißen Umfeld isoliert sind und sich anstrengen müssen, um Schwarze Frauen dreißig Minuten lang reden und/oder einen Vortrag halten zu hören. Meine offene und ehrliche Bezeugung dieser Tatsache war eine kritische Intervention, die einen Moment des Innehaltens in den Köpfen der Studierenden auslöste, wenigstens bei denen, die offen und unvoreingenommen waren. Sie konnten über meine Bemerkungen nachdenken und sie auf ihr Leben beziehen. Sie konnten sich fragen: »Auf wen höre ich?« oder »Wessen Worte schätze ich?« Ich nannte Oprah Winfrey als Beispiel für eine Schwarze Frau, die täglich die Aufmerksamkeit einer großen Zahl von Weißen auf sich zieht, und doch ist ihre Rolle in der Regel nur die der Kommentatorin. Sie hört zu und analysiert das, was andere sagen. Selten äußert sie ihre eigene Meinung zu einem Thema für mehr als ein paar Minuten, wenn überhaupt. In vielerlei Hinsicht entspricht ihre Rolle der der rassistischen Vorstellung von der »Haushälterin/Mammy«, nicht unähnlich der von Annie in *Imitation of Life*, deren Hauptziel im Leben darin besteht, dafür zu sorgen, dass die Weißen das bestmögliche Leben führen können. Erinnert Euch bitte nur einmal daran, dass Annie dem alten Milchmann fünfzehn Jahre lang jedes Jahr zu Weihnachten ihr hart verdientes Geld schickte und so tat, als käme es von der egoistischen, reichen weißen Frau. Auf diese Weise wollte Annie mit gutem Beispiel vorangehen. Ihre Motivation bestand darin, Laura zu einem besseren Menschen zu machen, und damit zeigte sie natürlich auch, was für ein guter Mensch sie selbst war.

Annie ist die Schwarze Frau, die weiß, dass ihre Rolle darin besteht, sich unterzuordnen und zu dienen; sie tut dies mit Ergebenheit, Würde und Anmut. Sie konfrontiert die weiße Herrin nicht mit Ideen und kritischen Perspektiven, die weiße Frauen nicht hören wollen. Dies ist das Rollenmodell, das die rassistische, sexistische Vorstellungswelt Schwarzen Frauen bietet. Es wird so gegenwärtig in fast jeder Hollywood-Produktion gezeigt, in der Schwarze Frauen vorkommen. Kein Wunder also, dass es so vielen Weißen schwerfällt, einer Schwarzen Frau zuzuhören, die Ideen und Meinungen äußert, die ihr eigenes Weltbild bedrohen. In unserer Diskussion im Kurs wurde von einem mächtigen weißen Mann berichtet, der einen ähnlich kontroversen Vortrag gehalten hatte, aber kein negatives, verächtliches, mündliches Feedback erhielt. Es war nicht so, dass die Anwesenden mit dem, was er sagte, einverstanden gewesen wären, sondern dass sie glaubten, er habe das Recht, seinen Standpunkt zu vertreten.

Oft befinden sich Schwarze und Menschen of Color in einer Umgebung, in der wir die einzige anwesende Person of Color sind. In solchen Situationen verhalten sich unaufgeklärte Weiße uns gegenüber oft so, als wären wir die Gäste und sie die Gastgebenden. Sie tun so, als ob unsere Anwesenheit weniger von unseren Fähigkeiten, unserer Begabung oder unserem Genie abhängt, sondern eher das Ergebnis philanthropischer Wohltätigkeit ist. Auf diese Weise sehen sie unsere Anwesenheit in erster Linie als Beweis für ihre Großzügigkeit; sie zeigt der Welt, dass sie nicht rassistisch sind. Doch schon allein die Vorstellung, dass wir da sind, um ihnen zu dienen, ist Ausdruck des Glaubens an die Überlegenheit der Weißen. Der Kern dieses Denkens in den Vereinigten Staaten und anderswo ist die Annahme, dass es für die rassistisch als ›unterlegen‹ Definierten (dunkelhäutigeren Menschen) nur natürlich ist, den als ›überlegen‹ Definierten zu dienen (in Gesellschaften, in denen es keine weiße Präsenz gibt, sollten dieser Logik entsprechend hellhäutigere Menschen von dunkelhäutigeren bedient werden). Diese Vorstellung vom Dienen impliziert, dass, egal, welchen Status die jeweilige Person of Color auch haben mag, er muss stets so angepasst und herabgestuft werden, dass es dem Weißsein in größtmöglicher Weise nutzt.

So zu denken, entspricht weiterhin der Logik der weißen Vorherrschaft und hat die Forderung nach Diversität und Integration für viele Weiße überhaupt erst annehmbar gemacht. Integration bedeutete für sie nicht selten, Zugang zu Menschen of Color zu haben, die ihrem Leben mehr Würze verleihen, wobei das Dienen hier darin besteht, den Weißen gewissermaßen ein bisschen Exotik darzubieten. Ein anderer Dienst, den Schwarze den Weißen erweisen könnten, wäre z. B., sie mit den notwendigen Werkzeugen ausstatten, um ihre rassistische Dominanz aufrechtzuerhalten. Dies ist etwa dann der Fall, wenn College-Studierende aus privilegierten weißen Elternhäusern in die sogenannte »Dritte Welt« gehen, um ›nur zum Spaß‹ Spanisch oder Suaheli zu lernen, wobei es später ganz gut passt, dass diese Kenntnisse ihnen bei der Arbeitssuche helfen. In meinen Kursen sprachen weiße Studierende, die sich darauf vorbereiteten, für kurze Zeit in einem nicht-weißen Land zu studieren oder zu leben, immer wieder einmal über die Menschen in diesen Ländern, als ob sie nur dazu da wären, ihr weißes Abenteuer noch intensiver zu machen. Tatsächlich erinnerte ihre Vision an die Botschaft, die weiße Kinder durch die rassistische Fernsehserie *Tarzan* erhielten: »Werde Indigener und du hast ein besseres Leben«. Der Beat-Poet Jack Kerouac drückte seine Gefühle in der Sprache der Coolness aus: »Das Beste, was die weiße Welt zu bieten hatte, war mir nicht ekstatisch genug.« Ähnlich sahen und sehen viele unbedarfte Weiße, oft liberale, ihre im Gefolge von Gleichstellungsmaßnahmen gewonnenen Kontakte zu Menschen of Color als eine lohnende Investition, die ihr Leben verbessern, ja sogar ihre vermeintliche natürliche Überlegenheit steigern kann. Und viele Menschen of Color, die in der Kunst des verinnerlichten weiß-suprematistischen Denkens geschult wurden, teilten diese Annahme.

Die chinesische Schriftstellerin Anchee Min fängt die Essenz dieser Anbetung des Weißseins in ihrem Roman *Katherine* wunderbar ein, einer Geschichte über eine junge weiße Lehrerin, die nach China kommt, im Gepäck einen allzu verführerischen Kulturimperialismus. Als sie einem ihrer Schüler:innen erklärt, dass sie die Menschen in China für ein grausames Volk hält (dies war in den USA vor 1900 durchaus ein beliebtes rassistisches Stereotyp), ruft sie bei ihrem chinesischen Schüler Bewunderung hervor, der daraufhin bekennt: »Ihre Art zu denken hat mich berührt. Es war etwas, das ich vergessen hatte oder vielleicht nie gekannt hatte. Sie hat die Blütenblätter meines trockenen Herzens entfaltet. Eine Blume, von der ich nicht wusste, dass es sie gibt, begann in mir zu blühen (...) Katherine erweiterte mein Leben über seine eigenen Gegebenheiten hinaus. Es war die Art von Reinheit, die sie bewahrte, die mich bewegte.« Die weiße Frau als Symbol der Reinheit beherrscht nach wie vor die rassistischen Vorstellungen in aller Welt. In den Vereinigten Staaten projiziert Hollywood weiterhin dieses Bild und nutzt es, um die weiße Vorherrschaft zu bestätigen und zu bekräftigen.

Wenn Menschen of Color versuchen, kritisch zu intervenieren und sich der weißen Vorherrschaft entgegenzustellen, insbesondere wenn es um die Frage geht, wie sie dargestellt werden, wirft man uns oft eine engstirnige politische Korrektheit vor oder bezeichnet uns einfach als humorlos. Coco Fusco schreibt über kulturelle Aneignung in *English is Broken Here* und erklärt: »Ich und viele andere Kinder der Gleichstellungspolitik sind so sozialisiert worden, dass Rassismus nur von ignoranten, reaktionären Menschen, vorzugsweise aus der Vergangenheit, ausgeht, was dazu diente, unsere Aufmerksamkeit davon abzulenken, wie Weißsein in der Gegenwart funktioniert. (...) Das Schreckgespenst des Rassismus im Hier und Jetzt zu beschwören, zu suggerieren, dass weiße Menschen ungeachtet ihrer politischen Überzeugungen und sexuellen Vorlieben auch heute noch innerhalb der sozialen Strukturen der weißen Vorherrschaft agieren und davon profitieren, kommt einer Kriegserklärung gleich.« Wenn die weiße Vorherrschaft infrage gestellt wird und wir uns dagegen wehren, riskieren Menschen of Color ebenso wie unsere Verbündeten im Kampf, dass wir der Zensur zum Opfer fallen, die entsteht, wenn diejenigen, die die Macht haben zu dominieren, uns einfach sagen: »Du bist ein Extremist, du bist der wahre Rassist, du spielst die ›Rassen‹-karte.« Die Ironie liegt natürlich darin, dass wir nicht wirklich beim ›Rassen‹-Spiel mitspielen dürfen; wir sind lediglich Spielfiguren in den Händen derjenigen, die die Spiele erfinden und die Regeln bestimmen.

Jede Schwarze Person und jede Person of Color kollaboriert jeden Tag ein bisschen mit dem bestehenden System, selbst diejenigen unter uns, die sich als antirassistische Radikale verstehen. Diese Kollaboration geschieht einfach deshalb, weil wir alle Produkte der Kultur sind, in der wir leben, und weil wir alle den Formen der Sozialisierung und Akkulturation unterworfen sind, die in unserer Gesellschaft als normal gelten. Wenn wir unser Bewusstsein schärfen und unseren Geist dekolonisieren, dann können wir mit dem Dominanzmodell des sozialen Miteinanders brechen und uns neue und andere Wege vorstellen, wie Menschen zusammenkommen können. Martin Luther King, Jr. stellte sich eine »beloved community« (liebevolle Gemeinschaft) vor, eine Welt, in der sich die Menschen auf der Grundlage ihres gemeinsamen Menschseins zusammenfinden würden. Seine Vision ist nach wie vor aktuell. King lehrte, dass der einfache Akt des Zusammenkommens bereits die Gemeinschaft stärken würde. Doch kurz vor seiner Ermordung begann er zu erkennen, dass die Überwindung des Rassismus einen Wandel sowohl im Denken als auch im Handeln erfordern würde und dass die Menschen sich zwar darauf einigen könnten, einander über rassistische Grenzen hinweg zu begegnen, sie aber dadurch noch keine Gemeinschaft bilden würden.

Der Aufbau einer Gemeinschaft erfordert ein wachsames Bewusstsein für die Arbeit, die wir ständig leisten müssen, um unsere gesamte Sozialisierung zu hinterfragen, denn sie bringt uns dazu, uns auf eine Weise zu verhalten, die die Vorherrschaft aufrechterhält. Inzwischen gibt es eine Reihe von kritischen Theorien, die die Funktionsweise der Ideologie von der weißen Überlegenheit und des Rassismus erklären. Aber Erklärungen allein verhelfen uns nicht zur Praxis der liebevollen Gemeinschaft. Wenn wir die Theorie und die Erklärungen nehmen und sie konkret auf unser tägliches Leben, auf unsere Erfahrungen anwenden, fördern und vertiefen wir die Praxis der antirassistischen Transformation. Anstatt einfach zu akzeptieren, dass Klassenschranken mich oft in einer Welt verharren lassen, in der ich wenig oder gar keinen Kontakt zu anderen Schwarzen Menschen habe, insbesondere zu Menschen aus unterprivilegierten Schichten, kann ich als Schwarze Person mit Klassenprivileg aktiv nach solchen Beziehungen suchen. Um diese Arbeit zu tun, muss ich mich in den meisten Fällen anstrengen, meine Lebenswelt sozial zu erweitern. In den letzten Jahren haben vereinzelt Weiße in meinem Alter, die sich selbst immer als antirassistisch gesehen haben, Kinder von Menschen of Color adoptiert, nur um dann festzustellen (was eigentlich von vorn herein hätte klar sein müssen), dass sie nicht wirklich innige Freundschaften mit Menschen of Color hatten. Sie müssen sich aktiv bemühen, Beziehungen zu diesen Menschen zu knüpfen und ihr weißsupremaǀtistisches Denken verlernen. Dieses beinhaltet z. B., dass sie aufgrund ihres Weißseins überlegen sind und daher besser in der Lage, ein nicht-weißes Kind zu erziehen als jede Person of Color.

Immer wieder habe ich beobachtet, wie Weiße in meinem Umfeld daran arbeiten, die weiße Vorherrschaft zu verlernen, wenn sie sich der Tatsache bewusst werden, dass sie nur wenig Kontakt zu nicht-weißen Menschen haben. Ihnen sind die ›Augen geöffnet‹ worden und sie merken, dass es immer nicht-weiße Menschen um sie herum gab, die sie nicht ›sahen‹, als sie durch das rassistisch fundierte weiße Privileg geblendet waren. Immer wieder mache ich antirassistische Arbeit an geisteswissenschaftlich orientierten Colleges, von denen mir gesagt wird, sie seien »komplett weiß«, nur um festzustellen, dass die Mehrheit des Hilfspersonals und der Servicekräfte nicht weiß ist. Die Anwesenheit von Schwarzen und/oder Menschen of Color, die als nicht der eigenen Klasse zugehörig angesehen werden, wird in einem Kontext, in dem die privilegierte Identität weiß ist, leicht ignoriert. Wenn wir aufhören, in Hierarchien zu denken und zu urteilen, und alle Mitglieder einer Gemeinschaft wertschätzen können, durchbrechen wir die Kultur der Herrschaft. Die weiße Vorherrschaft wird hingegen immer wieder aufs Neue verfestigt, wenn Einzelpersonen die Gruppe der Studierenden oder der Lehrenden als »komplett weiß« beschreiben, anstatt die Vielfalt zu bekräftigen, selbst wenn sie nur durch die Anwesenheit einiger weniger Personen spürbar ist. Antirassistische Arbeit erfordert von uns allen Wachsamkeit in Bezug auf die Art und Weise, wie wir Sprache verwenden. Das Entweder-oder-Denken ist entscheidend für die Aufrechterhaltung von Rassismus und anderen Formen der Gruppenunterdrückung. Wenn wir in Begriffen wie ›sowohl als auch‹ denken, sind wir besser in der Lage, die Arbeit der Gemeinschaftsbildung zu leisten.

Stellen Sie sich den Unterschied vor: Auf einem Campus höre ich, dass die Weißen nach wie vor die größere Gruppe sind, aber durch die Anwesenheit nicht-weißer Menschen eine Vielfalt erreicht wird, und dass die Mehrheit diverser werden will. Auf einem anderen Campus höre ich, dass »wir alle weiß sind«, was den Wert der Anwesenheit von Menschen of Color negiert, wie gering ihre Zahl auch sein mag. Die Sprache, die wir verwenden, um diese Ideen auszudrücken, ist anfangs meist etwas ungewohnt, aber je mehr wir zu einer inklusiveren Sprache übergehen und ihren Gebrauch normalisieren, desto weniger kompliziert wird es. Ein Großteil der weiß-suprematistischen Denk- und Handlungsweisen, die wir alle unbewusst verinnerlicht haben, äußert sich in habituellem Verhalten. Deshalb müssen wir uns dieser Verhaltensweisen bewusst werden und daran arbeiten, sie zu ändern. Ein Beispiel: Schwarze Mütter kommen häufig zu mir und fragen, was sie tun können, wenn ihre Kinder von der Schule nach Hause kommen und sagen, sie wollen »weiß gemacht« werden. Oft erzählen diese Frauen, dass sie alles getan haben, um ihnen die Liebe zum Schwarzsein zu vermitteln. Doch in allen diesen Fällen versuchen die Frauen selbst, ihr Äußeres zu verändern, heller auszusehen oder glatteres Haar zu haben.

Und immer wehrt sich die Person gegen die Vorstellung, dass das Kind ihre Heuchelei durchschaut, dass es denkt: »Wenn ich nicht einmal von meiner Mutter als schön, annehmbar und wertvoll angesehen werden kann, dann muss diese größere Welt, die mir jeden Tag sagt, dass weiß besser ist, recht haben.« Dies ist ein direktes Zitat einer hübschen Schwarzen Studentin Anfang zwanzig, die erzählte, dass sie sich das immer gesagt hat. Später, als Erwachsene, wenn ihr jemand sagte, wie schön sie ist, war es diese Botschaft, an die sie durch ihre innere Stimme immer wieder erinnert wurde. Auch wenn sich viele Gelehrte und Intellektuelle über die Welt der Selbsthilfe lustig machen, kann sie doch sehr hilfreich sein, wenn es um die Selbstheilung der rassistisch kolonisierten Seele geht. Das tägliche laute Sprechen von Affirmationen, um lange eingeprägte, toxische Botschaften zu ändern, ist in der Tat eine nützliche Strategie zur Reinigung des Geistes. Dadurch wird unser Bewusstsein wachsamer für die Art und Weise, wie die Ideologie von der weißen Überlegenheit, die täglich in der Welt der Werbung, der Zeitschriftenbilder usw. vermittelt wird, in unser System eindringt, und befähigt uns, ihren Einfluss auf uns zu brechen.

Als ich mich entschloss, Bücher über das Thema Liebe zu schreiben, ging ich einfach davon aus, dass mein Publikum aus interessierten Leser:innen aller Hautfarben bestehen würde. Als ich jedoch mit den Verantwortlichen des Verlags am Verhandlungstisch saß, wurde ich gefragt, wer genau denn wohl meine Bücher lesen würde. Man erklärte mir, dass es für mich schwierig sein könnte, »weiße Leser:innen« zu gewinnen, da ich mit der Schwarzen Befreiungsbewegung in Verbindung gebracht wurde. Ich war jedoch der Überzeugung, dass ich die rassistisch geprägte Konsumhaltung, die in unserer Gesellschaft oft die Norm ist, überwinden könnte. (Wenn ein Film nur weiße Charaktere hat, wird davon ausgegangen, dass er für alle Konsument:innen vermarktet wird; er ist für alle da. Wenn der Film jedoch nur Schwarze Charaktere hat, wird er als für einen Schwarzen Markt bestimmt angesehen.) Als ich *Alles über Liebe – Neue Sichtweisen* schrieb, habe ich im Buch bewusst keine Angaben zu meiner Person gemacht, obwohl das Foto auf der Rückseite eindeutig meine Hautfarbe zeigte. Damit wollte ich zeigen, dass Schwarze Autor:innen, die über Rassismus schreiben, nicht immer nur an diesem einen Thema interessiert sind. Ich wollte zeigen, dass wir alle komplex denkende und vielseitig interessierte Menschen sind, die sowohl einen spezifischen als auch einen universellen Fokus haben können. Das Entweder-oder-Denken, das dem auf weißer Vorherrschaft basierenden metaphysischen westlichen Dualismus zugrunde liegt, lehrt die Menschen, dass sie sich entscheiden müssen, entweder Schwarze oder weiße Bilder zu mögen, oder dass sie glauben, Bücher von Weißen seien für alle und Bücher von Schwarzen nur für Schwarze geschrieben. Es ist jedoch der umfassende Charakter des Sowohl-als-auch-Denkens, der es uns ermöglicht, wirklich inklusiv zu sein. Als Kind dachte ich nie, dass Emily Dickinson ihre Gedichte nur für weiße Leser:innen geschrieben hatte (und sie war tatsächlich die erste Dichterin, deren Werk ich liebte). Und als ich später die Werke von Langston Hughes las, dachte ich nie, dass er nur für ein Schwarzes Publikum schrieb. Beide schrieben einfach über die Welt, die sie am besten kannten.

Als mir bewusst wurde, wie sehr das weiße Vorherrschaftsdenken sogar unsere Auswahl der Bücher, die wir lesen und die wir auf unseren Couchtischen präsentieren wollen, beeinflusst, entwickelte ich Strategien des Widerstands. Als ich mein zweites Buch über die Liebe schrieb, *Salvation. Black People and Love*, das sich speziell mit den Erfahrungen von Schwarzen befasst, musste ich die Verwendung des Begriffs »Schwarze Liebe« von weißen wie von Schwarzen Leser:innen problematisieren. Ich musste deutlich machen, dass ich über dieselben Vorstellungen von Liebe sprach, über die ich im ersten Buch geschrieben hatte (das niemand ein Buch über weiße Liebe nannte), mich aber jetzt auf die Auswirkungen konzentrierte, die diese Denkweisen über die Liebe auf das Bewusstsein Schwarzer Menschen gehabt hatten. Die Annahme, dass »Weißsein« das Universelle meint und daher für alle gilt, während »Schwarzsein« spezifisch ist und daher nur für Schwarze gilt, ist weißsuprematistisches Denken. Und doch denken viele Liberale ebenso wie ihre konservativeren Mitmenschen so, nicht weil sie ›schlechte‹ Menschen sind oder sich bewusst dafür entscheiden, rassistisch zu sein, sondern weil sie unbewusst gelernt haben, auf diese Weise zu denken. Dieses Denken kann jedoch, wie so viele andere Denkmuster und Handlungen, die zur Aufrechterhaltung der weißen Vorherrschaft beitragen, leicht verlernt werden.

In den dreißig Jahren, in denen ich über Rassismus und weiße Vorherrschaft spreche, Vorträge halte und Anti-Rassismus-Workshops leite, habe ich gelernt, wie leicht es für Einzelpersonen ist, ihre Gedanken und Handlungen zu ändern, wenn sie sich dessen bewusst werden und wenn sie dieses Bewusstsein nutzen wollen, um ihr Verhalten zu ändern. Gegenreaktionen von rassistischen Weißen blieben nicht aus; es wird immer wieder versucht, sowohl das Erbe der Bürgerrechte als auch die neue Konzentration auf die kritische Theorie und Praxis zum Thema Race zu untergraben. Darüber hinaus wird weiterhin die Auffassung vertreten, dass rassistisches Denken, insbesondere in weißen Köpfen, nicht verändert werden kann. Dies ist schlichtweg nicht wahr. Diese falsche Annahme hat sich jedoch verfestigt, weil es an einer kollektiven Demonstration seitens der Masse der Weißen gefehlt hat, dass sie bereit sind, die rassistische Vorherrschaft aufzugeben, insbesondere wenn es um die alltäglichen Manifestationen der Ideologie von der Überlegenheit der Weißen, um weiße Macht, geht.

Der stärkste Indikator dafür, dass die Weißen das Ende des institutionalisierten Rassismus wollten, war eindeutig die allgemeine gesellschaftliche Unterstützung für die Aufhebung der rassistischen Segregation. Die Tatsache, dass viele Weiße diese Unterstützung nicht damit verbanden, auch im Alltag weiß-suprematistische Gedanken und Praktiken aufzugeben, hat jedoch dazu beigetragen, dass der Rassismus weiterhin unsere Kultur beherrscht. Um diesen Einfluss zu brechen, brauchen wir einen kontinuierlichen antirassistischen Aktivismus. Wir müssen ein größeres Bewusstsein für die Art und Weise schaffen, wie weißes Vorherrschaftsdenken in unserem täglichen Leben funktioniert. Wir müssen von den Menschen lernen, die ein antirassistisches Leben geführt haben und wissen, was wir alle tun können, um unser Bewusstsein zu dekolonisieren, unser Verhalten zu ändern und eine liebevolle Gemeinschaft zu schaffen.

4
Demokratische Bildung

Lehrende, die eine Vision von demokratischer Bildung haben, gehen davon aus, dass Lernen niemals nur auf den Unterricht beschränkt sein kann. Doch meistens wird die irrige Annahme vertreten, dass Schule und Universität nicht die ›wirkliche Welt‹ seien, und dementsprechend wird auch unterrichtet. Demokratische Pädagog:innen durchbrechen diese falsche Vorstellung, dass die Bildungseinrichtungen nicht mit dem wirklichen Leben verbunden seien, und versuchen, den Unterricht als einen Teil der realen Welt und des wirklichen Lebens zu begreifen. Wenn wir uns das Konzept der demokratischen Bildung zu eigen machen, sehen wir Lehren und Lernen als etwas, das ständig und überall stattfindet. Wir geben das im Unterricht erworbene Wissen auch außerhalb dieses Rahmens weiter und stellen damit die Auffassung infrage, dass bestimmte Formen des Wissens immer und ausschließlich der Elite vorbehalten sind.

Wenn Lehrpersonen die demokratische Bildung fördern möchten, unterstützen sie damit automatisch auch eine umfassende Alphabetisierung. Die Sicherstellung der Lese- und Schreibfähigkeit ist das entscheidende Bindeglied zwischen dem öffentlichen Schulsystem und der Universität. Die öffentliche Schule ist die Pflichtschule für alle und hat die Aufgabe, den Schüler:innen Lesen und Schreiben beizubringen und hoffentlich auch eine Art von kritischem Denken. Wer lesen und schreiben kann, verfügt über das nötige Rüstzeug für den Zugang zu höherer Bildung, auch wenn solches Lernen nicht an einer Universität stattfinden kann und wird. Unsere Regierung schreibt den Besuch einer öffentlichen Schule vor und gewährleistet damit eigentlich die staatliche Förderung der demokratischen Bildung. Doch die Politik des Klassenelitismus sorgt dafür, dass Vorurteile in der Art und Weise, wie Wissen gelehrt wird, den

Schüler:innen in diesen Einrichtungen oft vermitteln, dass sie nicht als besonders begabt gelten, wenn sie keine Hochschule besuchen. Das bedeutet, dass viele junge Menschen mit dem Lernen aufhören, sobald sie die Highschool abgeschlossen haben, weil sie das Gefühl haben, dass das Lernen für ihr Leben nicht mehr relevant ist, es sei denn, sie planen, ein Studium zu beginnen. Sie haben in der öffentlichen Schule oft gelernt, dass das College nicht die ›wirkliche Welt‹ ist und dass das dort dargebotene Buchwissen keine Bedeutung für die Welt außerhalb der Universitätsmauern hat. Obwohl das gesamte Buchwissen in den Colleges allen denkenden und lesenden Menschen zugänglich ist, unabhängig davon, ob sie an den Kursen teilnehmen oder nicht, halten eng gezogene Klassengrenzen die meisten Highschool-Absolvent:innen, die nicht an den Colleges eingeschrieben sind, davon ab, weiterzulernen. Selbst Menschen mit Hochschulabschluss bilden sich meist nicht mehr weiter, wenn sie in den Berufsalltag eintreten, weil sie fälschlicherweise davon ausgehen, dass das Lernen aus Büchern für ihr neues Leben als Berufstätige wenig von Nutzen sei. Es ist erstaunlich, wie viele College-Absolvent:innen nach ihrem Abschluss nie wieder ein Buch lesen. Und wenn sie lesen, dient das eher keinen Studien- bzw. Weiterbildungszwecken.

Lebenslanges Lernen muss als eine Erfahrung verstanden werden, die unser Dasein in seiner Gesamtheit bereichert. Parker Palmer zitiert aus T. H. Whites *The Once and Future King* und bewundert die Weisheit, die der Zauberer Merlin ausspricht, wenn er erklärt: »Das Beste für Traurige ist, etwas zu lernen. Das ist das Einzige, das nie versagt (...) Lerne, warum die Welt sich bewegt und was sie bewegt. Das ist das Einzige, was den Geist niemals erschöpfen, befremden oder plagen kann, ihn niemals ängstlich oder misstrauisch macht und ihn niemals davon träumen lässt, es zu bedauern. Lernen ist das Richtige für dich.« Parker fügt dieser Erklärung seine eigene wichtige Erkenntnis an: »Bildung in ihrer besten Form – diese zutiefst menschliche Aktivität, die man Lehren und Lernen nennt – dreht sich nicht nur darum, Informationen zu erhalten oder einen Job zu bekommen. Bei der Bildung geht es um Heilung und Ganzheitlichkeit. Es geht um Ermächtigung, Befreiung, Transzendenz, um die Erneuerung der Vitalität des Lebens. Es geht darum, uns selbst und unseren Platz in der Welt zu finden und einzufordern.« Da sich unser Platz in der Welt ständig verändert, müssen wir ständig lernen, ganz im Jetzt präsent zu sein. Wenn wir uns nicht voll und ganz auf die Gegenwart einlassen, bleiben wir in der Vergangenheit stecken, und unsere Fähigkeit zu lernen verkümmert.

Pädagog:innen, die sich der Herausforderung stellen, über das Klassenzimmer bzw. den Hörsaal hinaus zu lehren, sich in die Welt zu begeben und Wissen zu vermitteln, erlernen eine Vielfalt von Methoden, um Informationen zu vermitteln. Dies ist eine der wertvollsten Fähigkeiten, die Lehrpersonen entwickeln können. Durch sorgfältige Übung lernen wir, genau die Sprache zu verwenden, die den Kern der Sache trifft, ganz gleich, in welchem Unterrichtssetting wir uns befinden. Wenn Lehrende an den Hochschulen sich der demokratischen Bildung verschreiben und ihr Wissen außerhalb des Hörsaals weitergeben, räumen sie mit der Vorstellung auf, dass Gelehrte keinen Kontakt zu einer Welt außerhalb der heiligen Hallen der Wissenschaft haben. Wir arbeiten daran, den Raum des Lernens zu öffnen, damit er inklusiver wird, und wir sind ständig bemüht, unsere pädagogischen Fähigkeiten zu verbessern. Diese fortschrittlichen Handlungsweisen sind von entscheidender Bedeutung für die Aufrechterhaltung einer demokratischen Bildung, sowohl innerhalb als auch außerhalb des Unterrichts.

Autoritäre Praktiken im Unterricht, die von vielen Institutionen gefördert und unterstützt werden, hingegen untergraben die demokratische Bildung. Sie laufen der Bildung als Praxis der Freiheit zuwider, wirken entmenschlichend und zerstören so die ›Magie‹, die immer vorhanden ist, wenn Individuen aktive Lernende sein dürfen. Sie nehmen dem Lernen den ›Spaß‹, machen es repressiv und unterdrückerisch. Autoritäre Professor:innen glauben oft, dass sie die einzigen ›seriösen‹ Lehrpersonen sind, während demokratische Lehrkräfte von ihren konservativeren Kolleg:innen oft als nicht so streng oder nicht so anspruchsvoll eingestuft werden. Dies ist insbesondere dann der Fall, wenn demokratische Pädagog:innen versuchen, im Unterricht einen Geist freudiger Aktivität zu schaffen. In seiner *Pädagogik des Herzens* fordert Paulo Freire, dass demokratische Pädagog:innen »alles tun müssen, um eine Atmosphäre im Unterricht zu schaffen, in der Lehren, Lernen und Studieren ernsthafte Handlungen sind, aber auch solche, die Freude erzeugen«. Weiter führt er aus: »Nur ein autoritärer Geist kann den Akt des Unterrichtens als eine langweilige Aufgabe betrachten. Demokratische Pädagog:innen können die Tätigkeiten des Lehrens, Lernens und Studierens nur als ernste, anspruchsvolle Aufgaben betrachten, die nicht nur Befriedigung erzeugen, sondern an und für sich ein Vergnügen sind. Die Zufriedenheit, mit der sie vor den Lernenden stehen, die Zuversicht, mit der sie sprechen, die Offenheit, mit der sie zuhören, und die Gerechtigkeit, mit der sie die Probleme der Lernenden ansprechen, lassen demokratische Lehrende zu Vorbildern werden. Ihre Autorität wird bekräftigt, ohne die Freiheit zu missachten. (…) Weil sie die Freiheit respektieren, werden sie respektiert.« Sie zeigen durch ihr Verhalten, dass sie sich auf keinerlei gesellschaftlich akzeptierte psychologische Aufspaltung einlassen, bei der eine Person nur im Unterricht lehrt und dann so tut, als ob das Wissen in allen anderen Bereichen keine Bedeutung hätte. Wenn junge Menschen von solchen demokratisch engagierten Lehrpersonen unterrichtet werden, können sie das Lernen als einen ganzheitlichen Prozess erleben und nicht als eine restriktive Praxis, die sie von der Welt trennt und entfremdet.

Das Gespräch ist für demokratische Lehrende der zentrale Ort der Lernerfahrung. Innerhalb und außerhalb des akademischen Umfelds dient das Sprechen dazu, Informationen zu vermitteln und Ideen auszutauschen; es bestätigt den Zuhörenden, dass Lernen in unterschiedlichen Zeiträumen stattfinden kann (wir können in fünf Minuten viel miteinander teilen und lernen) und dass Wissen in verschiedenen Sprechweisen vermittelt werden kann. Während die Umgangssprache in manchen Zusammenhängen die bevorzugte Art sein kann, Wissen zu vermitteln, wird sie im Unterricht von Lehrkräften nur selten verwendet. Wenn die Vermittlung bürgerlicher Umgangsformen das zentrale Ziel von Bildungseinrichtungen wird, dann erfahren die Umgangssprache und andere Sprachen als das Standardenglisch keine Wertschätzung. In der Tat werden sie sogar ganz unverhohlen abqualifiziert. Demokratische Pädagog:innen erkennen zwar den Wert des Standardenglisch an, schätzen aber auch die Vielfalt der Sprache. Lernende, die Standardenglisch sprechen, für die Englisch aber eine Zweitsprache ist, werden in ihrem zweisprachigen Selbstwertgefühl gestärkt, wenn ihre Muttersprache im Unterricht gewürdigt wird. Dies kann dadurch geschehen, dass Lehrkräfte auch Unterrichtspraktiken anwenden, die Diversität honorieren und damit den konventionellen Bestrebungen entgegentreten, die die Werte der weißen Vorherrschaftskultur in der Hochschulbildung hochhalten wollen.

Zweifellos müssen wir als demokratische Lehrende Wege finden, Wissen so zu vermitteln und zu teilen, dass bestehende Herrschaftsstrukturen (Race-, Gender-, Klassen- und Religionshierarchien) nicht verstärkt werden. Diversität in der Sprache und Diversität unter den Lehrpersonen sollte dabei als Ressource, die jede Lernerfahrung bereichert, voll zur Geltung kommen. In den letzten Jahren sind wir alle aufgerufen gewesen, zu prüfen, inwieweit wir in unserer Lehrtätigkeit – bewusst oder unbewusst – bestehende Herrschaftsstrukturen unterstützen. Und wir alle wurden von demokratischen Pädagog:innen ermutigt, bewusster zu werden und bewusstere Entscheidungen zu treffen. So, wie das Lernen in den Institutionen momentan organisiert ist, passiert es leicht, dass wir unwissentlich mit Herrschaftsstrukturen kollaborieren. So kann es z. B. auch vorkommen, dass wir zwar nach unvoreingenommenem Lehrmaterial Ausschau halten, aber durch die Art, wie wir es einsetzen, wieder die bestehenden unterdrückerischen Hierarchien verstärken.

Da wir leider ohne die kontinuierliche Arbeit verschiedener Bewegungen für soziale Gerechtigkeit in unserem Land auskommen müssen, ist eine fortschrittliche Bildung umso wichtiger, da sie möglicherweise der einzige Bereich ist, in dem die Menschen Unterstützung bei der Entwicklung eines kritischen Bewusstseins und bei ihrem Engagement für die Beendigung von Herrschaft erfahren können. Die beiden Bewegungen für soziale Gerechtigkeit, die unsere Gesellschaft am meisten verändert haben, sind der antirassistische Kampf und die feministische Bewegung. Beide Bewegungen haben erkannt, dass der Aktivismus oft nachlässt, wenn die Bürgerrechte erst einmal errungen sind. Deshalb haben sie sich dafür eingesetzt, Raum für vorurteilsfreie Ansätze in Wissenschaft und Bildung zu schaffen, sowohl in Schulen als auch in Universitäten, was als Katalysator für die Veränderung aller akademischen Disziplinen wirken sollte. Erst dadurch könne erreicht werden, so die Argumentation, dass die jungen Menschen für die Praxis der Freiheit und nicht für die Aufrechterhaltung der bestehenden Herrschaftsstrukturen ausgebildet werden.

All das fortschrittliche Studieren von Rassismus und Sexismus, das im universitären Rahmen stattfindet, hat weit über die akademische Lehre hinaus Wirkung gezeigt. Demokratische Pädagog:innen, die sich für die Abschaffung vorurteilsbehafteter Lehrmethoden einsetzten, haben damit die Kluft zwischen der akademischen und der sogenannten ›wirklichen Welt‹ überbrückt. Lange bevor sich progressive Wissenschaftler:innen für Rassismus und Sexismus, für Multikulturalismus und Diversität interessierten, erkannte das Big Business die Notwendigkeit, den Beschäftigten – insbesondere den Geschäftsleuten, deren Aufgabe es war, neue Märkte auf der ganzen Welt zu erschließen – etwas über Differenz, über andere Kulturen beizubringen. Natürlich ging es bei diesem Ansatz nicht um einen Unterricht zur Beendigung von Herrschaft, sondern um einen Unterricht zur Förderung der Interessen des Marktes, aber sowohl Konservative als auch Liberale erkannten eindeutig die Notwendigkeit, den Lernenden in diesem Land Perspektiven zu vermitteln, die eine Anerkennung unterschiedlicher Wissensformen einschließen. Das kapitalistische Bestreben nach Machterhalt auf einem globalen Markt hat einen Wandel bewirkt, den sich antirassistische und antisexistische Aktivist:innen zunutze machen konnten. Sie setzten sich erfolgreich dafür ein, die imperialistischen Vorstellungen von weißer Vorherrschaft und Nationalismus infrage zu stellen, die zu Einseitigkeiten sowohl im Lehrmaterial als auch in den Unterrichtsstilen und -methoden der Lehrkräfte geführt hatten.

Der akademische Diskurs in Wort und Schrift zu den Themen Race und Rassismus, Gender und Feminismus hat wesentlich dazu beigetragen, die Kämpfe für Gerechtigkeit außerhalb der Wissenschaft mit den Wissensformen innerhalb der Hochschule zu verbinden. Das war wirklich revolutionär. Bildungseinrichtungen, die auf Prinzipien der Ausgrenzung gegründet waren und die Werte, die das imperialistische, kapitalistische Patriarchat weißer Vorherrschaft aufrechterhalten, als wahrhaftig verteidigt hatten, begannen, die Realität von Vorurteilen zu reflektieren und den Wert von Inklusion zu diskutieren. Doch viele Menschen unterstützten Inklusion nur, wenn diverse Wissensbestände als untergeordnet und minderwertig gegenüber den scheinbar überlegenen Wissensbeständen gelehrt wurden, die vom westlichen metaphysischen Dualismus und der Herrschaftskultur geprägt sind. Um diesem verzerrten Ansatz für Inklusion und Vielfalt entgegenzuwirken, haben demokratische Pädagog:innen den Wert des Pluralismus betont. In dem Aufsatz »Commitment and Openness: A Contemplative Approach to Pluralism« erklärt Judith Simmer-Brown: »Pluralismus ist nicht gleich Diversität. Diversität ist eine Tatsache des modernen Lebens – vor allem in Amerika. In unseren Communitys gibt es in Bezug auf ›Ethnie‹, Race und Religion enorme Unterschiede, und Diversität weist auf die Tatsache solcher Unterschiede hin. Der Pluralismus hingegen ist eine Reaktion auf die Tatsache der Diversität. Im Pluralismus verpflichten wir uns, uns auf die andere Person oder die andere Gruppe einzulassen. Pluralismus heißt, dass wir uns bemühen, mit der Welt da draußen zu kommunizieren und in Beziehung zu treten – mit ganz anderen Nachbar:innen oder mit einer weit entfernten Community.« Viele Lehrende begrüßen den Begriff der Diversität, wehren sich aber gleichzeitig gegen den Pluralismus oder andere Denkansätze, die ihnen nahelegen, die herrschende Dominanzkultur nicht länger zu stützen.

Die Gleichstellungspolitik (Affirmative Action) zielte darauf ab, eine größere Vielfalt zu schaffen, und war zumindest in der Theorie eine positive Maßnahme der Wiedergutmachung, die denjenigen Gruppen Zugang zu Bildung und anderen Rechten verschaffte, denen dies aufgrund von gruppenbezogener Unterdrückung zuvor verwehrt worden war. Trotz ihrer vielen Mängel hat diese Förderpolitik erfolgreich sexistische und rassistische Barrieren durchbrochen und für mehr Inklusion gesorgt, wovon insbesondere weiße Frauen profitieren konnten. Als unsere Schulen und Universitäten immer diverser wurden, sahen sich die Lehrenden oft bis in ihr Innerstes herausgefordert. Die alte Vorstellung, dass wir zunächst die Arbeiten von Anderen studieren und erlernen müssen, um erst dann unsere eigenen Theorien entwickeln und verteidigen zu können, wurde und wird ständig infrage gestellt. Judith Simmer-Brown vermittelt uns die nützliche Erkenntnis, dass diese Art des Lernens es uns nicht erlaubt, Ambiguität und Ungewissheit zuzulassen. Sie stellt fest: »Als Pädagog:innen ist es mit das Beste, was wir für unsere Lernenden tun können, ihnen keine Theorien und festen Konzepte aufzuzwingen, sondern sie zu ermutigen, sich auf den Prozess des Erkennens und Erforschens einzulassen und auch einmal auf das Nichtwissen – mit all den

Unsicherheiten, die das mit sich bringt. Das ist es, was wirklich hilft, in die Tiefe zu gehen. Das ist Offenheit.« Als ich mit Lehrenden an einem führenden geisteswissenschaftlichen College zusammenarbeitete, um ihnen dabei zu helfen, die Bildungskonzepte der Dominanzkultur zu überwinden, hörte ich, wie weiße Männer ihre Angst und Unsicherheit darüber äußerten, die ihnen bekannten Modelle aufzugeben. Sie waren bereit, die Herausforderung anzunehmen, sich zu verändern, und hatten dennoch Angst, weil sie einfach nicht wussten, was die Quelle ihrer Macht sein würde, wenn sie sich nicht mehr auf eine rassifizierte, geschlechtsspezifische Vorstellung von Autorität verlassen könnten. Ihre Ehrlichkeit half uns allen, uns vorzustellen und zu artikulieren, welche positiven Ergebnisse ein pluralistischer Zugang zum Lernen haben könnte.

Eines der positivsten Ergebnisse ist die Verpflichtung zu ›radikaler Offenheit‹, dem Willen, verschiedene Perspektiven zu erforschen und die eigene Meinung zu ändern, wenn neue Informationen vorliegen. Während meiner gesamten Laufbahn als demokratische Pädagogin habe ich viele brillante Studierende kennengelernt, die nach Bildung strebten, die davon träumen, der Sache der Freiheit zu dienen, und die verzweifelt oder zutiefst bestürzt waren, weil Universitäten auf eine Art und Weise strukturiert sind, die sie entmenschlicht und sie von dem Geist der Gemeinschaft wegführt, in dem sie ihr Leben leben wollen. Oftmals geben diese Studierenden, vor allem begabte Studierende of Color mit unterschiedlichem Klassenhintergrund, die Hoffnung auf. Sie schneiden in ihrem Studium schlecht ab. Sie schlüpfen in die Opferrolle. Sie scheitern. Sie brechen ab. Die meisten von ihnen hatten keine Orientierungshilfe, um sich im Bildungssystem zurechtzufinden. Dies ist zwar darauf ausgelegt, Herrschaft aufrechtzuerhalten, stellt aber keineswegs ein geschlossenes System dar. Es bietet daher durchaus auch Raum für Subkulturen des Widerstands, in denen Bildung als Praxis der Freiheit immer noch stattfindet. Viel zu viele begabte Lernende finden diese Subkulturen aber leider nie, begegnen nie den demokratischen Pädagog:innen, die ihnen helfen könnten, ihren Weg zu finden. Sie verlieren den Mut.

Seit mehr als dreißig Jahren erlebe ich, wie Studierende, die sich nicht zu Unterdrücker:innen ausbilden lassen wollen, kurz vor ihrem

Abschluss stehen – und sich dann selbst sabotieren. Es sind Studierende, die der Universität den Rücken kehren, wenn sie nur noch ein Semester oder einen Kurs zu Ende bringen müssen, bevor sie ihren Abschluss machen. Manchmal handelt es sich auch um brillante Doktorand:innen, die ihre Dissertation einfach nicht fertigstellen. Aus Angst, dass sie nicht in der Lage sein werden, sich tatsächlich als demokratische Pädagog:innen zu bewähren, aus Angst, dass sie in das System eintreten und vom System korrumpiert werden, wenden sie sich ab. Wettbewerbsorientierte Bildung funktioniert nämlich selten bei Studierenden, die so sozialisiert wurden, dass sie es schätzen, für das Wohl der Gemeinschaft zu arbeiten. Es zermürbt sie und zerreißt sie. Sie erleben ein Ausmaß an Beziehungslosigkeit und Zerrissenheit, das ihnen jede Freude am Lernen nimmt. Dies sind die Lernenden, die den lenkenden Einfluss demokratischer Pädagog:innen am meisten bräuchten.

Demokratische Pädagog:innen arbeiten daran, eine Lerngemeinschaft zu schaffen, die Ganzheitlichkeit über Trennung, Abgrenzung und Spaltung stellt. Palmer nennt es die »Intimität, die die Unterschiede nicht auslöscht«. Als Studentin kam ich über die radikalen Bewegungen für soziale Gerechtigkeit zur akademischen Bildung, denn durch sie eröffneten sich Räume, die zuvor verschlossen waren. Dabei lernte ich, die Gemeinschaft dort anzunehmen, wo ich sie vorfand, lernte, über die Grenzen von Race, Gender, Klasse und religiöse Erfahrung hinweg Bindungen einzugehen, um den Teil von mir zu retten und zu schützen, der in der akademischen Welt bleiben wollte, der ein intellektuelles Leben wählen wollte. Die Bande, die ich knüpfte, waren mit Menschen, die wie ich das Lernen als Selbstzweck schätzten und nicht als Mittel zum Erreichen eines anderen Ziels, d. h. sozialem Aufstieg, Macht und Status. Wir waren diejenigen, die wussten, dass wir, egal ob wir in einem akademischen Umfeld lebten oder nicht, immer weiter studieren, weiter lernen und uns weiterbilden würden.

5

Wenn weiße Menschen sich ändern

Es ist schwierig, den genauen historischen Moment des antirassistischen Kampfes zu bestimmen, in dem Schwarze begannen, zu denken, alle Weißen seien rassistisch und könnten sich nicht ändern. In seiner Autobiografie *Walking with the Wind* sieht der Bürgerrechtler John Lewis diesen Moment in der wahlpolitischen Entscheidung, der Mississippi Freedom Democratic Party die Beteiligung an der Regierungsmacht zu verweigern. Lewis erinnert sich: »Für mich war das der Wendepunkt der Bürgerrechtsbewegung. Davon bin ich felsenfest überzeugt. Bis dahin herrschte trotz aller Rückschläge, Enttäuschungen und Hindernisse, mit denen wir im Laufe der Jahre konfrontiert waren, immer noch der Glaube, dass das System funktionieren und reagieren würde, sich ändern könnte. Jetzt waren wir zum ersten Mal im Zentrum des Systems angelangt. Wir hatten uns an die Regeln gehalten, hatten alles getan, was von uns erwartet wurde, hatten das Spiel genau so gespielt, wie es verlangt wurde, waren an der Türschwelle angekommen – und sie schlugen die Tür vor unserer Nase zu.« Desegration und Integration fanden in einer Welt statt, in der viele Schwarze nach den Regeln spielten, nur um dann festzustellen, dass sich der weiße Rassismus nicht änderte, dass das System der weißen Vorherrschaft intakt blieb, auch wenn es Schwarzen einen besseren Zugang ermöglichte. Für viele Schwarze, die den Traum geträumt und geglaubt hatten, der Rassismus könne durch Gesetze und gemeinsames Handeln geändert werden, war dies ein Grund zur Verzweiflung. In ihren Augen verrieten rassistische Weiße die Demokratie, indem sie die Unterdrückung und das Leid, das Schwarze erlitten hatten, in verächtlicher Weise verharmlosten.

Als ich in der Welt der rassistischen Apartheid aufwuchs, wusste ich immer, dass es einzelne mutige weiße Menschen gab, die Macht, Status und Privilegien opferten, um sich gegen Rassismus einzusetzen. Ich hörte ihre Stimmen, als sie im Haus meiner Großmutter auf der weißen Seite der Stadt saßen und ihren Glauben an Gerechtigkeit zum Ausdruck brachten. Ich sah, wie sie die Grenzen überschritten haben, als sie dafür noch Leib und Leben riskierten. In meiner Kindheit wusste ich, dass weiße Menschen sich ändern können. Doch ich wusste auch, dass die meisten Weißen sich nicht ändern wollten. Es tat weh, zu wissen, dass Weiße die rassistische Vorherrschaft als ihr Privileg und ihr Recht betrachteten. Rassistische weiße Menschen waren einfach die Norm. Die Weißen, die mich faszinierten, die ich kennenlernen wollte, waren damals wie heute die seltenen Weißen, die den Mut hatten, sich gegen Rassismus zu entscheiden und sich zu ändern. In der Welt, in der ich aufwuchs, wurde eine weiße Person, die es wagte, die Grenzen zu überschreiten und aktiv antirassistisch zu sein, von den Schwarzen respektiert.

Der militante antirassistische Kampf, der von patriarchalen Schwarzen (zumeist Männern) angeführt wurde, hat ein Bild von den Weißen hervorgebracht, dass sie immer und ausschließlich feindlich darstellt. Dabei gibt es grundlegende Unterschiede zwischen dem antirassistischen Bürgerrechtskampf in den Südstaaten und dem militanten Kampf der Schwarzen im Norden und an der Westküste. Der antirassistische Kampf in den Südstaaten gründete sich stets auf der Auffassung, dass wir alle eins sind, dass das Ziel der Beendigung der rassistischen Unterdrückung mehr war als nur die Erlangung von Bürgerrechten und die Beendigung der Diskriminierung. Es ging dabei immer auch um eine Vision des friedlichen Zusammenlebens diverser Menschen. Militante Schwarze lehnten diese Vision einer liebevollen Gemeinschaft ab und vertraten die Ansicht, dass die Weißen immer und ausschließlich rassistisch seien. Sie waren der Feind. Selbst wenn sie sich für Gerechtigkeit einsetzten, galten sie aufgrund der Tatsache, dass sie weiß waren, immer noch als Feind. In Umkehrung des rassistischen Denkens, das Schwarze aufgrund ihrer Hautfarbe verachtete, verurteilte die militante patriarchale nationalistische Black-Power-Bewegung alle Weißen aufgrund ihrer Hautfarbe, nicht aufgrund ihrer Überzeugungen und Verhaltensweisen.

Obwohl die überwiegende Mehrheit der Afroamerikaner:innen die Ideologie der nationalen militanten patriarchalen Black-Power-Bewegung nicht unterstützte, bekam die Vorstellung, dass alle Weißen Feinde seien, immer mehr Gewicht, als Schwarze, insbesondere unsere führenden Politiker, ermordet wurden und der Staatsterrorismus den militanten Schwarzen Protest erstickte. Als es durch die Integration nicht gelang, das Land vom Rassismus zu befreien, verzweifelten viele Schwarze, und die Vorstellung, die Weißen seien rassistisch und nicht bereit, sich zu ändern, erhielt immer mehr Auftrieb. Anstatt sich auf die individuellen heroischen Kämpfe derjenigen Weißen zu konzentrieren, die sich für Antirassismus und Gerechtigkeit einsetzten, wurde deren Engagement von vielen Schwarzen abgetan, als ob es angesichts des allseits verbreiteten weißen Rassismus keinen wirklichen Wandel bewirken könnte. Dieses Denken in Verbindung mit dem Zynismus der Weißen, wenn es darum geht, den Rassismus infrage zu stellen und zu überwinden, untergräbt den antirassistischen Kampf in unserem Land in fundamentaler Weise. Den Schwarzen bzw. Menschen of Color, die wirklich glauben, dass sich Weiße nicht ändern können, bleibt nur die Logik der Opferrolle. Sie sind die Pessimist:innen, die die Ansicht befeuern, dass es keinen Ausweg gibt.

Kein Mensch wird als Rassist:in geboren. Jede einzelne Person trifft für sich eine Entscheidung. Viele von uns haben diese Entscheidung in der Kindheit getroffen. Ein weißes Kind, dem beigebracht wird, dass es falsch ist, andere zu verletzen, das dann aber rassistische Übergriffe auf Schwarze erlebt, danach Fragen stellt und dem dann von Erwachsenen gesagt wird, dass dieses Verletzen aufgrund der Hautfarbe der Angegriffenen akzeptabel sei, trifft dann die moralische Entscheidung, mitzumachen oder sich zu widersetzen. Eine große Mehrheit der weißen Menschen, die ich während der Apartheid in den Südstaaten der USA kannte, die ihr Leben aufs Spiel setzten, weil sie eine antirassistische Haltung zeigten, trafen diese Entscheidung bereits in ihrer Kindheit. Ann, eine der wenigen weißen Frauen an meiner Highschool in den späten Sechzigern, die mir echte Freundschaft anbot, war konsequent antirassistisch. Wir sind auch heute noch befreundet, mehr als dreißig Jahre nach unserer ersten Begegnung. Sie sagt, sie habe ihre Entscheidung schon als Kind getroffen. Für Ann war es eine moralische Entscheidung, die aus all dem resultierte, was sie über Recht und Unrecht gelernt hatte. Es war eine Entscheidung für die Gerechtigkeit.

Ann konnte ihre Entscheidung als Jugendliche zum Teil auch deshalb aufrechterhalten, weil ihre Eltern nicht versuchten, ihr Werte der weißen Vorherrschaft aufzudrängen. Ihr Vater arbeitete in der Tabakindustrie und traf dort auf Schwarze und Weiße, ebenso wie ihre Mutter im Gesundheitswesen. Sie brachten ihr bei, dass es, wie sie es ausdrückte, »bei allen ethnischen Gruppen von Menschen Gutes und Schlechtes gibt«. Als ich sie für dieses Buch befragte, erinnerte sich Ann daran, dass ihr Vater nie etwas dagegen hatte, dass sie rassistische Barrieren überwand, um Freundschaften zu schließen und Gemeinschaft zu schaffen. Er warnte sie nie vor dem Risiko, das sie damit einging. Aber er sagte ihr, dass andere Weiße sie beobachteten und mit ihrem Verhalten nicht einverstanden waren. Ann erinnert sich, dass ihr Vater ihr von einer Tante die Botschaft übermittelte, sie solle sich nicht gegen die weiße Vorherrschaft stellen. Ihre Antwort darauf war, ihrem Vater zu sagen, dass ihre Tante »sich um ihre eigenen Angelegenheiten kümmern sollte«.

Ann hatte bis zur Highschool keinen Kontakt zu Schwarzen, aber sie hatte sich schon in jungen Jahren grundsätzlich dafür entschieden. Wenn sie in der Schule Schwarze Freund:innen fand, wollte sie sie mit nach Hause nehmen, auch zum Übernachten. Und obwohl ihre Eltern sie wissen ließen, dass das keine gute Idee wäre, verlangten sie von ihr keinerlei Loyalitätsbekundungen zum Weißsein. Die antirassistischen Werte, die Ann schon früh verinnerlicht hatte, haben sie ihr ganzes Leben lang begleitet. Antirassismus fühlt sich für sie so einfach und natürlich an wie das Atmen. Die Welt, in der wir aufgewachsen sind, hat sich in Bezug auf Rassismus kaum verändert. So ist die Segregation immer noch die Norm in den sozialen Beziehungen. Ann überschreitet also immer noch Grenzen. Und wenn Weiße sie vor den Gefahren warnen, lacht sie nur wissend. Im Vertrauen darauf, dass es in jeder Gruppe Gutes und Schlechtes gibt, sucht sie nach dem Guten. Diese Suche hat sich für sie bewährt.

In meinen Memoiren *Wounds of Passion* schrieb ich über unseren gemeinsamen Highschool-Freund Ken, einen jungen weißen Mann, der es ebenfalls wagte, die rassistischen Schranken zu überwinden. Doch im

Gegensatz zu Anns Eltern setzten sich Kens Eltern bewusst für soziale Gerechtigkeit ein. Sein Vater war nämlich einer der weißen Geistlichen in unserer Stadt, die sich offen gegen Rassismus und weiße Vorherrschaft aussprachen. Wenn ich aus *Wounds of Passion* vorlas, vor allem aus den Passagen darüber, wie wir in einem gesellschaftlichen Umfeld rassistischer Apartheid um unsere Freundschaft kämpfen mussten, fragten mich die Leute immer wieder nach Ken. Wir hatten uns lange Zeit aus den Augen verloren und sahen uns erst nach zwanzig Jahren auf einem Highschool-Treffen wieder, zu dem erstmals Schwarze und Weiße Ehemalige zusammen eingeladen waren. Als ich angerufen wurde, um gefragt zu werden, ob ich kommen würde, lautete meine erste Frage: »Würde Ken da sein?« Ein ehemaliger weißer männlicher Klassenkamerad, der die Anrufe tätigte, lachte und antwortete, dass er gerade mit Ken gesprochen habe, dessen erste Reaktion die Frage gewesen sei, ob ich auch kommen würde. So kamen Ken und ich wieder zusammen. Seitdem sind wir uns nahe. Ich zog nach Florida, wo er und seine Frau lebten, und wohnte gleich um die Ecke, womit ich ein Stück Schwarzsein in ihre überwiegend weiße Nachbarschaft brachte. Ken ist politisch antirassistisch eingestellt, doch sein gesellschaftliches Umfeld ist immer noch hauptsächlich weiß. Er hört sich meine Kritik bereitwillig an, und sogar meine Enttäuschung darüber, dass er nicht mehr so radikal ist, wie früher, als wir noch Jugendliche waren, nimmt er hin.

Wie viele weiße Liberale betrachtet Ken das ›Weißsein‹ seines Soziallebens mehr als einen zufälligen Umstand und weniger als bewusste Entscheidung. Er würde eine größere Vielfalt in der Nachbarschaft durchaus begrüßen. Allerdings engagiert er sich weder in seinem eigenen sozialen Umfeld noch in der größeren Gemeinschaft genug, um diese Diversität zu ermöglichen.

Als Verbündete im antirassistischen Kampf haben Ken und Ann Opfer gebracht. Die Bande der Solidarität und Gemeinschaft, die wir im Widerstand gegen die weiße Vorherrschaft geknüpft haben, verbinden uns noch heute. Sie sind viel stärker als die Bande, die ich mit den meisten meiner weißen akademischen Kolleg:innen habe, die über Rassismus schreiben, aber nicht zulassen, dass antirassistisches Handeln ihr Leben bestimmt. Worte sind unzureichend, wenn wir versuchen, die Erfahrungen kleiner Kinder in einer weiß-suprematistischen Kultur des Südens nachzuempfinden, in der der staatlich sanktionierte rassistische Terror alle an den ihnen zugewiesenen Plätzen hielt. Der Jim-Crow-Süden war unser Südafrika. Die Aufhebung der rassistischen Segregation brachte keine gesellschaftliche Integration mit sich. Denn ob die Menschen wirklich auf einander zugingen, ob sie die rassistischen Grenzen überschritten, war immer noch eine Frage der individuellen Entscheidung. Die meisten Weißen glaubten weiterhin an die weiße Vorherrschaft und lebten ihr Leben entsprechend.

Irrigerweise wurde die Aufhebung der Segregation von Liberalen und Konservativen als die Maßnahme angesehen, die Schwarze und Weiße zusammenbringen würde. In Wirklichkeit waren Schwarze und Weiße, selbst wenn sie aufeinander trafen, immer noch durch den Glauben an die weiße Überlegenheit getrennt. Der Rassismus hielt die Trennung in den Köpfen und Herzen der Weißen aufrecht, auch wenn sie rechtlich aufgehoben worden war. In Anbetracht dieser Realität können wir weiße Menschen, die sich dafür entscheiden, aktiv gegen Rassismus zu sein, nur als heldenhaft bezeichnen. Und ihr Heroismus bleibt unbemerkt in einer Welt, in der allgemein davon ausgegangen wird, dass alle weißen Menschen rassistisch sind und sich nicht ändern können oder wollen. Dieses Denken ist gefährlich und schädlich, da es die weiße Vorherrschaft aufrechterhält und stärkt.

Es ist zwar eine hinlänglich bekannte Tatsache, dass alle Menschen in diesem Land, egal, ob Weiße oder Menschen of Color, in eine rassistische Gesellschaft hineingeboren werden, die versucht, uns vom Moment unserer Geburt an so zu sozialisieren, dass wir die Glaubenssätze der weißen Vorherrschaft akzeptieren, aber es ist ebenso wahr, dass wir uns bewusst dafür entscheiden können, dieser Sozialisation zu widerstehen. Kinder tun dies jeden Tag. Babys, die staunend und glücklich ihre Bezugspersonen anschauen, ohne sich darum zu kümmern, ob sie Weiße sind oder Menschen of Color, leisten bereits aktiven Widerstand gegen die rassistische Sozialisation. Ob jemand von uns rassistisch wird oder nicht, ist eine Entscheidung, die wir treffen. Und wir sind dazu aufgerufen, in unserem Leben immer wieder neu zu entscheiden, wo wir in der Frage des Rassismus stehen. Dies gilt insbesondere für weiße Menschen.

Nur wenige Weiße treffen die Entscheidung, von Grund auf antirassistisch zu sein, um dann auch konsequent im Sinne dieser Entscheidung zu leben. Das sind die Weißen, die aus tiefstem Herzen wissen, dass ihnen der Rassismus nicht im Blut liegt, sondern dass es immer um Bewusstsein geht. Und wo es Bewusstsein gibt, gibt es auch eine Wahl. In »Pädagogik des Herzens« erinnert uns Paulo Freire daran, dass Rassismus nicht angeboren ist, indem er erklärt: »Wir sind nicht rassistisch; wir werden rassistisch, so wie wir aufhören können, rassistisch zu sein.«

Wenn wir den Wert und die Bedeutung einzelner antirassistischer weißer Menschen nicht anerkennen, schmälern wir nicht nur die Arbeit, die sie geleistet haben und leisten, um ihr Denken und Verhalten zu ändern, sondern wir hindern auch andere weiße Menschen daran, von ihrem Beispiel zu lernen. Alle Menschen of Color, die unter rassistischer Ausbeutung und Unterdrückung leiden, wissen, dass die weiße Vorherrschaft erst dann ein Ende haben wird, wenn rassistische weiße Menschen sich ändern. Wer leugnet, dass dieser Wandel möglich ist, dass Rassist:innen zu aktiven Antirassist:innen werden können, handelt in Komplizenschaft mit den bestehenden Kräften der rassistischen Herrschaft.

Vielleicht wäre auch ich verzweifelt über die Unfähigkeit der Weißen, antirassistisch zu werden, wenn ich nicht aus erster Hand miterlebt hätte, wie einzelne Weiße aus den Südstaaten, ältere Menschen, die in der Kultur der weißen Vorherrschaft geboren und aufgewachsen waren, sich dagegen wehren, weil sie sich für Antirassismus und die Liebe zur Gerechtigkeit entschieden haben. Es waren Menschen, die ihre Entscheidungen unter sehr gefährlichen Umständen und inmitten rassistischen Terrors getroffen haben. Um ihr Engagement gebührend zu würdigen, müssen wir den Wandel, den sie durchgemacht haben, voll und ganz akzeptieren. Von Menschen zu fordern, sich zu ändern, ihre Loyalität gegenüber der weißen Vorherrschaft aufzugeben, und sie dann zu verhöhnen, indem man sagt, dass sie niemals frei von rassistischem Denken sein könnten, ist schändlich. Wenn Weiße niemals frei von rassistischem Denken und Handeln sein können, dann können Schwarze bzw. Menschen of Color niemals frei sein. So einfach ist das. Wir müssen akzeptieren, dass sie genauso wie die Weißen darauf sozialisiert sind, das Denken und Verhalten der weißen Vorherrschaft anzunehmen. Wenn wir uns wehren können, wenn wir uns weigern können, rassistisches Denken und Handeln zu übernehmen, können sie das auch.

Als ich den Süden verließ, um ein überwiegend weißes geisteswissenschaftliches College an der Westküste zu besuchen, kam ich in eine Umgebung, in der es schick war, antirassistische Äußerungen zu verbreiten, ohne das eigene Denken und Handeln wirklich radikal zu verändern, was notwendigerweise stattfinden muss. Als Aktivistin der feministischen Bewegung auf dem Campus war ich verblüfft, wie wenig meine weißen Kommiliton:innen über Rassismus und die Privilegien weißer Frauen wussten. Wir sind alle in einer Welt der rassistischen Apartheid aufgewachsen, mit alle Arten von terroristischen Übergriffen, um Weiße und Schwarze an ihrem jeweiligen ›angemessenen‹ Platz zu halten. Und daher wissen Weiße und Schwarze ganz genau, dass Rassismus tatsächlich eine Rolle spielt, und sie kennen die Privilegien, die allen Weißen durch ihre überall fest verankerte Vorherrschaft gewährt werden.

Während meiner Studienzeit an der Stanford University lernte ich liberale, wohlmeinende Weiße kennen, die zwar theoretisch antirassistisch eingestellt waren, aber in ihrer großen Mehrheit im Alltag wenig oder gar keinen Kontakt zu Schwarzen hatten. Viele Menschen vergessen, dass die Apartheid im Süden der USA Weiße und Schwarze im täglichen Leben nicht getrennt hielt, sondern Unterordnung und Herrschaft mittels eines Systems von Benimmregeln und ›angemessenem‹ Verhalten durchsetzte, während sie gleichzeitig enge Kontakte zuließ. Infolgedessen hatten viele Weiße aus dem Süden, die ihr ganzes Leben lang, von der Geburt bis zum Tod, von Schwarzem Personal bedient worden waren, nie die Angst vor der Anwesenheit von Schwarzen, wie etwa die Menschen in den Nordstaaten oder an der Westküste. Und als ich Anfang der 1970er-Jahre nach Stanford kam, zu einer Zeit, als die Integrationspolitik die rassistische Diskriminierung infrage stellte und veränderte, ging der Wandel im Süden nur langsam voran.

Als ich Wissenschaftlerin wurde und mich auf feministische Theorie konzentrierte, forderte ich zusammen mit anderen radikalen Frauen of Color weiße Frauen, die von Schwesternschaft sprachen, auf, ihren Rassismus zu verlernen und sich die Zeit zu nehmen, die Theorien zu überarbeiten, die sie aus einer Perspektive rassistischer Voreingenommenheit entwickelt hatten. Durch diese Intervention wurde der Rassismus der meisten weißen feministischen Aktivist:innen entlarvt, jedoch brachte sie auch die einzelnen weißen Frauen ans Licht, die sich entweder bereits für ein antirassistisches Leben einsetzten oder gerade dabei waren, ihr Leben durch das Verständnis der Intersektionen von Rassismus und Sexismus verändern zu lassen. Obwohl ich eine der schärfsten Kritikerinnen der Art und Weise war, wie der Rassismus viele feministische Theorien und Praktiken beeinflusste, habe ich auch immer wieder die einzelnen weißen Frauen gewürdigt, die echte Mitstreiter:innen und Schwestern sind – Frauen, die antirassistisch sind.

Oft werde ich gefragt, wie ich den Rassismus weißer Frauen in der feministischen Bewegung und in unserer Gesellschaft insgesamt kritisieren kann und will und dennoch tiefe Bande der Solidarität, Fürsorge und Liebe mit einzelnen weißen Frauen pflege. Meine Erklärung wurzelt in der Anerkennung und Wertschätzung der einzelnen antirassistischen weißen Frauen, denen ich in der feministischen Bewegung begegnete und begegne und die sich mit aller Entschlossenheit für die Ausrottung des Rassismus und für Gerechtigkeit einsetzen. Als Mitstreiter:innen erneuern diese weißen Frauen durch ihre Präsenz und ihr Handeln immer wieder meinen Glauben an die Kraft der Weißen, dem Rassismus zu widerstehen. Das spüre ich besonders in Zeiten, in denen ich mich wegen der unter weißen Frauen noch weit verbreiteten passiven Akzeptanz des Rassismus entmutigt fühle.

In der akademischen Welt habe ich Mitstreiter:innen in Kolleg:innen wie Zillah Eisenstein gefunden. Vor mehr als zwanzig Jahren lernte ich Zillah kennen, als ich auf einem Podium über feministische Theorie sprach. Da wir beide einen lebhaften dialektischen Austausch mögen, debattierten und stritten wir und entwickelten auf unsere Weise eine freundschaftliche Liebe für einander. Als ich ihr sagte, dass ich das Gefühl hatte, sie habe meine Arbeit verwendet, ohne mich wirklich zu würdigen, reagierte sie nicht mit der Abwehrhaltung und Angst, die mir oft begegneten, wenn ich weiße Frauen herausforderte. Selbstbewusst erklärte sie, sie würde sich die Arbeiten noch einmal ansehen und, wenn sie mit mir übereinstimme, Wiedergutmachung leisten. Diese Begegnung war so erfrischend. Wir sahen uns als Gleichgestellte, als Ebenbürtige.

Ich war es so leid, weißen Menschen, insbesondere weißen Frauen, zu begegnen, die Angst als Mittel der Entmenschlichung einsetzen. Dieselben weißen Kolleg:innen, die sich ganz unverkrampft auf eine fachliche Debatte mit weißen Kolleg:innen einließen, traten mir oft gegenüber, als wären sie Jane im Dschungel, bedroht von einer wütenden Bestie. Ihre irrationale, rassifizierte Angst trennte uns.

Zillah wurde zu einer lebenslangen politischen Weggefährtin und persönlichen Freundin, und so erfuhr ich natürlich, dass sie in einen Haushalt ernstzunehmender jüdischer politischer Aktivist:innen hineingeboren wurde, die von Grund auf antirassistisch eingestellt waren. Ihre Eltern, die unter Schwarzen lebten und mit ihnen arbeiteten, verkörperten die Wahrheit, dass wir alle gleich geschaffen sind. Zillah hat dies auch für ihre Tochter getan. Die Entscheidungen, die Zillahs Eltern getroffen haben, um antirassistisch zu sein, haben ihnen das Leben schwer gemacht, und doch haben sie nie aufgegeben. Zillah ist selbst zu einer Person geworden, die in ihrem Widerstand gegen die imperialistische, kapitalistische und patriarchalische weiße Vorherrschaft nicht wankt. Schon früh lernte ich den Ausdruck »kapitalistisches Patriarchat« durch die Lektüre von Zillahs Arbeit.

Wenn ich Zillah und andere weiße Weggefährt:innen als grundsätzlich antirassistisch einschätze, bedeutet das nicht, dass ich oder sie die Tatsache ignorieren, dass wir alle so antirassistisch sein können, wie wir wollen, und trotzdem Fehler machen. Es gibt einzelne Frauen of Color, die mit Zillah zusammenarbeiten, die sie jedoch nicht so sehen wie ich. Ich kann nur sagen, dass sie sie nicht so kennen, wie ich sie kenne. Einmal kam ich zu einem Vortrag an ihr College, doch als sie mich mit eifrigem Überschwang vorstellen wollte, hatten die Frauen of Color, die mich eingeladen hatten, das Gefühl, dass sie »wie die typische weiße Frau versucht, die Führung zu übernehmen«. Im Gespräch mit ihnen konnte ich sehen, dass sie eine aufgestaute Ungeduld und Wut über den Rassismus weißer Frauen mitbrachten, was sich nicht nur auf Zillahs Verhalten bezog. Ich verstand ihre Wut, auch wenn ich ihre Interpretation nicht teilte. Als Zillah merkte, dass etwas nicht stimmte, war sie sowohl verletzt als auch beunruhigt. Wie alle, die sich mutig gegen Rassismus engagieren, fiel es ihr schwer, zu akzeptieren, dass sie, wenn auch nur für einen Moment, mit all den unaufgeklärten Weißen in einen Topf geworfen wurde, die nicht die Absicht haben, ihren Rassismus zu verlernen.

In einem kritischen Dialog über diese Begegnung wurden Zillah und ich schmerzlich daran erinnert, welchen Schaden die weiße Vorherrschaft unserer Fähigkeit als Frauen, einander zu vertrauen, zugefügt hat. Die meisten Schwarzen Frauen erleben Rassismus durch weiße Frauen. Die Erinnerung an diese Übergriffe kann dazu führen, dass wir uns vor den weißen Frauen in Acht nehmen und glauben, ihnen nicht vertrauen zu können. Umgekehrt strengen sich weiße Frauen, die unsere Mitstreiter:innen sein wollen, vielleicht zu sehr an, um uns zu zeigen, dass sie es wert sind, aber auf eine Weise, die letztlich herablassend ist. Immer, wenn wir versuchen, unseren Wert durch übertriebene Gesten zu beweisen, liegt in der Regel ein Problem mit einem geringen Selbstwertgefühl zugrunde.

Die Beziehungen zwischen Schwarzen und weißen Frauen sind oft durch eine Wettbewerbsdynamik geprägt. Unabhängig davon, ob dieser Wettbewerb auf einer rassifizierten Grundlage beruht oder nicht, wird er sich letztlich in einer rassifizierten Reaktion manifestieren. Sexismus bringt Frauen gegeneinander auf, und der daraus resultierende Machtkampf kann noch intensiver werden, wenn rassifizierte Differenz hinzukommt. Antirassistische weiße Frauen scheuen sich nicht, sich mit der Kritik von Schwarzen Frauen bzw. von Frauen of Color auseinanderzusetzen, weil sie begreifen, dass wir nicht zu echter Solidarität und Schwesternschaft gelangen können, solange wir Angst haben, uns unseren Unterschieden zu stellen und Konflikte vermeiden.

Wenn Schwarze bzw. Menschen of Color die Tatsache akzeptieren, dass Weiße, die sich dafür entscheiden, im Kern ihres Wesens antirassistisch zu sein, dies auch schaffen können, dann ziehen wir diese Menschen auf unsere Seite. Ihr Engagement für den Antirassismus bedeutet nicht, dass sie nie Fehler machen, dass sie nie das weiße Privileg für sich nutzen oder dass sie im täglichen Leben nie rassistische Dominanz ausüben. Dies kann immer auf einer unbewussten Ebene geschehen. Es bedeutet jedoch, dass sie, wenn sie einen Fehler machen, in der Lage sind, sich diesem zu stellen und die notwendigen Korrekturen vorzunehmen.

Da ich fest davon überzeugt bin, dass Weiße sich dafür entscheiden können, antirassistisch zu sein, suche ich in allen Lebensbereichen nach

Menschen, die diese Entscheidung getroffen haben. In der Verlagswelt gibt es nur wenig Diversität, und sie hinkt weit hinter den kleinen Fortschritten zurück, die im Bildungsbereich gemacht werden. Aber ich habe die wenigen Weißen gefunden, die verstanden haben, die antirassistisch sind. In einem Interview mit Lisa Holton, einer hochrangigen Führungskraft bei Disney Hyperion Children's Books, die sich intensiv für die Veröffentlichung von Büchern von und über Menschen of Color eingesetzt hat, fragte ich sie, woher ihr diesbezügliches Engagement für Gerechtigkeit stammt. Sie erzählte, dass sie das Kind geschiedener Eltern war, als dies noch nicht so häufig war, und dass sie in der Schule deshalb eine Außenseiterin war, die ihr Mittagessen mit drei anderen Außenseiter:innen aß, von denen zwei Schwarz waren und die alle Scheidungskinder waren. In diesem Umfeld knüpfte sie ihre Bande über rassistische Barrieren hinweg und entschied sich, antirassistisch zu sein. Sie erinnert sich: »Ich habe wirklich gesehen, was Rassismus uns allen antut.« Die Einsicht in den Schmerz, den die rassistische Ungerechtigkeit im Alltag der Schwarzen verursacht, war der Auslöser, der sie dazu brachte, die weiße Vorherrschaft abzulehnen. Wenn ich mit Schwarzen spreche, die sie betreut, sind sie froh, dass sie mit einer weißen Person zusammenarbeiten können, die sich nicht »über sie erhebt«. Das hätte sie mit Leichtigkeit tun können, denn zur Aufrechterhaltung der Hierarchie und der Dominanz könnte sie sich jederzeit einfach auf das Privileg des Weißseins stützen.

Die weißen Frauen, denen ich begegnet bin, die sich am leidenschaftlichsten gegen Rassismus engagieren und ihr Engagement von der Theorie in die Praxis hineintragen, sind häufig lesbische Frauen. In meinen Gesprächen mit ihnen hörte ich immer wieder, dass die Diskriminierung aufgrund ihrer sexuellen Orientierung ihnen half, den Schmerz rassistischer Diskriminierung zu verstehen. Anstatt anzunehmen, dass dieser Schmerz mit dem Schmerz, den sie selbst erfahren haben, identisch sei, haben sie begriffen, dass sie damit jedoch eine Brücke schlagen können, um unsere Erfahrungen als Menschen of Color im sozialen Kontext der weißen Vorherrschaft zu verstehen.

Viele weiße Homosexuelle sind nicht in der Lage, diese Kluft zu überwinden. Sie können nach wie vor nicht erkennen, wie Weißsein und weiße Macht ihnen Zugang zu Privilegien und somit zur Vorherrschaft verschaffen. Sie weigern sich, zu sehen, dass Diskriminierung sich unterschiedlich auf unser Bewusstsein auswirken kann, dass jedoch die Formen, die sie annimmt, die gleichen sind. Weiße Schwule schauen oft auf Schwarze herab, weil sie uns für homophob oder sexuell weniger fortschrittlich halten. Diese stereotypen Annahmen wurzeln in der Denkweise weißer Vorherrschaft, die Weiße stets für höher entwickelt und komplexer hält als Menschen of Color. Weiße homosexuelle Frauen und Männer, die grundsätzlich antirassistisch eingestellt sind, haben es nicht nötig, sich intellektuell überlegen zu fühlen oder ihre Angst vor uns zu rechtfertigen.

In ihrer Anthologie *Lesbische Essays über die Kultur des Südens* schreibt Mab Segrest offen und ehrlich über diese Themen und benennt auch den Schmerz, den sie empfindet, wenn sie die Macht der weißen Vorherrschaft realisiert. Je mehr »ich als weiße Person erkenne, was weiße Menschen in der Welt getan haben und tun, umso mehr werde ich von der tragischen Stimme heimgesucht, die mir sagt: ›Es ist zu spät.‹« Humor ist das Mittel, das Segrest benutzt, um sich selbst wieder aufzurichten: »Mein Sinn für Humor (...) bestärkt mein weißes Selbst darin, sich nicht zu hassen, da ich mich ändern kann. Für weiße Frauen, die antirassistische Arbeit leisten, besteht eine unserer größten Herausforderungen darin, Wege zu finden, um unsere Gefühle des Selbsthasses und der Verzweiflung zu überwinden, die durch das zunehmende Wissen um unser weißes Erbe entstehen. Der Sinn für Humor bedeutet auch, einen Sinn für Glauben, Vertrauen und Hoffnung zu haben.« Humor ist von entscheidender Bedeutung für unsere Bemühungen, uns über Grenzen hinweg zu verbinden. Gemeinsames Lachen nimmt uns die Angst, Fehler zu machen.

Ein Beispiel für eine Gruppe weißer, zumeist homosexueller Frauen, die sich dafür eingesetzt haben, in ihrem kollektiv geführten Buchladen eine Atmosphäre liebevoller Gemeinschaft zu schaffen, in der alle willkommen sind, sind die Besitzer:innen und Angestellten des Buchladens Charis in Atlanta. Um die Spannungen und Ängste zu beseitigen, die entstehen können, wenn Menschen of Color eine überwiegend weiße Umgebung betreten, üben sich diese Frauen in der Praxis einer grundsätzlichen Freundlichkeit und Höflichkeit gegenüber allen. Vor Jahren haben wir Menschen of Color uns oft darüber beschwert, dass wir, wenn wir feministische Buchläden betreten, behandelt werden, als würden wir nicht dazugehören. Höfliches und freundliches Verhalten im Umgang mit unterschiedslos allen Menschen kann ein einfaches Mittel sein, um die Barrieren zu überwinden, die durch weiß-suprematistisches Denken und Handeln entstanden sind. In der Welt, in der ich aufgewachsen bin, wurde die Unterwürfigkeit der Schwarzen daran gemessen, inwieweit wir uns den Weißen gegenüber zuvorkommend und höflich verhielten; heute nutzen antirassistische Weiße die Praxis der Freundlichkeit und Höflichkeit als eine Strategie des Widerstands.

Die Prinzipien, die die Interaktion zwischen Schwarzen Menschen und weißen Frauen in einer von weißer Vorherrschaft geprägten Gesellschaft bestimmen, müssen, wenn sie uns helfen sollen, Widerstand zu leisten und Solidarität zu entwickeln, konkret benannt werden. Ein Prinzip ist der Wille, eine bewusste, kooperative Partnerschaft zu bilden, die auf Gegenseitigkeit beruht. Das Streben nach Gegenseitigkeit ist das Prinzip, das am besten vermitteln kann, wenn es um Situationen mit ungleichem Status geht. Natürlich können wir die Barrieren, die der Rassismus schafft, nicht überwinden, wenn wir immer nur sicher sein oder Konflikte vermeiden wollen. In feministischen Zusammenhängen war ich während meines ersten Studienjahres immer verwirrt, wenn Mitstudierende uns einerseits ermutigten, aktiv an der Revolution teilzunehmen, obwohl sie andererseits immer die Bedeutung der Sicherheit herausstellten. Die Betonung der Sicherheit in feministischen Kontexten war oft hinderlich für eine Solidarität zwischen Schwarzen und Weißen, weil sich diese Begegnungen nicht ›sicher‹ anfühlten und oft mit Spannungen und Konflikten verbunden waren. Bei der antirassistischen Arbeit mit weißen Studierenden ist eines der Ziele, die wir anstreben, den Wert des Risikos zu schätzen, die Tatsache anzuerkennen, dass wir auch lernen und wachsen können, wenn wir uns nicht sicher fühlen, dass Konflikte nicht notwendigerweise negativ sein müssen, sondern dass es vielmehr darauf ankommt, wie wir damit umgehen. Das Vertrauen in unsere Fähigkeit, mit Situationen fertig zu werden, in denen ein rassifizierter Konflikt auftaucht, kann sehr viel fruchtbarer sein als das Beharren auf Sicherheit als der immer besten oder einzigen Grundlage für Verbundenheit.

Einzelne weiße Männer, die wie ihre weißen weiblichen Pendants daran arbeiten, möglichst antirassistisch zu sein, erhalten selten die

Aufmerksamkeit, die Weiße erhalten, die offen rassistisch sind. Wenn ein weißer Mann in unserer Regierung eine rassistische Aussage macht, erhält er hundertmal mehr Aufmerksamkeit als ein einzelner weißer Mann, der sich öffentlich gegen rassistische Politik ausspricht. Im Laufe der Jahre habe ich festgestellt, dass Menschen of Color, die immer noch in Machtspiele verstrickt sind, antirassistische Weiße viel härter beurteilen als offen rassistische Weiße. Dadurch muss die antirassistische weiße Person oft soziale Isolation ertragen, gleichermaßen abgelehnt von rassistischen Weißen wie von Menschen of Color, die entweder befürchten, am Ende doch verraten zu werden, oder die durch Ausgrenzung einfach nur Macht ausüben wollen.

Der Kunstprofessor Mark Johnson ist ein weißer Mann, der weiß, wie es sich anfühlt, von beiden Lagern verachtet oder verspottet zu werden: von Weißen, die meinen, er sei »zu sehr für die Schwarzen«, und von Schwarzen, die ihn für einen arroganten weißen Mann halten. Wir dürfen auf keinen Fall zulassen, dass die Ablehnung durch irgendeine Gruppe unser Engagement für den Antirassismus beeinträchtigt. Die Liebe zur Gerechtigkeit kann nicht bestehen, wenn sie nur zur Manipulation dient, nur dazu, um zum »inneren Zirkel« zu gehören, wer auch immer das sein mag. Viele Weiße haben sich für allgemeine Bürgerrechte eingesetzt und dann den Kampf aufgegeben, als sie von Menschen of Color kritisiert wurden oder ihnen gesagt wurde, sie seien nicht erwünscht. Antirassistische Weiße haben erkannt, dass ihr steter Widerstand gegen die weiße Vorherrschaft nur dann wahrhaftig ist, wenn er in keiner Weise von der Zustimmung oder Missbilligung durch Menschen of Color abhängt. Das bedeutet nicht, dass sie nicht zuhören und aus Kritik lernen, sondern vielmehr, dass sie voll und ganz verstehen, dass ihre Entscheidung, antirassistisch zu sein, beständig und nachhaltig sein muss, um die Tatsache, dass der Rassismus beendet werden kann, zu bekräftigen.

Mark ist der Ansicht, dass das Dienen im Mittelpunkt des antirassistischen Engagements stehen sollte. Menschen of Color, mich eingeschlossen, vertrauen ihm, weil wir die Arbeit sehen, die er im Namen der Beendigung der weißen Vorherrschaft leistet, eine Arbeit, für die er keine sichtbare Belohnung erhält. Für ihn ist die Belohnung die Gewissheit, dass er ein integres Leben führt und sein Engagement für die Beendigung des Rassismus nach innen und außen wahrhaftig lebt. Seine Arbeit für Gerechtigkeit hat ihm eine liebevolle Gemeinschaft beschert, in der Diversität eine Selbstverständlichkeit ist. Wenn ich höre, dass weiße Menschen darüber klagen, dass sie nicht die sozialen Kontakte herstellen können, die sie gerne mit Menschen of Color haben würden, ist meine Reaktion immer, sie zu ermuntern, sich aktiv gegen rassistische Ungerechtigkeit einzusetzen, denn diese Arbeit wird ihnen die Gemeinschaft bringen, die sie sich wünschen, vorausgesetzt, ihre Sehnsucht ist aufrichtig und nicht nur eine Ausrede, es sich in einem Leben unangetasteten Weißseins bequem zu machen.

Es gibt so viele Personen, die ich nennen könnte, deren Leben ein beredtes Zeugnis für die Stärke antirassistischer weißer Menschen ist, Leute wie die langjährige Aktivistin Grace Lee Boggs, dass es seitenlang dauern würde, ihre Geschichten zu erzählen. Diese Seiten sollten geschrieben werden. Alle sollten ihre Geschichten hören.

Die Aktivistin, Schriftstellerin und Lesbe Barbara Deming veränderte ihr Leben, indem sie sich weigerte, die weiße Vorherrschaft zu unterstützen. Als sie in der Bürgerrechtsbewegung im Süden arbeitete, setzte sie sich mit ihrer ganzen Kraft als Einzelperson für Gerechtigkeit ein. Sie lernte aus eigener unmittelbarer Erfahrung, dass das Individuum sehr wohl handeln kann und dass ein Handeln im Interesse des sozialen Wandels ›Gewicht‹ hat. Wie Deming weiß auch ich aus eigener Erfahrung, dass einzelne weiße Menschen, die sich dafür entscheiden, antirassistisch zu sein, etwas bewirken können. Deming schreibt über ihre Arbeit mit Schwarzen in gefährlichen Zeiten, in denen sie riskierte, verhaftet zu werden und berichtet, dass sie Freude am Kampf, an der Gemeinschaft und am Mut zum Widerstand gefunden hat, was sie zu der Aussage veranlasste: »Ich bin nicht mehr dieselbe.« Alle weißen Menschen, die sich dafür entscheiden, antirassistisch zu sein, können diese Tatsache bestätigen. Indem sie den Rassismus und die weiße Vorherrschaft herausfordern, werden sie verwandelt. Befreit von dem Willen, andere auf einer rassistischen Basis zu dominieren, können sie sich mit Menschen of Color in einer liebevollen Gemeinschaft zusammenschließen und so die ›wahre‹ Natur unseres Menschseins leben.

6

Standards

Überall in den Vereinigten Staaten werden segregierte Schulen wieder immer mehr zur Norm. Da Klassismus und der rassistisch geprägte Immobilienmarkt die Entstehung von überwiegend weißen Wohnvierteln begünstigen, insbesondere in Gegenden, in denen neue, teure Häuser gebaut werden, entstehen dort auch immer mehr Schulen, die den Bedürfnissen dieser Wohnviertel entsprechen. Demgegenüber tendieren innerstädtische Schulen oder Schulen in den Zentren kleinerer Städte zu größerer ›ethnischer‹ Diversität. Viele Lerngruppen sind überwiegend Schwarz, hispanisch oder weisen eine vielfältige nicht-weiße Zusammensetzung auf. Diese de facto bestehende rassistische Segregation wird in der Regel nicht mit institutionalisiertem Rassismus in Verbindung gebracht, sondern eher als Klassenproblem angesehen. Dabei wird hier die Segregation im Bildungswesen wieder eingeführt, mit Schulen, die als minderwertig gelten und sich aus der nicht-weißen Armen- und Arbeiterklasse unseres Landes speisen; diese Schulen erhalten weniger Finanzmittel und verfügen folglich nicht über die nötige Ausstattung. Und dennoch sind einzelne Afro-Amerikaner:innen mehr denn je geneigt, getrennte Schulen zu unterstützen, weil sie die rassistischen Vorurteile, die den Lehrplan prägen, und die Perspektiven unaufgeklärter rassistischer Lehrer:innen aller Hautfarben in öffentlichen Schulen fürchten.

Da ich im Süden des US-Apartheidstaates bis zur Junior Highschool segregierte Schulen besucht habe, kann ich bezeugen, dass diese Schulzeit die Grundlage für ein gesundes Selbstwertgefühl in Bezug auf Bildung gewesen ist. Ich wurde in den 1950er-Jahren geboren und wuchs in einer segregierten Welt auf, in der Bildung als Mittel zur Selbstverwirklichung und zur Verbesserung der Situation der Minderheiten geradezu verherrlicht wurde. In diesen segregierten Schulen war es klar, dass es einige Schüler:innen gab, die sich beim Lernen hervortaten, und andere nicht. Im Übrigen wurde einfach davon ausgegangen, dass Schwarzsein und gute Schulleistungen miteinander vereinbar waren. Alle klugen Leute, die wir kannten, waren Schwarz: unsere Französisch- und Deutschlehrer:innen, unsere Physik- und Chemielehrer:innen usw. Doch selbst in der Welt der segregierten Schule gab es eine Kluft zwischen den intelligenten Schüler:innen und denen, die nicht lernen wollten.

Wie in allen Schulen wurden schlaue Schüler:innen bei uns oft belächelt, als Streber:innen oder Nerds angesehen. Obwohl meine Eltern mich ermutigten und wollten, dass ich klug bin, machten sie sich auch darüber lustig, dass ich immer mit dem Kopf in einem Buch steckte. Sie befürchteten, dass zu viel Bücherlesen einen Menschen seltsam macht, wenn es nicht durch soziale Kontakte ausgeglichen wird. Egal ob Schwarz oder weiß, alle Eltern, die ich kenne, vor allem die mit begabten Kindern, die lieber lernen als draußen zu spielen, haben oft die gleiche Angst wie meine Eltern, nämlich dass zu viel Lernen zu sozialer Isolation führen kann. Natürlich gab es nie die Vorstellung, dass zu viel Lernen mich oder irgendeine andere Person, die ich kannte, weniger Schwarz macht. Meine Eltern wünschten sich sogar, dass ich ein traditionelles Schwarzes College besuchte, damit ich weiterhin von klugen Schwarzen Köpfen lernen konnte.

Als die Segregation an den Schulen abgeschafft wurde, mussten alle Schwarzen Kinder unserer Stadt natürlich fortan mit Bussen in weiße Stadtteile und in weiße Schulen gefahren werden. Auch fast alle Lehrpersonen in diesen Schulen waren weiß. Spezielle Begabtenklassen für fleißige Schwarze Schüler:innen gab es jetzt nicht mehr; stattdessen wurden einige von uns ausgewählt, um in die weißen Begabtenklassen integriert zu werden. In den meisten Fällen wurden Schwarze Mädchen den Schwarzen Jungen vorgezogen, denn trotz der Aufhebung der Segregation gebot die rassistische Angst vor dem Kontakt zwischen Schwarzen Männern und weißen Frauen immer noch, diese beiden Gruppen voneinander getrennt zu halten. Die Schwarzen, die den Bürgerrechtskampf für die Aufhebung der Segregation in den Schulen befürworteten, hatten nicht bedacht, wie unser Selbstwertgefühl leiden würde, wenn wir von rassistischen Lehrkräften unterrichtet würden. In meiner Familie wurden wir ermutigt, uns vom Rassismus nicht aus der Ruhe bringen zu lassen und uns auf das Lernen zu konzentrieren. Dennoch war es für alle Schwarzen in diesen überwiegend weißen Schulen offensichtlich, dass unsere Lehrer:innen nicht wirklich glaubten, dass wir genauso lernfähig waren wie weiße Kinder. Von den rassistischen Lehrkräften wurden wir häufig als kuriose ›Launen der Natur‹, ja als Monstrositäten angesehen, doch dies galt auch für die vereinzelten fürsorglichen weißen Lehrpersonen. Sie waren genauso von der Ideologie der weißen Überlegenheit beeinflusst, die besagte, dass Schwarze niemals so klug wie Weiße seien.

Die Schwarzen Schulen hingegen waren Orte gewesen, an denen unser Selbstwertgefühl als Lernende gestärkt wurde. Das lag nicht daran, dass alle unsere Lehrpersonen Schwarz waren, sondern daran, dass die meisten von ihnen die Auswirkungen rassistischen Denkens auf das Selbstwertgefühl von Schwarzen erkannten und sich dafür entschieden, dem entgegenzuwirken. In der Tat gab es sogar einige Schwarze Unterrichtende, die in ihrem Denken über die Natur der Intelligenz genauso weiß-suprematistisch waren wie ihre weißen Kolleg:innen. Aber sie waren in der Minderheit. Wenn heute segregierte Schulen die Norm werden würden, hieße das nicht, dass die überwiegende Mehrheit der afroamerikanischen Lehrpersonen ein kritisches Bewusstsein in Bezug auf Rassismus hätte, denn die Ausbildung in einem überwiegend weißen, rassistischen Umfeld hat viele von ihnen dazu gebracht, weißes Vorherrschaftsdenken über Intelligenz widerspruchslos zu akzeptieren. Schwarze Kinder, die von Schwarzen Lehrkräften unterrichtet werden, die glauben, dass sie nicht zu schulischen Höchstleistungen fähig sind, sind nicht besser dran als Schwarze Kinder, die von weißen Lehrkräften unterrichtet werden, die sie als leistungsschwach ansehen.

Es käme schon fast einem Akt der Verzweiflung gleich, segregierte Schulen zu befürworten, in der Hoffnung, dass sie, wie in der viel zu fernen Vergangenheit, Orte sind, an denen ein gesundes Selbstwertgefühl gestärkt wird. Denn letztlich würde dies nur zu einer weiteren Isolierung

Schwarzer Schüler:innen von Wissens- und Lernformen führen, die für eine verantwortungsbewusste gesellschaftliche Teilhabe in einer globalen Gemeinschaft erforderlich sind. Viele Pädagog:innen sind besorgt darüber, dass sich Schwarze Kinder über alle Klassen hinweg oft so verhalten, als würden sie durch das Lernen und Schlausein in der Schule als ›weniger Schwarz angesehen‹. Allerdings wird dabei gerne vergessen, dass die Gleichsetzung von Bildung mit Weißsein eine Denkweise ist, die die meisten Schwarzen in überwiegend weißen Schulsystemen erworben haben. Schwarze Schüler:innen, die sich über ihre fleißigen Schwarzen Mitschüler:innen lustig machen, sind selbst über die Schulen und die Massenmedien dahingehend sozialisiert worden, dass sie glauben, Bildung habe keine positive Bedeutung in ihrem Leben und zu viel Bildung führe sie weg vom ›Schwarzsein‹. In den heutigen Schulen, in denen meist weiße und Schwarze Lehrkräfte unterrichten und die Schüler:innen überwiegend, wenn nicht sogar ausschließlich, Schwarz sind, können negative Einstellungen zur Bildung immer noch weit verbreitet sein. Weißes Vorherrschaftsdenken und der damit einhergehende verinnerlichte Selbsthass können unaufgeklärte Lehrpersonen, auch einzelne Schwarze Lehrpersonen, dazu verleiten, so zu unterrichten, als seien Schwarze Lernende weniger zu hervorragenden Leistungen in der Lage.

Ein solches Denken ist nicht nur in den öffentlichen Schulen weit verbreitet, sondern auch an den Colleges und Universitäten. Wenn Schwarze merken, dass sie von den Lehrenden und ihren Mitlernenden in einem überwiegend weißen Umfeld als weniger leistungsstark angesehen werden, verhalten sie sich oft in einer Weise, die eine solche Voreingenommenheit bestätigt. D. h., wenn Lehrende so tun, als seien Schwarze Lernende nicht in der Lage, gute Leistungen zu erbringen, werden sie auch keine erbringen, womit die Erwartungen der Lehrenden bestätigt werden. Und wenn Schwarze Lernende feststellen, dass sie trotz ihrer Bemühungen um herausragende Leistungen schlechte Noten erhalten, unabhängig von der Qualität ihrer Arbeit, werden sie sich möglicherweise dafür entscheiden, Arbeiten abzuliefern, die unter dem Standard liegen.

Die Erkenntnis, dass unsere Kultur trotz der Errungenschaften im Bereich der Bürgerrechte von weißem Vorherrschaftsdenken durchdrungen ist, hat besorgten Pädagog:innen, gleich welcher Hautfarbe, geholfen zu erkennen, wie wichtig es ist, daran zu arbeiten, den Rassismus zu verlernen. Dies ist die Arbeit, die uns alle darauf vorbereitet, in einer Weise zu unterrichten, die für die Praxis der Freiheit erzieht. Lehrende, insbesondere an Hochschulen, die es gewagt haben, zu hinterfragen, wie die weiße Vorherrschaft unser Denken prägt, sowohl in dem, was wir lehren, als auch in der Art und Weise, wie wir lehren, haben eine kleine, revolutionäre Subkultur innerhalb des Bildungssystems in unserem Land geschaffen. Viele von ihnen lehren und forschen auf dem Gebiet der Ethnologie, der Frauenforschung und der Kulturwissenschaften. Ich begann, mein kritisches Denken über die Konstruktionen von Race und Gender in Lehrveranstaltungen der Frauenforschung zu schärfen. Die im feministischen Kontext entstandene Rassismuskritik hat das Wesen der feministischen Wissenschaft grundlegend verändert. Mehr als jede andere Bewegung für soziale Gerechtigkeit in unserer Gesellschaft war es die feministische Bewegung, die in beispielhafter Weise Formen der Kritik gefördert hat, die weißes Vorherrschaftsdenken auf der Ebene von Theorie und Praxis infrage stellen. Die von der feministischen Bewegung ausgehende Dynamik diente als Katalysator für die fortschrittliche Arbeit zu Race und Rassismus, die in den Kulturwissenschaften entstanden ist und weiterhin entsteht.

Trotz der anhaltenden Verbreitung von Rassismus sowie von weißem Vorherrschaftsdenken und -handeln zählen die Bildungseinrichtungen zu den wenigen Orten in unserem Land, an denen Menschen rassistische Barrieren überwinden, um voneinander zu lernen und um gemeinschaftlich miteinander zu leben. Viele antifeministische Gegenreaktionen, insbesondere die Angriffe auf die Women's Studies, wie auch die Angriffe auf die Black/Ethnic Studies, sind nicht darauf zurückzuführen, dass diese Studiengänge bei der Ausbildung versagen, sondern darauf, dass sie Studierende erfolgreich zu kritisch denkenden Menschen ausbilden. Diese Studiengänge tragen bis heute dazu bei, dass viele Studierende ihre Vorstellungen vom Lernen ändern – vom passiven Konsum von Bildung als Mittel zur Aufnahme in die Klasse der professionellen Führungskräfte hin zum Denken über Bildung als Praxis der Freiheit. Anstatt die Lernenden dafür zu bestrafen, dass sie die ihnen angebotenen Wissensformen hinterfragen, haben diese Studiengänge sie angeregt, Bildungspraktiken abzulehnen, die die herrschende Ideologie verstärken. Sie lernten ihren Horizont zu erweitern und auf eine Weise kritisch zu denken, die ihre Selbstbestimmung förderte.

Bildung als Praxis der Freiheit stärkt ein gesundes Selbstwertgefühl der Lernenden, da sie ihre Fähigkeit fördert, bewusst zu sein und bewusst zu leben. Sie lernen zu reflektieren und so zu handeln, dass die Persönlichkeitsentwicklung gefördert wird und nicht die Anpassung an die bestehenden Verhältnisse. Professor:innen wie ich, die aufgrund von Förderprogrammen an die Colleges kamen, stammten nicht aus der Mittelschicht und waren oft die ersten in unseren Familien, die studierten. Wir waren in der einzigartigen Lage, dass wir uns während des Studiums mit alternativen Denkweisen hatten auseinandersetzen können. Als wir dann als angehende Professor:innen in die akademische Welt eintraten, wurden wir mit einem wirtschaftsorientierten Bildungssystem konfrontiert, das den Gehorsam gegenüber dem Status quo eher belohnte als radikale Ansätze für das Lehren und Lernen. Als Studierende und als Doktorandin war ich auf radikale Subkulturen innerhalb der akademischen Welt angewiesen gewesen, um zu überleben. Später, als Dozentin war es schwieriger, solche Subkulturen zu finden. Schwer zu finden, aber nicht unmöglich.

Feministische Studien, afroamerikanische Studien und Kulturwissenschaften sind die Orte in der akademischen Welt, an denen ich einzelne Kolleg:innen gefunden habe, mit denen ich intellektuelle und politische Resonanz verspürt habe. Und dann gab es da noch die seltenen Führungskräfte in der Verwaltung, die trotz ihrer konservativen Einstellung Unterstützung aus einem Raum der radikalen Offenheit heraus angeboten haben. Oft finden sich demokratische Pädagog:innen am Rande des akademischen Mainstreams wieder. Unsere Anwesenheit kann eine Bedrohung für genau die Personen darstellen, von denen wir angenommen haben, dass sie die Kolleg:innen sind, mit denen wir am ehesten in Kontakt kommen könnten. Während meiner gesamten akademischen Laufbahn wurde ich von einzelnen weißen Männern, meist aus der Universitätsverwaltung, unterstützt. Nachdem ich zum ersten Mal eine Vorlesung am Oberlin College hielt, wo eine außerordentliche Professur in meinem Fachgebiet zu besetzen war, rief mich ein aus dem Süden stammender weißer männlicher Dekan an, um mir die Stelle anzubieten. In seinem Südstaaten-Tonfall scherzte er mit mir: »Wenn ich Sie nicht einstelle, verliere ich meinen Job – was haben Sie mit den Studierenden hier gemacht?« Dieser Dekan, der von den meisten weiblichen Lehrenden dort als rassistischer Sexist bezeichnet wurde, und ich kamen u. a. deshalb zusammen, weil er mir aufgrund seines Verständnisses für den Rassismus im Bildungswesen der Südstaaten Respekt entgegenbrachte. Als weißer Südstaatler wusste er im Gegensatz zu den meisten weißen feministischen Kolleginnen sehr genau, wie beschwerlich mein Weg in die akademische Welt gewesen war. Er erinnert sich: »Ich hatte durchaus das Gefühl, dass Sie eine große Stärke haben, dass es Sie viel Kraft gekostet hat, von dort, wo Sie angefangen haben, dorthin zu kommen, wo Sie jetzt sind.« Anders als viele der weißen Kolleginnen fühlte er sich von dieser Stärke nicht bedroht, sondern bewunderte sie.

Zwar stimmte ich mit meinen Kolleg:innen darin überein, dass sein Handeln oft dazu beitrug, rassistische und sexistische Hierarchien aufrechtzuerhalten, aber manchmal war es mit ihnen genauso, und ich sah auch, dass er zuweilen durchaus im Sinne der Gerechtigkeit und des Fair Play agieren konnte. Für mich war es wichtig, den Teil von ihm zu ermutigen und zu unterstützen, der nicht konventionell oder unbeweglich war. Je mehr ich ihn unterstützte, wenn er über den Tellerrand hinausschaute und manchmal sogar ziemlich radikale Entscheidungen traf, desto weniger konnte ich ihn als Feind sehen, sondern eher als potenziellen Verbündeten und mit ihm zusammenarbeiten. Ich begegnete ihm mit der gleichen radikalen Offenheit, die ich auch im Unterricht an den Tag legte. Um erfolgreich daran zu arbeiten, Dominanz zu verlernen, müssen demokratische Pädagog:innen einen Geist der Hoffnung im Hinblick auf die Fähigkeit des Individuums zur Veränderung kultivieren.

Häufig versuchen Menschen, die von irgendeiner Form der Gruppenunterdrückung betroffen sind – sei es von Rassismus, Sexismus, Klassismus oder religiöser Diskriminierung –, eine Gemeinschaft mit Menschen zu bilden, die dieselben Erfahrungen machen, so dass sie sich auf der Grundlage gemeinsamer negativer Überzeugungen und Vorstellungen über die Unterdrückenden zusammenschließen. Damit bestärken sie jedoch nur die ›Macht‹ der sie Beherrschenden, selbst wenn sie erkennen, wie die Dominanzkultur sie niederhält. Sie bleiben in der Vorstellung verhaftet, nur ›Opfer‹ in Bezug auf diejenigen sein zu können, die Macht über sie haben, und die diese Macht oft genug so einsetzen, dass die unterdrückerische Hierarchie noch verstärkt wird. Dadurch verlieren sie nicht nur ihre Kraft zum Widerstand aus dem Blick, sondern auch die Möglichkeit, einzugreifen und die Perspektive der Herrschenden zu ändern. In dem Moment, in dem feministische Professor:innen einen männlichen Kollegen für sexistisch halten und sich weigern, bei ihm auch nur den Hauch eines positiven Handelns zu sehen, das ein Ansatzpunkt für seine Veränderung sein könnte, tragen sie mit dazu bei, unterdrückerische Systeme aufrechtzuerhalten. Ähnlich verhält es sich, wenn nicht-weiße Professor:innen darauf beharren, dass weiße Kolleg:innen immer und ausschließlich rassistisch handeln. Damit verfestigen sie die Vorstellung, dass die Kultur der Vorherrschaft ein absolutes System sei, das nicht verändert werden könne.

Als ich Zeit mit dem weißen männlichen Dekan verbrachte, der allgemein als rassistisch und sexistisch eingeschätzt wurde, stellte ich fest, dass er durchaus bereit war, Informationen mit mir zu teilen und meine akademische Entwicklung zu fördern. Er half mir zu verstehen, wie das System funktionierte, und agierte manchmal sogar als mein Mentor. Dominante Gruppen erhalten ihre Macht oft dadurch, dass sie untergeordneten Gruppen Informationen vorenthalten. Diese Dominanz wird verändert, wenn Wissen auf eine Weise geteilt wird, die eine partnerschaftliche Zusammenarbeit unterstützt. Wenn ich mit Kolleg:innen sprach, die diesen Dekan ›hassten‹ und sagte, dass er durchaus offen für Neues sei, erhielt ich meistens die Rückmeldung, dass er sich einfach zu mir hingezogen fühlte, dass er mich mochte, dass seine Interaktion mit mir nur eine Ausnahme sei. Als ich ihn fragte, ob er denke, unsere Interaktion wäre ›etwas Besonderes‹, erklärte er, dass es zwischen uns ›Klick‹ gemacht hätte, läge an einer Kombination aus persönlicher Resonanz und professioneller Bewunderung. Aber selbst wenn es eine Ausnahme wäre, würde dies immer noch eine Offenheit in einem oft als geschlossen wahrgenommenen System belegen. Egal, was der Anlass für die Öffnung ist: Wenn wir nicht in der Lage sind, die Lücken in vermeintlich geschlossenen Systemen zu finden und zu nutzen, verdammen wir uns selbst dazu, immer wieder bestätigt zu finden, dass dieses Bildungssystem nicht verändert werden kann.

Während meiner gesamten akademischen Laufbahn habe ich nach jenen Räumen der Offenheit gesucht. Meine Aufmerksamkeit war weniger darauf gerichtet, an welchen Punkten Kolleg:innen starr und unflexibel waren, sondern mehr auf die Suche nach den Orten der Möglichkeiten. Ich habe festgestellt, dass Menschen, die verschlossen schienen, am ehesten noch auf die positive Annahme reagieren, dass sie sich ändern können. Eine Form von Macht, die untergeordnete Gruppen ausüben können, besteht darin, diejenigen zu dämonisieren, die sich in einer dominanten Position befinden. Diese Dämonisierung mag dazu dienen, die Angst zu bewältigen, die üblicherweise in Situationen herrscht, in denen die Kultur der Dominanz die Norm ist, aber sie ist nicht nützlich, wenn unser Ziel darin besteht, zu intervenieren und Strukturen und Personen zu verändern.

Da die Dominanzkultur Konkurrenz fördert und ermutigt, sind traditionelle akademische Milieus normalerweise keine Orte, an denen Kolleg:innen lernen, einander zu vertrauen und zusammenzuarbeiten. Wenn ich mich mit Weißen und/oder Männern anfreundete, die von progressiven Kolleg:innen als rassistisch bzw. sexistisch eingestuft wurden, wurde ich von diesen oft als ›Verräterin‹ betrachtet, weil ich mich weigerte, Allianzen nur auf der Grundlage starrer Feindbilder zu schließen. Wenn ich mir bewusst mache, dass auch ich schnell einmal als ›Feindin‹ gelten könnte, kann ich die Menschen in meinem Arbeitsumfeld, auch wenn sie der Dominanzkultur verhaftet sind, mit mehr Mitgefühl betrachten. Wenn ich sie verteufele oder sie immer nur als potentielle Gegner:innen betrachte, werde ich Teil des Problems und nicht Teil der Lösung. Das ist besonders dann der Fall, wenn es um Rassismus geht.

Da es bei Rassismus um Macht geht, sollten wir, die wir zu den benachteiligten Gruppen gehören, uns immer unseres eigenen Machtwillens bewusst sein. Sonst laufen wir Gefahr, in Situationen, in denen wir in einer überlegenen Position sind, unsere Macht zu missbrauchen. Martin Luther King hat dies verstanden. In seiner klugen Predigt »Liebt eure Feinde« erklärt er: »Es wird keine dauerhafte Lösung des

›Rassen‹problems geben, solange die unterdrückten Menschen nicht die Fähigkeit entwickeln, ihre Feind:innen zu lieben (...) Seit mehr als drei Jahrhunderten werden die amerikanischen Schwarzen von der eisernen Rute der Unterdrückung geschlagen, tagsüber frustriert und nachts verstört durch unerträgliches Unrecht und belastet mit der hässlichen Bürde der Diskriminierung. Gezwungen, unter diesen unwürdigen Bedingungen zu leben, besteht die Versuchung, dass wir verbittert werden und uns mit entsprechendem Hass revanchieren. Doch wenn dies geschieht, wird die neue Ordnung, die wir anstreben, kaum mehr sein als eine Kopie der alten.« Der Wille zur Herrschaft kennt keine Hautfarbe In einer Kultur der Unterdrückung sind alle Menschen dazu erzogen worden, zu glauben, dass Herrschaft die Grundlage aller menschlichen Beziehungen ist.

Eine der schädlichsten Ideen, die in den 1970er-Jahren verbreitet wurde, war die Auffassung, dass es nicht die Aufgabe benachteiligter Gruppen sei, den dominanten Gruppen beizubringen, wie sie sich ändern sollen. In Wirklichkeit müssen wir, um der Dominanzkultur etwas entgegenzusetzen und bewusster zu leben, bereit sein, mit allen das Wissen darüber zu teilen, wie der Übergang von Herrschaft zu Kooperation gelingen kann. Wenn wir Veränderung wollen, müssen wir bereit sein zu lehren. In der Bürgerrechtsbewegung meiner Jugend galt es noch als selbstverständlich, dass das Engagement für den antirassistischen Kampf oft bedeutete, den Rassist:innen beizubringen, wie man den Rassismus verlernen kann. Der Gedanke, den ›Unterdrückenden‹ nicht zu helfen, stammt sowohl von Black-Power-Aktivist:innen, die sich für die Beendigung des Rassismus einsetzten, als auch von feministischen Aktivist:innen, die sich für die Beendigung des Sexismus einsetzten. Der überwältigende weltweite Erfolg der Bürgerrechtsbewegung zur Beendigung des Rassismus ist sicherlich zum Teil auch auf die unglaublichen Anstrengungen zurückzuführen, die Aktivist:innen unternommen haben, um die Menschen in diesem Land und in der ganzen Welt über die Verletzungen und das Leid, die Ausbeutung und Unterdrückung, die der Rassismus verursacht, aufzuklären. Auch wenn Menschen of Color nicht die ganze Last tragen müssen, wenn es darum geht, Weiße über Rassismus aufzuklären, ist unsere Bereitschaft, Informationen zu teilen, die den Wandel vorantreiben und unterstützen, doch von entscheidender Bedeutung.

Wenn der oben erwähnte weiße männliche Dekan mit mir in Kontakt kam, wurden seine Werte oft infrage gestellt. Er erinnert sich jedoch, dass er als Jugendlicher verstört war, als er rassistische Handlungen im Süden beobachtete, und sagte: »Das hat mich auf eine Weise zum Nachdenken gebracht, wie ich es vorher nie getan hatte.« Ich glaube, dass unsere Begegnungen, die durch die Forderung nach größerer Diversität am Oberlin College angeregt wurden, diese frühe antirassistische Haltung wieder aufleben ließen. Als er kürzlich in einem Interview gefragt wurde, ob er nicht empört darüber sei, dass er ungeachtet der von ihm ergriffenen Maßnahmen von progressiven Lehrkräften oft in einem negativen Licht dargestellt werde, antwortete er, dass er manchmal schon etwas betroffen war. Aber im Großen und Ganzen empfand er es als positiv, »im Hintergrund zu bleiben und Veränderungen zu bewirken«, auch wenn er für seine Rolle nicht belohnt wurde. Es bedeutete, so sagt er, »dass ich etwas richtiggemacht habe«. Dennoch glaube ich, dass es für uns alle schwierig ist, dauerhaft das zu tun, was wir für richtig halten, wenn wir dafür keine Bestätigung und Unterstützung erfahren.

Ich bin wegen einer feministischen Mitstreiterin, Chandra Mohanty, nach Oberlin gekommen; hätte sie dort nicht gelehrt, hätte ich den Ort nicht für mich in Betracht gezogen. Chandra versicherte mir, dass wir beide, zwei starke, kämpferische, feministische Wissenschaftler:innen of Color, dazu beitragen würden, die Frauenforschung und den Campus von Oberlin zu verändern. Chandra war und bleibt eine echte Kampfgenossin. Wir haben viel positive Arbeit an dem College geleistet und das Bewusstsein für das Thema Diversität geschärft. Doch letztlich wurden weder sie noch ich angemessen gewürdigt. Kleinliches Konkurrenzdenken, das oft von genau den weißen Kolleg:innen ausging, die behaupteten, ›Feministinnen‹ zu sein, machte unsere Arbeit schwierig. Die ständigen Machtkämpfe führten dazu, dass wir beide gehen wollten, und das taten wir auch. Mohanty ging zum Hamilton College und ich zum City College.

Meine jüngsten Lehrerfahrungen habe ich als Gastprofessorin an der Southwestern University gesammelt. Nachdem ich meine Professur am

City College aufgegeben hatte, dachte ich wirklich nicht, dass ich jemals wieder unterrichten würde. Nach Texas kam ich zunächst wegen der Arbeit der Professorin für Feministische Studien und Philosophie, Shannon Winnubst. Als Shannon mich das erste Mal anrief, erzählte sie mir, dass meine Werke auf ihrem Campus viel gelesen wurden. Sie offenbarte mir sowohl ihr umfangreiches Wissen über meine Schriften als auch die Art und Weise, wie sie diese und andere Arbeiten von Menschen of Color verwendet hatte. Wir sprachen offen miteinander und entdeckten dabei unsere gemeinsame Leidenschaft für Gerechtigkeit. Während wir die Vorbereitungen für meinen Besuch und meinen Vortrag an dieser überwiegend weißen, methodistischen geisteswissenschaftlichen Hochschule trafen, entstand zwischen uns Gemeinschaft und Solidarität. Shannon, eine weiße, lesbische Frau, zeigte ein bemerkenswertes Verständnis für die Konstrukte von Race, Gender und Klasse. Sie war das ›Licht‹, das mich nach Texas geführt hatte. Ich erwähne dies, um zu zeigen, welche Macht eine einzelne Person haben kann. Im Alleingang hat sie mich an einen Ort gezogen, an den ich ohne ihr couragiertes Beispiel vielleicht nie gekommen wäre.

Nachdem ich vor Hunderten von Studierenden, Lehrkräften und Menschen aus der Umgegend, die zu meinem Vortrag auf den Campus von Southwestern gekommen waren, gesprochen hatte, fragte mich Shannon, ob ich nicht dorthin kommen und eine Lehrtätigkeit aufnehmen wolle. Ich wollte gerne kommen und unseren Dialog über Gerechtigkeit und Gemeinschaftsbildung fortsetzen. Shannon und andere progressive Kolleg:innen sprachen mit der Verwaltung und machten meine Berufung möglich. Sie hatten dabei die Unterstützung eines progressiven weißen männlichen Dekans, dessen Fachgebiet Pädagogik war. Jim Hunt entsprach in keiner Weise dem Bild des weißen Mannes an der Macht, der sich von jeder Feministin, die ihn herausfordert, bedroht fühlt. Er erinnert sich, dass unsere erste Begegnung damals war, als ich kam, um den Vortrag zu halten. Er hatte sich schon länger für eine größere Diversität auf dem Campus eingesetzt und sagte, er sei beeindruckt gewesen, eine »komplexe Stimme« zu hören, die auf eine Art und Weise über Themen spricht, die über die Binarität von ›wir/sie‹ oder ›Unterdrückende/Unterdrückte‹ hinausgeht. Bewegt von meinen Ausführungen über radikale Offenheit und unsere Verpflichtung, eher ein Sowohl-als-auch-Denken als ein Entweder-oder-Denken zu fördern, machte er sich daran, mich an die Universität zu holen. In den zwei Jahren, in denen ich an der Southwestern unterrichtet habe, sagt Jim, habe er verstanden, dass »Menschen, die Verschiedenheit und Vielfalt in der Theorie sehr befürworten, oft nicht in der Lage sind, mit den konkreten Anforderungen des Wandels umzugehen«. Jetzt versteht er besser, dass »zu lernen, in einer vielfältigen Gemeinschaft zu leben und zu arbeiten«, es erfordert, zu komplexen Analysen bereit zu sein und den Wunsch loszulassen, dass alles einfach sein soll. Denn Segregation vereinfacht, während Integration verlangt, zu akzeptieren, dass es verschiedene Arten des Wissens und der Interaktion gibt.

Der Prozess der Beendigung des Rassismus im Denken und Handeln ist immer ein gemeinschaftliches Projekt. Unsere ganze Macht liegt darin, zu verstehen, wann wir lehren und wann wir lernen sollten. Weiße Menschen, die wollen, dass Menschen of Color die ganze Arbeit für sie erledigen, die wollen, dass wir ihnen sagen, wo es lang geht und sie dann auf unserem Rücken zur Beendigung des Rassismus tragen, agieren immer noch nach dem Muster, sich bedienen zu lassen. Aber es gibt auch Weiße, die einfach nur nach dem Weg fragen und die Details der Reise besprechen wollen. Sie tun das, was wir alle tun, wenn wir uns für sozialen Wandel einsetzen und uns von einem Ort der Unwissenheit zu einem Ort des größeren Wissens bewegen. Sie sind unsere Verbündeten im Kampf.

Die Segregation in Bildungseinrichtungen bringt uns im Kampf gegen den Rassismus nicht weiter. Die Lehrerin und Dichterin Nikki Giovanni ist der Meinung, dass eine geisteswissenschaftliche Ausbildung dazu dient und dienen sollte, dass Lernende und Lehrende den Rassismus verlernen. In *Racism 101* schreibt sie: »Für mich ist klar, dass, wenn es in unserem Bildungssystem ein schreiendes Bedürfnis gibt, es das der Geisteswissenschaften ist, sich zu behaupten (...) Wir müssen die Geisteswissenschaften wieder für uns beanspruchen, um uns daran zu erinnern, dass Geduld eine menschliche Tugend ist; und wir müssen Integration fördern, um uns selbst zu beweisen, dass Angst nicht immer die menschlichen Möglichkeiten bestimmt.«

Die segregierten Schulen meiner Vergangenheit waren die Orte, an denen viele Schwarze zum ersten Mal in ihrer Sehnsucht nach Bildung bestärkt wurden. Diese Bestätigung war entscheidend für unsere schulische Entwicklung. Doch heute fungieren segregierte Schulen, insbesondere in unserem öffentlichen Schulsystem, lediglich als Reservate, in denen benachteiligte junge Menschen nur verwahrt, diszipliniert und bestraft werden oder in denen ihnen beigebracht wird, dass sie keine akademischen Ziele erreichen können. In der Tat haben Schüler:innen in segregierten öffentlichen Schulen oft das Gefühl, dass sie ›ausgesondert‹ wurden, weil niemand an ihre Lernfähigkeit glaubt. Deshalb müssen öffentliche Schulen wie auch Hochschulen so umgestaltet werden, dass das Lernen zu einer Erfahrung wird, die das Selbstwertgefühl fördert, aufbaut und festigt. Bildung kann dieses Selbstwertgefühl bei Schwarzen Lernenden bzw. Lernenden of Color stärken, wenn die Lehrkräfte in Wort und Tat antirassistisch sind.

Weißes Vorherrschaftsdenken kann von allen Lehrpersonen, von Schwarzen wie weißen, vermittelt werden, ungeachtet ihrer Hautfarbe. Schwarze Lehrpersonen mit verinnerlichtem rassifiziertem Selbsthass sind keine besseren Mentor:innen für Schwarze Lernende als weiße Rassist:innen. An einigen überwiegend Schwarzen Colleges ist weißes suprematistisches Denken nach wie vor weit verbreitet. Es äußert sich auf vielerlei Weise, ähnlich wie rassistisches Denken in überwiegend weißen Bildungseinrichtungen, und wird dort genauso aufrechterhalten und gepflegt. Die konservativen Kräfte dominieren an Schwarzen Schulen, was häufig zur Folge hat, dass die Leistungsstandards zu sehr vom Mainstream-Denken über Gehorsam gegenüber Autoritäten und das Einhalten von Regeln bestimmt werden. In einem solchen Umfeld können hervorragende schulische Leistungen nicht ohne größere Anstrengungen erreicht werden. Segregation bedeutet also nicht automatisch, dass die Lernenden die besten Chancen auf Bildungserfolg haben.

Doch wir können die Ursprünge der Selbstwertbildung in segregierten Schulen würdigen, indem wir die Strategien untersuchen, die von den Lehrkräften in diesen Systemen angewandt wurden, um die jungen Menschen umfassend zu bilden. In den segregierten Schulen, in denen ich unterrichtet wurde, glaubten die Lehrkräfte an unsere Fähigkeit, hervorragende Schulleistungen erbringen zu können. Dieser Glaube bildete das solide Fundament, auf dem wir standen, als wir nach höherer Bildung strebten. Wenn ich Eltern berate, wo Schwarze Kinder am besten unterrichtet werden sollten, rate ich ihnen jedoch dringend, nach Einrichtungen mit einer großen Diversität zu suchen, in denen die Lehrenden progressiv und bewusst antirassistisch sind. Oftmals fühlen sich Schwarze Schüler:innen, wie alle anderen Schüler:innen auch, sofort sicher, wenn sie unter ihresgleichen sind. Dieses Gefühl der Sicherheit kann sie von rassistisch bedingtem Stress befreien, und infolgedessen können sie offener für das Lernen sein. Es darf jedoch nicht vergessen werden, dass nicht die Segregation als solche, sondern die Abwesenheit von Rassismus ein günstiges Lernumfeld schafft.

Die Arbeit zur Beendigung des Rassismus im Bildungswesen ist die einzige sinnvolle und dauerhafte Veränderung, die Schwarzen und allen Lernenden zugutekommen wird. Vielleicht wird der Tag kommen, an dem progressive, nicht rassistische Schulen wahrhaft allen jungen Menschen Bildung vermitteln. Sie würden sich von segregierten Schulen dadurch unterscheiden, dass ihre Prämisse die wäre, dass alle Schüler:innen in einem antirassistischen Umfeld lernen und gedeihen. Dabei ist es entscheidend, dass antirassistische Bildungseinrichtungen nicht nur das Selbstwertgefühl aller Lernenden bewahren und fördern, sondern sie auch auf ein Leben in einer diversen Welt vorbereiten. Die im weißen Vorherrschaftsdenken wurzelnde Fantasie der Exklusion wird heute durch die Realität der Vielfalt konterkariert. Menschen of Color, die sich selbst absondern, um sich vor rassistischen Übergriffen zu schützen, können die Konfrontation mit dieser Diversität nicht vermeiden. Um in unserem Land gut zu funktionieren, müssen sie in der Lage sein, in einem vielfältigen Umfeld zurechtzukommen. Sie müssen wissen, wie sie in Konfrontation mit Weißsein und angesichts rassistischer Übergriffe durch Weiße ihre geistige Gesundheit bewahren können und nicht den Verstand verlieren. Wenn sie diese Fähigkeiten nicht erlernen, werden sie den Herausforderungen einer Welt, die zwar noch nicht vollständig antirassistisch, aber bereits unglaublich divers ist, nicht gewachsen sein. Sie werden nicht gut gerüstet sein, um ihren Teil dazu beizutragen, den Rassismus herauszufordern und abzuschaffen.

In integrativen Bildungseinrichtungen haben wir alle die Möglichkeit, im Kontext von Diversität zu lernen, uns kritisch der Unterschiedlichkeit bewusst zu sein, ohne zuzulassen, dass sie uns voneinander trennt. Als Schwarze Dozentin, die meist in überwiegend weißen Bildungseinrichtungen arbeitet, weiß ich, dass, wenn ich den Lernenden vermittle, wie sie ihren Rassismus verlernen können, dies letztlich nur das Gute und Menschliche in ihnen hervorbringt. Wenn sie in der Lage sind, sich von der weißen Vorherrschaft und dem damit verbundenen falschen Selbstwertgefühl zu verabschieden, können sie ihren wahren Wert als Individuen entdecken, die ohne Angst mit Andersartigkeit umgehen können. In ähnlicher Weise hatten mir meine Lehrpersonen in den Schwarzen Schulen bereits geholfen, als sie mich lehrten, zu erkennen, dass Hautfarbe nicht alles ist. Sie lehrten mich, dass ich mir Bildungseinrichtungen aussuchen sollte, an denen diese Erkenntnis sich bereits durchgesetzt hatte. Sie halfen mir zu verstehen, wie wichtig es ist, über Race hinauszugehen, ohne dabei zu vergessen, dass Race eine Rolle spielt. In dieser von rassistischer Segregation geprägten Bildungswelt wurde mir beigebracht, dass der wichtigste Beitrag, den eine Lehrperson leisten kann, darin besteht, im Klassenzimmer Rahmenbedingungen für Wahrhaftigkeit und Gerechtigkeit zu schaffen. Diese fortschrittlichen Lehrenden wollten, dass die Segregation beendet wird. Sie wollten, dass Bildung als Praxis der Freiheit überall zur Norm wird, damit alle Klassenzimmer zu Orten des Lernens werden. Es ist diese revolutionäre Vision von Bildung, die wir uns zu eigen machen müssen, wenn wir uns von der rassistischen Segregation lösen und die Kraft der antirassistischen Integration für uns nutzen wollen.

7

Wie wir dienen können

Sich für einen guten Unterricht zu engagieren, heißt engagiert zu dienen. Lehrende, die sehr gute Arbeit leisten, sind immer bereit, den Bedürfnissen ihrer Lernenden zu dienen. Doch in einer imperialistischen, kapitalistischen, patriarchalen Kultur weißer Vorherrschaft wird das Dienen entwertet. Es wird zu einer Methode degradiert, um die Unterordnung aufrechtzuerhalten. Diejenigen, die dienen, werden tendenziell als unwürdig und minderwertig angesehen. Kein Wunder also, dass das Engagement von Lehrpersonen als Dienst kaum positiv diskutiert wird. Wenn ich allerdings in öffentlichen Schulen arbeite, treffe ich mehr Lehrer:innen, die offen davon sprechen zu dienen. In der akademischen Welt der Colleges und Universitäten hingegen wird der Begriff des Dienens assoziiert mit Arbeit im Interesse der Institution und nicht im Interesse der Studierenden und Kolleg:innen. Wenn Professor:innen einander ›dienen‹, indem sie sich gemeinsam für die Bildung als Praxis der Freiheit einsetzen, indem sie es wagen, sich gegenseitig herauszufordern und einander etwas beizubringen, ebenso wie den Studierenden, wird dieser Dienst institutionell nicht belohnt. Das erschwert es den einzelnen Lehrkräften, sich als Dienende im Interesse des Aufbaus einer Gemeinschaft zu engagieren.

In der Tat wird exzellente Lehre oft nur als Sahnehäubchen auf dem Kuchen des Hochschulbetriebs betrachtet: schön zu haben, aber nicht essentiell. Wissenschaftliches Schreiben und administrative Tätigkeiten werden als die eigentlichen Kernaufgaben angesehen. Die Lehre, und ob sie gut gemacht ist oder nicht, gilt lediglich als eine Frage der individuellen Entscheidung oder Laune. Obwohl jede Hochschule in unserem

Land die Beurteilungen der Studierenden über die Arbeit der Lehrenden im Unterricht als Kriterium bei der Personalbeurteilung heranzieht, werden sie in der Regel nur dann als wichtig erachtet, wenn sie negativ ausfallen und als Entscheidungsgrundlage für die Entlassung oder Nichtbeförderung von Dozent:innen dienen können. Während meiner Studienzeit war ich immer wieder erstaunt darüber, dass die meisten meiner Professor:innen kein Interesse am Unterrichten zu haben schienen. Sie gingen an die Lehre heran, als sei sie eine lästige Aufgabe, die sie erledigen müssten, um sich dann ihrer eigentlichen Arbeit widmen zu können, nämlich dem Schreiben, Denken, den Fachbereichssitzungen usw. Natürlich hat das System, wonach die Studierenden bestimmte Kurse belegen müssen, um die Studienanforderungen zu erfüllen, dafür gesorgt, dass wenig engagierte Dozent:innen, deren Kurse ansonsten leer wären, mit vollen Lehrveranstaltungen rechnen konnten und können.

Ein Grund, warum konservative Mainstream-Akademiker:innen so wütend über die Anfechtung rassistischer und sexistischer Vorurteile im Bildungswesen und die Forderung nach mehr Inklusion sein können, ist, dass die Erfüllung dieser Forderung neue und interessante Lehrkräfte hervorgebracht hat, deren Kurse die Studierenden gerne belegen. Demgegenüber gibt es manche langweilige, betrunkene Lehrende (in der Regel weiß und männlich, aber nicht immer), die dieselben Aufzeichnungen verwenden, die sie schon seit mehr als zwanzig Jahren verwenden, und die die üblichen weißen, männerzentrierten Kurse unterrichten. Diese Lehrkräfte sind für die Hochschulen immer noch akzeptabler, vor allem, wenn sie Abschlüsse von Eliteuniversitäten haben, als Frauen und Männer, die fortschrittlich sind, die sich engagieren und die den Unterricht zu einem anregenden Ort des Lernens machen wollen. Die Massenmedien, insbesondere Zeitungen und Zeitschriften, haben eine wichtige Rolle bei der Irreführung der Öffentlichkeit über die Art der Veränderungen im akademischen Umfeld gespielt. Viele Menschen in den USA, von denen ein Großteil noch nie ein College besucht hat, glauben, dass weiße Männer jetzt eine Minderheit seien, dass der traditionelle, auf weiße Männer ausgerichtete Unterricht abgeschafft würde und dass Schwarze bzw. Menschen of Color und feministische weiße Frauen die Macht übernommen hätten. Sie wissen nicht, dass trotz der energischen Interventionen fortschrittlicher Akademiker:innen, die Vorurteile infrage stellen, die Vielfalt fördern und sich für eine stärkere Einbeziehung diversitätsrelevanter Themen einsetzen, konservative weiße Männer in der akademischen Welt immer noch das Sagen haben, genauso wie in der Politik.

Als progressive Dozent:innen und ihre Lehrveranstaltungen begannen, eine große Anzahl von Studierenden mit unterschiedlichen Hintergründen anzuziehen, führte dies zu einer Gegenreaktion, in der diese fortschrittlichen Lehrangebote so dargestellt wurden, als gäbe es dort weder hohe Leistungsstandards noch sinnvolle Inhalte. Auch wenn es nicht der Fall war, dass feministische Wissenschaftlerinnen aufhörten, Arbeiten von weißen Männern zu unterrichten, wurde der Öffentlichkeit über die Massenmedien der Eindruck vermittelt, dass weiße Männer ausgeschlossen wurden (es mag einige wenige Lehrkräfte gegeben haben, die der Meinung waren, dass es so viele Kurse gab, die sich auf die Sichtweise weißer Männer konzentrierten, dass sie es riskieren konnten, Material von weißen Männern nicht einzubeziehen). Doch im Großen und Ganzen tendierten Frauen insgesamt, ebenso wie Männer of Color, eher dazu, den alten Stimmen neue hinzuzufügen, anstatt die Stimmen weißer Männer ganz zu eliminieren. Die konservativen weißen männlichen Eliten ebenso wie die sie unterstützenden Männer of Color und ihre nichtakademischen Verbündeten, konnten die Öffentlichkeit glauben machen, dass Studierende falsch ausgebildet wurden und werden, weil sie Alice Walker und nicht Shakespeare lesen. Sie konnten das Narrativ von der politischen Korrektheit für sich nutzen. Bezeichnenderweise sind diese konservativen Hochschulangehörigen oft die, die sich am wenigsten für die Lehre interessieren.

Für viele Lehrende, unabhängig von ihrer ethnischen Verortung, ist das Klassenzimmer bzw. der Hörsaal ihr eigenes kleines Reich, das von ihnen selbstherrlich regiert wird. Als Mikrokosmos der Dominanzkultur wird der Unterricht so zu einem Ort, an dem sich die Lehrperson auslebt, während sie ihr Wissen nach eigenem Gutdünken vermittelt. In Gesprächen mit akademischen Kolleg:innen aus dem ganzen Land habe ich festgestellt, dass mehr als achtzig Prozent der Kurse, die wir besuchten, um einen Doktortitel zu erwerben, von Personen gehalten wurden, denen es an grundlegenden Kommunikationsfähigkeiten mangelte. In keinem anderen Berufsfeld in den USA würde eine solche Inkompetenz toleriert werden. Doch in der Lehre wird sie toleriert, weil die ›Kundschaft‹ junge Menschen sind, die als rechtlos gelten. Die meisten Lernenden, die einem hierarchischen System unterworfen sind, das sie schon früh indoktriniert und ihnen vermittelt, dass ihr Erfolg von ihrer Fähigkeit zu gehorchen abhängt, haben Angst davor, irgendetwas an der Art und Weise des Unterrichts infrage zu stellen. In unseren sogenannten besten Colleges und Universitäten wird die Lehre nur selten wertgeschätzt.

Im besten Fall ist der Lehrberuf ein sozialer Beruf. Doch in unserer Gesellschaft werden alle sozialen Berufe abgewertet. Kein Wunder also, dass Lehrende, vor allem an Eliteinstitutionen, den Begriff des Dienens als wesentliche Dimension ihrer Arbeit mit den Lernenden innerhalb und außerhalb des Unterrichts verleugnen. In der Hochschulausbildung werden oft einzelne Studierende gelobt, ja sogar bewundert, und ihnen wird eine Aufmerksamkeit zuteil, die allen anderen versagt bleibt. Ich habe die Erfahrung gemacht, dass in solchen Fällen dem Rest von uns das Gefühl vermittelt wurde, wir seien es einfach nicht wert. Als Studierende wurden wir in dem Glauben sozialisiert, dass, wenn wir einen Hörsaal oder Kursraum betraten und von der Lehrperson nicht mit Respekt behandelt wurden, dies auf einen uns eigenen Mangel zurückzuführen war und nicht auf eine ungerechte Hierarchie und die Dominanzkultur. Die Politik der Herrschaft, wie sie im Unterricht ausgeübt wird, sorgt oft dafür, dass Lernende aus marginalisierten Gruppen keine guten Leistungen erbringen. Wie irrsinnig muss es für sie sein, sich erst zäh ihren Weg durch das Bildungssystem zu bahnen, sich mit schierer Willenskraft gegen Ausgrenzung zu wehren, nur um dann, wenn sie an die Hochschule kommen, in ein System einzutreten, das Ausgrenzung fördert und Unterordnung und Gehorsam als Voraussetzung für Erfolg wertet? Es ist nur logisch, dass junge Menschen, die mit so einer Situation konfrontiert sind, oft schlecht abschneiden oder einfach das Interesse an Bildung verlieren.

Ich kam ja aus einer widerständigen Haltung heraus an die Hochschule, denn ich hatte mich gegen den Sexismus meiner Eltern gewehrt, die es nicht für wichtig hielten, dass eine Frau einen Hochschulabschluss hat, zudem gegen den Sexismus meiner Lehrpersonen, und dann war ich auch noch mit Rassismus konfrontiert worden. Trotzdem war ich immer wieder schockiert, wenn einzelne Professor:innen, in der Regel weiße Männer, sich mir gegenüber feindselig verhielten. In jenen naiven Jahren verstand ich nicht, in welchem Ausmaß die rassistische und sexistische Ikonographie der Schwarzen Frau und insbesondere des Schwarzen weiblichen Körpers das Bewusstsein vieler Lehrender geprägt hatte: Ihrer Überzeugung nach waren Schwarze im Allgemeinen und Schwarze Frauen im Besonderen einfach nicht für höhere Bildung geeignet. Natürlich war die emotionale Gewalt, die mir von Professor:innen entgegengebracht wurde, nichts, was ich hätte melden oder dokumentieren können. Verachtung, Geringschätzung, Demütigung sind wie alle Formen des psychologischen Missbrauchs schwer zu beweisen, vor allem, wenn sie von einer Autoritätsperson ausgehen, die sich auf die Kunst der Verstellung versteht. In der Regel bleibt den Betroffenen nichts anderes übrig, als sich an die Kolleg:innen der mobbenden Person zu wenden. Die Angst, insbesondere die Angst, auch von diesen verraten zu werden, lässt die Opfer von professoralem Psychoterror meist verstummen.

Manchmal wird die Schikane der Professor:innen gegenüber einzelnen Studierenden von den anderen Studierenden nachgeahmt. Dies ist häufig der Fall, wenn sich die Betroffenen durch markierte Differenz in Bezug auf Race, Klasse oder Gender von der Gruppe abheben. Die Unterdrückung eines als unpassend angesehenen Studierenden durch die Gruppe wurde in dem Film *A Beautiful Mind* dargestellt, in dem Studierende aus privilegierten Klassen einen brillanten Kommilitonen aus der Arbeiterklasse psychisch misshandelten. Der Film zeigt zwar die Formen des psychologischen Terrors, die privilegierte weiße Männer anwenden, um ihren Kommilitonen zu beschämen und zu erniedrigen, aber die Botschaft wird dann wieder relativiert, indem der Anschein erweckt wird, dass dieser psychologische Terror nicht wirklich weh tun sollte, dass sie es nicht böse gemeint haben. Wann immer Studierende von Kommiliton:innen oder Lehrenden psychologisch terrorisiert werden, besteht die Tendenz, den Betroffenen selbst die Schuld zu geben und ihnen eine Fehlinterpretation der Realität zu unterstellen. Kein Wunder also, dass die Opfer solcher psychischen Übergriffe dazu neigen, passiv-aggressiv zu werden, zu schweigen oder zu lamentieren, anstatt sich proaktiv zu wehren.

Die Studierenden sind so sehr darauf trainiert, fügsam zu sein, dass sie oft die Unterrichtspraktiken einer unfreundlichen Lehrperson zwar kritisieren und diese Kritik mit einer fürsorglicheren Lehrperson auch teilen. Doch wenn Studierende mit Horrorgeschichten über Lehrende zu mir kommen und ich ihnen vorschlage, ihre Meinung durch Boykott oder durchaus wirkmächtige anonyme Briefe kundzutun, sind sie meist nicht bereit, etwas dagegen zu unternehmen. Eine brillante junge Schwarze Studentin, die zusammen mit mehreren Kommiliton:innen unter den rassistischen und sexistischen Äußerungen eines Professors zu leiden hatte, dokumentierte dessen Äußerungen und schrieb dann einen anonymen Brief an den Dekan der Hochschule. Der Betreffende, ein älterer weißer Professor mit Festanstellung, reagierte darauf, indem er in den Unterricht kam und eine ganze Sitzung lang über die »feige« Person sprach, die einen anonymen Brief geschrieben hatte. Seine Absicht war es, die Studierende öffentlich bloßzustellen. Und sie empfand dann auch Angst und Scham, war aber zugleich froh, ein Zeichen des Widerstands gesetzt zu haben.

Obwohl ihre Vorarbeiten für die Promotion als hervorragend eingestuft wurden, wollte am Ende keine Lehrperson, nicht einmal eine:r der wenigen liberalen Professor:innen, ihre Doktorarbeit betreuen. Das Fehlen einer potenziellen Betreuungsperson war schließlich der Grund für die Ablehnung ihrer Bewerbung für das Promotionsstudium. Obwohl die Studierende die politischen Hintergründe dieser Entscheidung klar erkannte, fühlte sie sich nicht in der Lage, die Herausforderung anzunehmen, ständig gegen das anzukämpfen, was, wie sie befürchtete, ihr Schicksal sein würde, wenn sie ihre Promotion weiterverfolgte. Ihre Erfahrung erinnerte mich an die vielen Male, in denen mir gesagt wurde (und was auch in meinen Prüfungsunterlagen zu lesen war), dass ich nicht das »richtige Verhalten einer Doktorandin« an den Tag lege, was bedeutete, dass ich es wagte, meine Professor:innen zu kritisieren und mich weigerte, ihr Dominanzgebaren einfach hinzunehmen.

Diese begabte junge Frau, traumatisiert durch die Erfahrung akademischer Ungerechtigkeit, brach ihr Studium ab. Dabei waren ihre Studienleistungen wirklich hervorragend gewesen. Häufig geht es in einem Umfeld ausgeprägter Herrschaftsverhältnisse weniger darum, ob Studierende brillant und fleißig sind, sondern eher darum, ob sie bereit sind, die ihnen von den Lehrenden zugewiesenen Rollen zu spielen. Bei den Professor:innen zeigt sich diese Fixierung auf das Auftreten vor allem dann, wenn Studierende aus unterrepräsentierten Gruppen von weißen Kolleg:innen aus der Mittel- und Oberschicht, die eine gemeinsame Sprache und Erfahrung teilen, zum Bewerbungsgespräch eingeladen werden. Wenn es sich bei den Kandidat:innen um Menschen of Color handelt, die aus dem Arbeitermilieu stammen, werden sie möglicherweise nicht der Gruppennorm ›entsprechen‹. Die Wahrnehmung, dass sie nicht in die Gruppe passen, kann dazu führen, dass sie Stellen nicht bekommen, für die sie hervorragend qualifiziert sind. Es ist ein Irrglaube, dass weiße Fakultäten, wenn sie mit exzellenten nicht-weißen Studierenden und Professor:innen konfrontiert werden, deren herausragende Leistungen bestätigen und belohnen. Immer wieder habe ich erlebt, dass Fakultäten Menschen of Color, die sie für nicht sehr klug, aber fleißig halten, gegenüber Personen, die profunde und hervorragende Gelehrte und Forschende sind, bevorzugen. Soziologische Studien, die den Zusammenhang zwischen Race und beruflicher Leistung untersuchen, belegen die Tatsache, dass unaufgeklärte Weiße ein größeres Misstrauen gegen Nicht-Weiße hegen, die hervorragende Arbeit leisten, als gegen solche, deren Leistungen nur mittelmäßig sind. Sie fühlen sich wohler mit denen, die sich unterordnen oder mittelmäßig sind, weil sie dies als Bestätigung ihrer tief verwurzelten Überzeugung von der Minderwertigkeit nicht-weißer Gruppen empfinden.

Wenn ich mit Schwarzen Studierenden und Wissenschaftler:innen spreche, die trotz aller Widrigkeiten akademische Spitzenleistungen erbracht haben, höre ich fast immer Geschichten über die eine fürsorgliche Lehrperson, die als übergeordnete Mentor:innenfigur fungierte. Die Psychoanalytikerin Alice Miller hat den Begriff »aufgeklärte Zeug:innen« verwendet, um diejenigen zu bezeichnen, die einer missbrauchten Person beistehen und ihr ein anderes Beziehungsmodell anbieten. Fürsorgliche Lehrende sind immer erleuchtete Zeug:innen für unsere Lernenden. Da es unsere Aufgabe ist, ihr akademisches Wachstum zu fördern, sind wir aufgerufen, ihnen zu dienen.

Das Engagement für die Bedürfnisse der Studierenden ist nicht ohne Tücken. Es handelt sich um eine gegenhegemoniale, befreiende Praxis, die in einem Herrschaftskontext stattfindet. Daher sind die Wünsche der Lernenden, die Hilfe von progressiven Pädagog:innen suchen, oft in sich widersprüchlich. Einerseits wünschen sie sich vielleicht Hilfe von »aufgeklärten Zeug:innen«, während sie andererseits den Wunsch haben, von konventionellen, konservativen Autoritäten anerkannt und belohnt zu werden. In einem solchen Konflikt entscheiden sich die Studierenden in der Regel für den Status quo. Diese Erfahrung führt oft dazu, dass Lehrende, die den Studierenden zugewandt sind, zynisch werden, wenn es darum geht, in den Dominanzkontext einzugreifen und sie fürsorglich zu begleiten. Dabei ist es ein Akt des kritischen Widerstandes, Studierenden wirklich zu helfen und ihnen gut zu dienen. Es ist ein politischer Akt. Und deshalb wird es nicht die üblichen Belohnungen geben, die wir erhalten, wenn wir einfach den Status quo bewahren. Das Ausbleiben von Belohnungen ist vielleicht weniger enttäuschend als die Ablehnung durch die Studierenden selbst, denen wir gedient haben.

Eine Schwarze Studierende, die ich während ihres gesamten Bachelorstudiums betreut hatte, begann ihr Masterstudium und stellte fest, dass die Professor:innen, von denen sie betreut wurde, meiner Arbeit sehr kritisch gegenüberstanden. Sie fühlte sich hin- und hergerissen. Als sie ihre Masterarbeit schrieb und weit über die geforderte Seitenzahl hinausging, sagte ihr Erstbetreuer, dass ihre Arbeit hervorragend sei und sogar veröffentlicht werden könne, dass sie aber unbedingt noch einmal überarbeitet werden müsse und dass sie ihre Arbeit dann wohl nicht fristgerecht einreichen könne. Ich äußerte der Studierenden gegenüber, dass ich dies für einen widersprüchlichen Ratschlag hielt. Wenn die Arbeit hervorragend war und veröffentlicht werden konnte, warum sollte sie dann nicht pünktlich abgegeben und danach überarbeitet werden? Oder noch besser, warum nicht einige der zusätzlichen Kapitel für die Dissertation aufheben? Diese von mir sehr geschätzte junge Frau, die ich jahrelang gefördert hatte, warf mir vor, eifersüchtig auf sie zu sein und zu glauben, dass sie nicht fähig sei, ihre Arbeit zu beenden. Sie war nicht in der Lage, meine Sorge zu verstehen, dass brillante Schwarze Studierende die Abgabe ihrer Arbeiten hinauszögern und ihr Studium letztlich nie abschließen. Ich wollte nicht, dass es ihr so ergeht. Sie sprach nie wieder mit mir.

Meine Enttäuschung war groß. Ich konnte jedoch verstehen, dass diese Studierende gerne Karriere machen wollte, und das musste nun einmal innerhalb der bestehenden akademischen Dominanzkultur sein. Dieser Wunsch stand im Widerspruch zu ihrer Loyalität zu mir und zu den Werten, die wir während ihres Studiums geteilt hatten. Mir war es wichtiger, dass sie ihren Abschluss in einer angemessenen Zeitspanne schaffte, als dass sie ihre Arbeit immer wieder überarbeitete, um in den Augen eines einzelnen Professors eine überragende Leistung zu erbringen. Bei Frauen insgesamt, ob weiß oder nicht, sowie bei nicht-weißen Männern erlebe ich es am häufigsten, dass sie von der Angst gelähmt sind, ihre Arbeit könnte nicht exzellent sein. In solchen Fällen halte ich es immer für wichtig, weniger perfektionistisch zu sein und mehr darauf zu achten, dass die Arbeit pünktlich fertig wird.

Jede engagierte Lehrkraft weiß, dass wir uns mit unserem Denken stets im Prozess befinden. Im Gegensatz zu anderen Berufen haben wir die Möglichkeit, uns mit unserer schriftlichen Arbeit immer wieder neu auseinanderzusetzen und sie zu verbessern. Leider sind Studierende aus Randgruppen, die noch keine lange akademische Laufbahn hinter sich haben und oft die erste Generation in ihrer Familie sind, die ein College besucht, nicht selten am Boden zerstört, wenn ihre Arbeit zwar gut, aber nicht ausgezeichnet ist. Das perfektionistische Denken, das von den Professor:innen verstärkt wird, hindert sie daran, zu erkennen, dass niemand von uns immer hervorragend ist. Im Gegensatz zur landläufigen Meinung, die irrigerweise davon ausgeht, dass Schwarze Studierende unzureichende Leistungen an der Hochschule erbringen, weil sie gleichgültig oder faul sind, ist ein Großteil der Unzulänglichkeiten, die ich sehe, auf die Angst zurückzuführen, nicht perfekt zu sein, auf den Versuch, Standards zu erreichen, die unerreichbar sind, was die Studierenden zu Verzweiflung und Selbstsabotage führt.

Lehrende, die sich für ihre Lernenden einsetzen, stehen normalerweise im Widerspruch zu dem Umfeld, in dem wir unterrichten. Meistens arbeiten wir in Institutionen, in denen die Art des Wissens so beschaffen ist, dass die Dominanzkultur verfestigt wird. Insofern ist das Dienen als eine Form des politischen Widerstands von entscheidender Bedeutung, weil es eine Praxis des Gebens ist, die sich der Vorstellung von Belohnung entzieht. Die Befriedigung liegt im Akt des Gebens selbst, in der Schaffung eines Umfelds, in dem junge Menschen frei lernen können. Wenn wir uns als Lehrende zum Dienen verpflichten, dann widerstehen wir der Beteiligung an der Machtausübung, die nur die autokratische Herrschaft verstärkt. Die Lehrkraft, die dient, bekräftigt durch ihre Praxis immer wieder, dass nicht die Selbstdarstellung oder die Behauptung der eigenen Macht, sondern die Ausbildung der Lernenden wirklich das oberste Ziel ist. Im konventionellen Unterricht sind die Lernenden nur dazu da, dem Willen der Lehrenden zu dienen und ihre Bedürfnisse zu befriedigen, sei es das Bedürfnis nach einem Publikum, das Bedürfnis, neue Ideen als Anregung für die eigene Arbeit zu hören, oder einfach das Bedürfnis, die Vorherrschaft über untergeordnete Lernende zu behaupten. Dies ist die Tradition des Missbrauchs, die fürsorgliche Lehrkräfte infrage stellen und ändern möchten.

Das Engagement für den Dienst hilft den Lehrenden auch dabei, den Lernenden gegenüber die Verantwortung für ethische Inhalte im Unterricht zu übernehmen. Fürsorge und Dienen wirken der Tendenz entgegen, das Unterrichten so aufzufassen, als sei alles bloß eine Frage des richtigen Managements. Engagierte Lehrpersonen schlagen nicht zuletzt auch eine Brücke zwischen der öffentlichen Schulbildung und dem Studium. Die Verbindung zwischen den verschiedenen Bildungsstufen wird durch das dienende Engagement wiederhergestellt und es wird der künstlichen Trennung zwischen dem Lernen in der öffentlichen Schule und der Erfahrung an der Hochschule entgegengewirkt. Die Lehrperson, die in der Lage ist, zu fragen, »Was braucht ihr, um zu lernen?« oder »Wie kann ich euch helfen?«, bringt einen Geist des Dienens in die Bildungsarbeit ein, der den Willen der jungen Menschen zum Lernen ehrt. Engagierte Akte der Fürsorge lassen alle Lernenden wissen, dass der Zweck der Bildung nicht darin besteht, über sie zu herrschen oder sie darauf vorzubereiten, selbst Herrschende zu werden, sondern vielmehr darin, die Voraussetzungen für Freiheit zu schaffen. Engagierte Pädagog:innen öffnen den Geist und ermöglichen es den Lernenden, sich auf eine Welt des Wissens einzulassen, die ständigen Veränderungen und immer neuen Herausforderungen unterworfen ist.

8

Die Scham überwinden

Wenn Lehrende darüber nachdenken, warum manche Lernende scheitern, während andere erfolgreich sind, sprechen sie selten über die Rolle der Scham als Lernhindernis. In Zeiten, in denen Konservative die Politik der »Affirmative Action« und andere Fördermaßnahmen zur Schaffung einer größeren Vielfalt in der Hochschulbildung angreifen, hören wir immer öfter vom Versagen Schwarzer Studierender, die aus ähnlichen sozialen Verhältnissen stammen wie ihre weißen Kommiliton:innen, die bei standardisierten Tests gute Ergebnisse erzielen. Wir hören von Schwarzen Studierenden, deren Leistungen hinter ihren Fähigkeiten zurückbleiben. Wir hören, dass sie desinteressiert und faul sind, dass sie sich als Opfer darstellen, nur um das System so auszunutzen, dass sie ohne Gegenleistung etwas bekommen. Aber wir hören nichts über die Politik der Demütigung und Beschämung.

In der Geschichte des Kampfes der Bürgerrechtsbewegung zur Beendigung von rassistischer Diskriminierung, Ausbeutung und Unterdrückung wurde Freiheit oft daran gemessen, inwieweit Menschen of Color Zugang zu denselben Privilegien bekamen wie Weiße. Diesem Freiheitsbegriff liegt die Annahme zugrunde, dass der Zugang zu denselben Privilegien bereits ausreicht, um die Voraussetzungen für Gleichheit zu schaffen. Der Gedanke war: Lasst Schwarze Kinder auf dieselben Schulen gehen wie weiße, und sie werden alles haben, was nötig ist, um gleich und frei zu sein. Eine solche Denkweise leugnet die Rolle, die Abwertung und Erniedrigung oder andere Strategien der Beschämung für die Aufrechterhaltung rassistischer Unterdrückung spielen, insbesondere im Bereich der Bildung.

Wie alle Mitglieder untergeordneter Gruppen müssen auch Afroamerikaner:innen mit den negativen Stereotypen fertig werden, die ihnen in praktisch allen Situationen entgegenschlagen, in denen die Herrschenden ihre Macht ausüben, und sie erleiden immer noch Traumata, von denen ein Großteil das Re-enactment von Beschämung ist, d. h., die in der Vergangenheit erlittene Bloßstellung wird immer wieder aufs Neue durchlebt. Die Selbstsegregation, die Schwarze in integrierten Umgebungen betreiben, insbesondere dort, wo Weiße in der Mehrheit sind, ist insofern nur ein Abwehrmechanismus, der sie davor schützt, Opfer beschämender Angriffe zu werden. In ihrem Buch *Facing Shame. Families in Recovery* formulieren es Merle Rossum und Marilyn Mason Scham auf der Basis von Erfahrungswerten so: »Scham ist ein inneres Gefühl, als Person völlig minderwertig oder unzureichend zu sein. Es ist das Selbst, das über sich selbst urteilt. Ein Moment der Scham kann eine Erniedrigung sein, die so schmerzhaft ist, oder eine Demütigung, die so tiefgreifend ist, dass die betroffene Person das Gefühl hat, ihrer Würde beraubt oder als grundsätzlich unzulänglich, schlecht oder ablehnungswürdig hingestellt worden zu sein. Ein allgegenwärtiges Gefühl der Scham ist die ständige Annahme, dass man von Grund auf schlecht, unzulänglich, fehlerhaft, unwürdig oder als Mensch nicht vollwertig sei.« Eine der Methoden, mit denen der Rassismus den Geist und die Vorstellungswelt Schwarzer Menschen kolonisiert, ist die systematische Beschämung. Das Hauptinstrument für diese Beschämung sind die Massenmedien.

Die Botschaften der Massenmedien setzen Schwarzsein mit Schlechtigkeit, Unzulänglichkeit und Minderwertigkeit gleich. Kleine Schwarze Kinder nehmen diese Botschaften auf, die weder subtil noch versteckt sind. Fast alle Menschen in den USA besitzen einen Fernseher. In den meisten Haushalten läuft der Fernseher mindestens sieben Stunden am Tag. In ihrem Essay »Mixed Signals: Race and the Media« stellen Alice Tait und Todd Burroughs fest: »Afroamerikaner:innen verbringen mehr als siebzig Stunden pro Woche vor dem Fernseher – zwanzig bis 35 Prozent mehr als Weiße.« Sie bestätigen die gewaltige Macht der Medien und erklären: »Sie bestimmen die Tagesordnung, interpretieren Sinn, verleihen Status und unterstützen im schlimmsten Fall destruktives Verhalten. Am stärksten wirkt sich dies auf Kinder aus, die sich durch die Botschaften, die sie erhalten, ein Bild von der Welt machen und entsprechende Schlussfolgerungen ziehen. Studien, die in den 1990er-Jahren durchgeführt wurden, zeigen, dass alle Kinder, auch Schwarze, positive Eigenschaften eher mit weißen Figuren, die sie im Fernsehen sehen, und negative Eigenschaften eher mit Figuren aus marginalisierten Gruppen assoziieren«. Nur wenige Schwarze Kinder werden in eine Welt hineingeboren, in der sie vor rassistischem Denken über die Natur des Schwarzseins geschützt sind. Selbst wenn sie in überwiegend Schwarzen Stadtvierteln aufwachsen und Schwarze Schulen besuchen, sind sie dem weißen Vorherrschaftsdenken ausgesetzt. Die Massenmedien verletzen das Selbstwertgefühl Schwarzer Kinder. Und sie sind allgegenwärtig.

Es ist wichtig, die Auswirkungen der Massenmedien auf das Selbstwertgefühl von Schwarzen Kindern bzw. Kindern of Color zu untersuchen, weil diese mit einer Rassismus-Pädagogik konfrontiert werden, lange bevor sie ein Klassenzimmer betreten. In der Regel verstärken Schulen, unaufgeklärte Lehrpersonen und Lehrbücher voller weiß-suprematistischer Denkmuster nur noch die bereits vorhandene Vorstellung, dass Schwarze Kinder minderwertig und unwürdig seien. In einem Klassenzimmer, in dem den Kindern beispielsweise beigebracht wird, dass Kolumbus Amerika entdeckt habe, als ob der Kontinent vorher unbewohnt gewesen sei, wird ihnen insgeheim vermittelt, dass die Indigenen Amerikas und ihre Kultur nicht besonders viel wert seien. Und die Variante, bei der eine Lehrperson der Diversität wegen einen Abschnitt über die Kultur der amerikanischen Indigenen in den Unterricht einfügt, ändert nichts an der tief verwurzelten Auffassung von der Minderwertigkeit der Indigenen. Ähnlich verhält es sich, wenn afroamerikanischen Kindern beigebracht wird, dass die Schwarze Präsenz in der »neuen Welt« mit der Sklaverei beginnt und nicht mit den afrikanischen Entdeckungsreisenden und Handelsleuten, die vor Kolumbus in die »neue Welt« kamen, oder mit der Ankunft einzelner freier Schwarzer aus Europa, die vor Beginn der Sklaverei auf der Suche nach Schätzen kamen. Die Botschaft, die Kindern damit vermittelt wird, ist, dass Schwarze immer und ausschließlich den Weißen untergeordnet sind. Ohne eine Gegenerzählung (und zum Glück lernen viele Schwarze Kinder zu Hause Gegenerzählungen, damit sie sich gegen diese beleidigenden Fehlinformationen wehren können) verinnerlichen Schwarze Kinder die Überzeugung, dass sie minderwertig sind. Wenn sie diese Überzeugung allerdings nicht vollständig verinnerlichen, können sie von Zweifeln und Angst überwältigt werden. Ein verletztes oder zerbrechliches Selbstwertgefühl macht die Psyche verletzlich – sie ist dann anfällig für Scham.

Wenn Angriffe auf das Selbstwertgefühl im öffentlichen Raum, zu dem auch die Schule zählt, mit traumatischem Missbrauch in dysfunktionalen Familien einhergehen, müssen Schwarze Kinder, die aus solchen schwierigen Verhältnissen kommen, härter als andere daran arbeiten, ein gesundes Selbstkonzept zu entwickeln. Quer durch alle Schichten wenden viele afroamerikanische Eltern ein Disziplinierungs- und Bestrafungsmodell an, das auch Beschämung beinhaltet. Ein dunkelhäutiges Schwarzes Kind beispielsweise, dem zu Hause wiederholt gesagt wird, dass es schlecht sei oder dass es versuchen müsse, nicht schlecht zu sein, verinnerlicht die Angst oder den Glauben, dass es unwürdig ist. Laut den Psychotherapeut:innen Gershen Kaufman und Lev Raphael wird dadurch eine Schamprägung erzeugt. In ihrem Buch *Coming out of Shame* geben sie eine ausführliche Erklärung dieses Beschämungsprozesses:

»Sprache ist eine weitere Möglichkeit, alte Szenarien zu reaktivieren und die ursprünglich darin erlebten Gefühle zu reproduzieren. Durch die Sprache können wir neue Wiederholungen der alten Szenarien erzeugen, etwa wenn wir uns jetzt die gleichen Sätze sagen, die andere früher zu uns gesagt haben. Wenn Ihre Mutter oder Ihr Vater z. B. zu Ihnen als Kind immer wieder sagte: ›Du machst nichts richtig‹, dann sind Sie als erwachsener Mensch geneigt, den gleichen Satz zu sich selbst zu sagen, typischerweise in sehr ähnlichen Situationen. Der Satz Ihrer Eltern wurde tief in die ursprüngliche Szene eingebunden, und indem Sie diesen Satz im Erwachsenenalter zu sich selbst wiederholen, reaktivieren Sie praktisch diese Szene in der Gegenwart. Wenn eine alte Szene auf eine der beiden Arten – also durch eine hinreichend ähnliche Szene oder Sprache – reaktiviert wird, dringt sie direkt in das gegenwärtige Bewusstsein ein, meist ohne dass wir es merken. Dann durchleben wir diese Szene in der Gegenwart noch einmal mit der ganzen Kraft ihrer ursprünglichen Wirkung.«

Es sollte daher niemanden überraschen, dass Schwarze Kinder, die zu schulischen Höchstleistungen angespornt wurden, um zu beweisen, dass sie wertvoll sind, eine ambivalente Einstellung zum Lernen haben und anfällig für Beschämung sind.

Obwohl ich in einer von rassistischer Segregation geprägten Welt aufgewachsen bin, in der Bildung einen hohen Stellenwert hatte und mir, wie allen anderen Kindern um mich herum, beigebracht wurde, fleißig zu lernen und exzellente Schulleistungen anzustreben, war es für mich sehr beunruhigend, als ich dieses Umfeld verließ, um ein überwiegend weißes College zu besuchen, mit der Skepsis weißer Lehrkräfte und Mitstudierender konfrontiert zu werden, die eine kluge Schwarze Person für eine Anomalie hielten. Dabei waren kluge Schwarze Menschen in meinem Leben immer eine Selbstverständlichkeit gewesen. Die Bewertung ›kluger Schwarzer Menschen‹ in weißen Zusammenhängen löste in mir Angst und Zweifel aus. Genauso wie das ständige Hinterfragen (ob real oder lediglich eine angstbasierte Reaktion auf das rassistische Umfeld) dazu führte, dass ich eine Zeit lang schlechte Leistungen erbrachte. Obwohl ich es anfangs nicht bewusst erkannte, wurde mir schnell klar, dass mein Selbstwertgefühl angegriffen wurde und dass dies eine der Strategien ist, die die Herrschenden anwenden, um unsere Unterordnung immer weiter sicherzustellen. Im Gegensatz zu den Schwarzen Studierenden von heute, die sich selbst als unwürdig erachten, intelligent zu sein, und akademische Exzellenz vermeiden, wurde ich von den Weißen in meinem Umfeld verurteilt. Selbst die liberalen Weißen, die meine Anwesenheit unterstützten und bejahten, taten gleichzeitig so, als sei es etwas Seltsames und Abnormales, dass ich Schwarz, weiblich und intellektuell war. Meistens waren sie es und nicht die offen rassistisch Agierenden, die mich über meinen Hintergrund ausfragten. Manchmal hatte ich das Gefühl, dass ich in ihren Augen aus dem ›Dschungel‹ stamme und sie wissen wollten, ›wie ich entkommen konnte‹.

In dem segregierten Bildungsumfeld, aus dem ich stammte, wurde ich als gute Schriftstellerin anerkannt. Stellen Sie sich vor, wie verwirrt ich war, als mich Professor:innen in einer weißen Umgebung fragten, »Hat Ihnen jemand geholfen, diese Arbeit zu schreiben?« Entgegen der Vorstellung, dass Schwarze immer ihre Rassismusdetektoren vor sich her tragen (wie Metalldetektoren), begann ich mein Studium in dem festen Glauben, dass meine Professor:innen an meine Lernfähigkeit glaubten. Ich war schockiert, als ich erleben musste, wie der Glaube an die Überlegenheit der Weißen und an den Zusammenhang von Race und Intelligenz zum Vorschein kam, wenn die Lehrenden mir begegneten. Da ich in einem Umfeld aufgewachsen war, in dem der Widerstand gegen rassistische Übergriffe und weißes Vorherrschaftsdenken selbstverständlich war, begann ich, meine Professor:innen mit einer gewissen Skepsis zu betrachten. Anstatt ihre ›Urteile‹ über mich und meine Intelligenz einfach zu akzeptieren, suchte ich kritisches Feedback von Personen, denen ich vertrauen konnte.

Es gibt so viele offene und verdeckte Formen des psychologischen Terrors, die immer dann auftreten, wenn unaufgeklärte Weiße (sowie unaufgeklärte Menschen of Color, die weiß-suprematistisches Denken verinnerlicht haben) auf Menschen of Color treffen, insbesondere auf solche, die nicht den negativen Stereotypen entsprechen. Solange Pädagog:innen nicht bereit sind, dies anzuerkennen, kann es kein angemessenes Verständnis für die Rolle von Scham und Beschämung geben, die marginalisierte Studierende daran hindert, hervorragende Leistungen zu erbringen. Kürzlich hielt ich an eben jener Hochschule, an der ich mein Studium begonnen hatte, einen Vortrag zum Thema Selbstwertgefühl. Eine Schwarze Doktorandin widersprach mir vehement und erklärte dem Publikum: »Ich glaube einfach nicht, dass Selbstwertgefühl so wichtig ist.« Später teilte sie mir in einem privaten Gespräch mit, dass ihr eine Stelle als Dozentin an einer Eliteuniversität angeboten worden war – und dass ihre Betreuer:innen ihr nahelegten, dass sie es an einer weniger renommierten Hochschule leichter haben würde. Ich bestärkte sie darin, zunächst über ihre Bedürfnisse nachzudenken. Dann bat ich sie, sich zu überlegen, ob man einem weißen männlichen Doktoranden, der ein Stellenangebot von einer Elitehochschule erhält, raten würde, die Stelle nicht anzunehmen, sondern stattdessen an einer weniger angesehenen Einrichtung zu arbeiten. Ich riet ihr, sich für die Elitehochschule zu entscheiden, mit dem Plan, in einigen Jahren an eine andere Hochschule zu wechseln. Ich sagte ihr, sie solle sich in den Jahren dort darauf konzentrieren, eine hervorragende Dozentin und Wissenschaftlerin zu sein, anstatt sich Gedanken darüber zu machen, ob sie auf lange Sicht als einer Festanstellung ›würdig‹ beurteilt werden würde oder nicht.

Als mir eine Stelle als Lehrbeauftragte an der Yale University angeboten wurde (meine erste ›richtige‹ Stelle), reagierte ich sofort ängstlich, weil ich mir unsicher war, ob ich an einer Eliteuniversität ›überleben‹ könnte, da ich aus der Arbeiterklasse stammte und außerdem nicht bereit war, die damals übliche Dominanzkultur zu unterstützen. Dank meines gesunden Selbstbewusstseins entschied ich mich für die Lehrtätigkeit in Yale und verzichtete damals auf ein Festanstellungsverfahren. Insgesamt war dies die lohnendste Erfahrung in meiner gesamten Laufbahn als Dozentin. Zu dieser Zeit war Yale keine Hochschule, die bei der Verleihung der Lehrbefugnis an marginalisierte Personen besonders gerecht vorging. Da ich das verstanden hatte, verließ ich die Universität, bevor ich in Hinblick auf eine Festanstellung beurteilt wurde. Ich glaubte, wenn ich zugelassen hätte, dass unaufgeklärte Kolleg:innen mich beurteilen, hätten sie versucht, mir den Mut zu nehmen. Doch nichts von dem Rassismus, Sexismus und Klassenelitismus, dem ich in Yale begegnete, konnte die Freude am Unterrichten überschatten, die ich dort erlebte, als ich engagierte und brillante Studierende unterrichten durfte, darunter viele von ihnen Menschen of Color und weiße Frauen. Mehr als zehn Jahre sind seit meiner Zeit in Yale vergangen, aber die Studierenden, die ich dort unterrichtet habe, sind immer noch in meinem Leben und gewähren mir immer noch das Privileg, ihnen etwas beizubringen, wenn auch nicht mehr im Rahmen von Lehrveranstaltungen.

Wenn ich hier von diesen Erfahrungen berichte, hoffe ich, damit die Aufmerksamkeit darauf zu lenken, dass kritische Wachsamkeit notwendig ist, wenn marginalisierte Studierende of Color in ein Umfeld eintreten, das weiterhin von der Politik der Vorherrschaft geprägt ist (gleiches gilt für marginalisierte Individuen jeglicher Gruppe, d.h. eine jüdische Person an einer christlichen Schule, eine homosexuelle Person in einem überwiegend heterosexuellen und heterosexistischen Umfeld usw.). Ohne kritische Wachsamkeit kann die Beschämung als Waffe des psychologischen Terrors das zerbrechliche Selbstwertgefühl auf irreparable Weise beschädigen. Übrigens ist das Selbstwertgefühl nicht nur ein Thema für Schwarze oder Menschen aus marginalisierten Gruppen.

Viele der Professor:innen, die an Colleges und Universitäten unterrichten, haben ein erschütternd geringes Selbstwertgefühl, was jedoch unter dem Deckmantel der Macht und der Privilegien, die ihnen ihre Stellung als Lehrende verleiht, verborgen ist. Genauso wie die Vorherrschaft der Weißen oder die männliche Dominanz Privilegien begründen, die ein Pseudo-Selbstwertgefühl vermitteln, gelten in akademischen Hierarchien intelligente Menschen als auserwählt und daher als wertvoller im Vergleich zur ›unintelligenten‹ Masse. Als ›Auserwählte‹ fühlen sich hochintelligente Professor:innen oft dazu berufen, über die Studierenden zu urteilen und die Spreu vom Weizen zu trennen. Normalerweise beinhaltet dieser Aussortierungsprozess Rituale der Beschämung. Stellen Sie sich einfach eine Lehrperson vor, die es für wichtig hält, Studierende emotional zu testen, um festzustellen, ob sie charakterlich in der Lage sind, in der Hochschule oder in der akademischen Laufbahn erfolgreich zu sein. Stellen Sie sich vor, wie diese Person vor einer intelligenten jungen Schwarzen Person steht und sie fragt, ob sie aufgrund von Förderprogrammen oder aufgrund ihrer Leistungen zugelassen worden ist. Diese Frage kann ernsthafte Schamgefühle auslösen. Sie kann, wie Kaufman und Raphael feststellen, Erinnerungen an Kindheitsszenen wachrufen, in denen ihr Wert und ihre Würde als Mensch infrage gestellt wurden.

Wichtig ist, dass Kaufman und Raphael die »innere Stimme« als etwas identifizieren, das von der Szene als »bewusster Rest« übrig geblieben ist und dazu führen kann, dass eine Person sich selbst beschämt. Ein Beispiel: Ein Schwarzes Kind, dem wiederholt gesagt wird, dass es dumm sei und sich in Gegenwart von Weißen nicht dumm benehmen solle, hat möglicherweise Angst, dumm zu sein. Wenn es mit einer weißen Lehrkraft konfrontiert wird, die es so behandelt, als sei es dumm, kann es sein, dass dieses Kind diese innere beschämende Stimme hört. Dies kann bei einem möglicherweise außergewöhnlich intelligenten Kind der Fall sein, das jedoch seinen Wert gering schätzt, weil seine innere Stimme ihm sagt, dass es wirklich unfähig sei. Kaufman und Raphael stellen fest, dass »die wichtigsten Auswirkungen von Scham auf das Selbst darin bestehen, sich zu verstecken, sich wie gelähmt zu fühlen und das Gefühl zu haben, völlig durchschaubar zu sein«. Sie führen weiter aus: »Der Drang, sich zu verstecken und aus dem Blickfeld zu verschwinden, folgt unmittelbar auf die Scham, weil wir verzweifelt versuchen, die Qualen der inquisitorischen Prüfung zu verringern.« Ich möchte noch hinzufügen, dass allein die Tatsache, das Objekt intensiver Prüfung zu sein, die die Wiederholung schmerzhafter schambesetzter Szenarien auslösen kann. Auch deshalb wählen Schwarze Studierende, Studierende of Color und homosexuelle Studierende häufig Lehrveranstaltungen, in denen sie in der Mehrheit sind, oder bewegen sich insgesamt lieber in sozialen Räumen, in denen sie es vermeiden können, ›gesehen‹ und beschämt zu werden.

So erbringen viele Schwarze Studierende, die über hervorragende akademische Fähigkeiten und Talente verfügen, in universitären Settings oft nur schwache Leistungen, weil sie von Schamgefühlen geplagt werden und sich in einem Umfeld befinden, in dem Beschämung eine gängige Praxis ist. In vielen Fällen aktiviert allein die Erfahrung, ›beurteilt‹ zu werden, tief sitzende Schamgefühle. Zu versagen, schlecht abzuschneiden, kann die Angst lindern. Wenn die Angst nämlich darin besteht, für mangelhaft befunden zu werden, dann fühlen sie sich besser, sobald ihr Verhalten so unangemessen ist, dass sie tatsächlich mangelhaft sind. Das Eingeständnis von Scham ist übrigens mit einem großen Tabu behaftet. Ich habe erlebt, wie einzelne Schwarze Studierende und auch Kolleg:innen emotional zusammengebrochen sind, als wir in meinem Büro über negative Erfahrungen in einem überwiegend weißen akademischen Umfeld sprachen. Sie schämen sich dafür, dass sie sich schämen. Ein Studierender of Color gestand, dass er jedes Mal, wenn ihm in einem Kurs, in dem alle anderen weiß waren, eine Frage gestellt wurde, innerlich Angst hatte, zu versagen, und er reagierte immer mit Wut. Obwohl er erkannte, dass ihn diese Reaktion von seinen Mitstudierenden entfremdete, blieb er in seinem Gefühl gefangen.

Mit scharfem Blick identifizieren Kaufman und Raphael Wut als die häufigste Folgereaktion auf Scham. Sie erklären: »Wenn die Intensität der Scham den höchsten Grad erreicht, wird Wut ausgelöst. Die Wut hat eine wichtige Selbstschutzfunktion: Sie schirmt das bloßgestellte Selbst ab. Manchmal hält die Wut aktiv alle auf Abstand und verdeckt sogar das eigene Ich. Wir lehnen jeglichen Kontakt ab, weil die Wut uns eingeschlossen und andere ausgeschlossen hat. Aber ein anderes Mal kann

Wut als Reaktion auf Scham dazu führen, dass wir den direkten Kontakt mit der Person, die uns gedemütigt hat, suchen – und sei es nur, um zurückzuschlagen (...) Wenn wir uns wertlos oder unzulänglich fühlen, überdecken wir deshalb oft unsere tiefere Scham mit oberflächlicher Wut.« Studierende of Color und andere marginalisierte Studierende werden häufig von Gefühlen der Wut überwältigt. Ihre Wut macht sie blind und hindert sie daran, die notwendigen Schritte zu unternehmen, um ihre Selbstachtung und persönliche Handlungsfähigkeit wiederherzustellen. Solange die Macht der Beschämung nicht als Bedrohung für das Wohlergehen aller Lernenden und insbesondere von Personen aus marginalisierten und/oder benachteiligten Gruppen ernst genommen wird, wird kein noch so großes Angebot an Unterstützungspersonal, Förderprogrammen oder materiellen Ressourcen bei ihnen zu akademischer Exzellenz führen. Viele weiße Professoren kamen als Studierende an die Hochschule, wohl wissend, dass sie Ritualen der Beschämung ausgesetzt sein könnten, um ihren Wert und ihr Recht, zu den Auserwählten zu gehören, zu beweisen. Infolgedessen konnten sie diese Rituale möglicherweise über sich ergehen lassen, ohne sich bedroht oder beschädigt zu fühlen. Anders sieht es bei vulnerablen und schutzbedürftigen Studierenden aus marginalisierten Gruppen aus. Diese beginnen ein Studium oft als erstes Mitglied ihrer Familie und sind sich deshalb nicht bewusst, dass ritualisierte Beschämung stattfinden kann. Solche Rituale der Beschämung können in ihnen dann eine echte Sinnkrise auslösen, in der sie sowohl an ihrem Selbstwert als auch an ihrem Grund für das Studium zweifeln. Studierende, die solche Krisen erleben, haben oft das Gefühl, den Verstand zu verlieren. Sie finden nur dann zu sich selbst zurück, wenn sie daran arbeiten, aus der Scham herauszukommen. Sie können erst dann wieder zu sich selbst finden, wenn es fortschrittliche Lehrende gibt, die ihnen Raum geben, ihre Scham zu fühlen, diese Gefühle auszudrücken und an ihrer Heilung zu arbeiten.

Wenn Lehrende Beschämung einsetzen, um Studierende zu brechen, die die Lerninhalte, die Lernumgebung und die Lehrenden, deren Unterricht sie besuchen, infrage stellen, üben sie eine Form emotionaler Gewalt aus. Sie begehen Missbrauch. Auch wenn sie es selten explizit sagen, wird ihre Gewalt oft im Namen der Aufrechterhaltung der imperialistischen, patriarchalen Hegemonie der weißen Vorherrschaft in der akademischen Welt ausgeübt. Die Studierenden sollten und können nicht die alleinige Verantwortung für die Auseinandersetzung mit diesen Personen tragen. Professor:innen müssen es wagen, kritisch zu intervenieren, nicht nur im Interesse einzelner Studierender, sondern auch im Interesse unseres Lehrberufs. Als eine Schwarze Studierende zwei weißen Professor:innen, beides feministische Wissenschaftler:innen, erzählte, dass sie wiederholt von einem weißen Professor beschämt wurde, gingen sie der Sache nach. Sie griffen ein. Ihr Eingreifen war ein Akt kritischen Widerstands, der das Recht der Studierenden auf Respekt und Bildung, ihr Recht auf Wohlbefinden an einer überwiegend weißen Hochschule bekräftigte und ihr Selbstwertgefühl stärkte.

Solange Bildungseinrichtungen weiterhin als Schauplätze dienen, an denen eine Politik der Herrschaft – in jedweder Ausprägung – aufrechterhalten wird, müssen sich Lehrende mit dem Problem der Scham auseinandersetzen. Indem wir Kolleg:innen und Lernenden, insbesondere denen, die als ›anders‹ gelten, echten Respekt entgegenbringen, können wir das Recht einer jeden Person auf Selbstbestimmung bekräftigen. Kaufman und Raphael erinnern uns daran, dass »alle Menschen in der Erfahrung plötzlicher Bloßstellung und daraus folgender Scham gleich sind«. Sie erklären: »Scham belastet uns alle, und alle erleben deren entfremdende Wirkung irgendwann, in welcher Form auch immer. Sich lange genug auf diese Erfahrung einzulassen, sie bewusst auszuhalten, um sie zu verändern, ist eine unendlich große Herausforderung. Doch nur wenn wir uns dieser Herausforderung stellen, können wir darauf hoffen, dass wir wieder werden, wer wir eigentlich sind.« Kaufman und Raphael schreiben zwar speziell über die Erfahrungen homosexueller Menschen, die aus ihrer Scham herauskommen, bieten aber Einsichten, die auf jedes Mitglied einer marginalisierten, ausgebeuteten oder unterdrückten Gruppe übertragbar sind, wie auch auf jedes Individuum, das die schädlichen Auswirkungen traumatischer Scham erlebt.

Wenn Bildung als Praxis der Freiheit in Schulen und Hochschulen wirklich gelebt wird, können wir die Scham überwinden und Anerkennung erfahren, was uns menschlicher macht. Scham entmenschlicht. Es gibt keinen besseren Ort als das Klassenzimmer oder den Seminarraum, wo wir die Lernenden einladen, ihren Geist zu öffnen und über alle Grenzen hinweg zu denken, um das verborgene Trauma der Scham zu überwinden, zu verarbeiten und zu verwandeln. Wir tun dies, indem wir eine Politik der Akzeptanz und Unterstützung betreiben, in der Unterschiede respektiert und alle Stimmen als würdig erachtet werden. Als Lehrende können wir den Unterricht zu einem Ort machen, an dem wir den Lernenden helfen, aus der Scham herauszukommen. Wenn sie straucheln oder scheitern, weil sie vielleicht durch frühere Schamsituationen getriggert werden, können wir zulassen, dass sie ihre Verletzlichkeit in einer Gemeinschaft von Lernenden erfahren, die sich trauen, sie aufzufangen, die ihnen in jeder Situation Anerkennung und Respekt entgegenbringen.

9

Die Hoffnung bewahren

Gemeinschaft stärken

Als ich mein Buch *Die Welt verändern lernen. Bildung als Praxis der Freiheit*[3] veröffentlichte, hatte ich dort auch einen Dialog mit Ron Scapp aufgenommen. Wir haben das Vergnügen, sowohl Kolleg:innen als auch echte Freund:innen zu sein. In seinem neuen Buch *Teaching Values. Critical Perspectives on Education, Politics, and Culture* stellt Ron fest, »dass es eine moralische Notwendigkeit ist, Privilegien aufzugeben und infrage zu stellen, und dass einer der Wege, diesen Prozess zu beginnen, darin besteht, denjenigen zuzuhören und sie anzuerkennen, für die solche Handlungen nicht einfach sind. Für einen weißen, heterosexuellen, männlichen, fest angestellten Professor mit relativer finanzieller Sicherheit bedeutet dies, dass er u. a. Bücher von Menschen of Color liest, ihnen zuhört und mit ihnen spricht.« Wir leben immer noch in einer Gesellschaft, in der Schwarze bzw. Menschen of Color nur von wenigen Weißen in ihre intimen Liebes-, Freundschafts- und Verwandtschaftsbeziehungen einbezogen werden, und noch seltener geschieht dies auf eine ganz und gar antirassistische Weise. Wir müssen immer noch mehr darüber erfahren, wie sich unsere Privatsphäre und die Art und Weise, wie wir die Welt sehen, durch das Zulassen von Diversität in unserem Leben verändert. Wenn ich mit Ron in die Welt hinausgehe und wir durch unsere Körpersprache und unser Sprechen deutlich unsere Nähe zum Ausdruck bringen, verändert das die Art, wie ich und wie er gesehen werden. Dies ist einmal mehr ein Beispiel dafür, welche Rolle Race in einem patriar-

3 Engl.: Teaching to Transgress. Education as the Practice of Freedom, New York 1994; dt. Übersetzung 2023 im Unrast-Verlag, Münster, erschienen.

chalen Kontext weißer Vorherrschaft spielt. Es ist immer noch wichtig für uns, diese Grenzüberschreitungen öffentlich zu bekunden, den Prozess, durch den wir Gemeinschaft schaffen. Der folgende Dialog ist eine Erweiterung des ersten.[4] Er war spontan – keiner von uns hatte vorher irgendwelche Fragen im Kopf oder änderte das Gesagte im Nachhinein. Wir möchten mit diesem Gespräch Zeugnis ablegen von echter Gemeinschaft, echter Liebe und dem, was wir tun, um sie zu erhalten.

bell hooks: Zehn Jahre sind vergangen, seit wir zum ersten Mal gemeinsam über die Überschneidungen von Rassismus, Klassismus und Sexismus gesprochen haben, über deren Auswirkungen auf unsere Lehr- und Lerngemeinschaften und auf unsere Bemühungen, uns kollegial und freundschaftlich zu verbinden. Seitdem hast du dich viel stärker in der Bildungspolitik engagiert und hast den Dialog mit politischen Entscheidungsträger:innen gesucht. Was sind einige der Hauptprobleme, mit denen du es zu tun hast, wenn du aus einer unvoreingenommenen Perspektive mit Menschen sprichst, die immer noch in festgefahrenen Vorstellungen gefangen sind – die immer noch rassistische, sexistische und klassistische Hierarchien unterstützen?

Ron Scapp: Ein ständiges Problem ist das Bemühen, Vertrauen zu schaffen. Viele Menschen, die Positionen bekleiden, die ihnen die Möglichkeit geben, Bildungspolitik zu machen, sind oft sofort misstrauisch, wenn sie jemandem begegnen, der behauptet, antirassistische Strategien und insbesondere neue Erkenntnisse darüber anbieten zu können.

bh: Erzähl uns mehr darüber, warum Vertrauen so wichtig ist.

RS: Vertrauen ist ein so grundlegendes Thema, weil diese Menschen so viel Mühe in all das gesteckt haben, was sie bereits in Gang gesetzt haben. Sie haben daher vielleicht das Bedürfnis, den Status quo zu bewahren. Jede Infragestellung, vor allem jede noch so kleine Andeutung eines Rassismusvorwurfs, macht sie besonders misstrauisch. Deshalb möchte ich sie wissen lassen, dass wir ein gemeinsames Interesse daran haben, die Bildung zu verbessern und optimale Bedingungen zu

4 Der erste Dialog ist veröffentlicht unter dem Titel »Pädagogische Gemeinschaftsbildung. Ein Dialog«, in: Die Welt verändern lernen, S. 135-169.

schaffen, damit alle besser lernen und Lehrende die bestmögliche Arbeit leisten können. Das sind die gemeinsamen Ziele, die wir verfolgen können, und die Grundlage für gegenseitiges Vertrauen.

bh: Die Angst, persönlich als unzulänglich wahrgenommen zu werden, ist oft eines der größten Hindernisse für die Förderung eines kritischen Bewusstseins, insbesondere in Bezug auf rassistische und sexistische Herrschaft. Doch die Praxis des kritischen Denkens setzt zwingend voraus, dass wir alle ein gewisses Maß an kritischer Selbsteinschätzung wie auch an kritischer Rückmeldung anderen gegenüber an den Tag legen. In diesem Zusammenhang ist es hilfreich, wenn wir Einzelpersonen auf eine Weise ansprechen können, die eher ein selbstmotiviertes Hinterfragen als einen bloß reaktiven Umgang mit Kritik von außen bewirkt.

RS: Politische Entscheidungsträger:innen nehmen kritische Anfragen oft als persönliche Angriffe wahr und sehen die Person, die Kritik äußert, nicht als Mitstreitende für eine gemeinsame Sache, nämlich die Situation von Lehrenden und Lernenden zu verbessern.

bh: Welche Strategien setzt du ein, um dieser Angst entgegenzuwirken und ein Gefühl von Gemeinschaft und für gemeinsame Anliegen zu schaffen?

RS: Wenn ich mich an eine kleinere Gruppe politisch Verantwortlicher wende, versuche ich u. a., als Geste der Vertrautheit Geschichten zu erzählen und persönlichen Kontakt herzustellen. Ich erwähne dann insbesondere Momente in meiner eigenen Lehr- und Verwaltungstätigkeit, in denen auch ich kritische Wachsamkeit üben musste und sah, dass die immer noch vorhandenen rassistischen Anteile in mir meinen Entscheidungsprozess beeinflussten.

bh: In den Jahren, seit wir zum ersten Mal miteinander gesprochen haben, habe ich gelernt, dass Menschen, die sich direkt bedroht fühlen (z. B. durch den Vorwurf ›rassistisch‹ oder ›sexistisch‹ zu sein), einfach dicht machen oder sofort wie verrückt in die Defensive gehen. Wie du verlasse ich mich auf den Austausch von persönlichen Geschichten, um den Leuten klarzumachen, dass wir alle damit kämpfen, unser

Bewusstsein zu schärfen und zu überlegen, welche Maßnahmen wir am besten ergreifen sollten. Dennoch sind wir nicht alle der Bildung als Praxis der Freiheit verpflichtet. Ich bin mir sicher, dass du auf viele Menschen triffst, die Freiheit in keiner Weise mit Bildung in Verbindung bringen.

RS: Diese Leute können ein echtes Gespräch zwar zum Erliegen bringen, aber sie verlieren oft schnell an Bedeutung, wenn progressivere Stimmen klar und deutlich aus der gelebten Erfahrung heraus sprechen, ohne dabei moralisch oder politisch überheblich zu wirken. Dies ermöglicht es Menschen, die normalerweise zögern, bevor sie sprechen oder lieber ganz schweigen, sich mit ihren eigenen Vorurteilen oder gewohnten Reaktionsmustern auseinanderzusetzen. Sie treten in einen kritischen Dialog ein. Ein Beispiel dafür ist die Aussage: »Rassismus gibt es nicht mehr, sie hatten alle Möglichkeiten und trotzdem beschweren sie sich.« Die Leute sagen: »Warum sollten wir mehr Geld für die Unterstützung armer Schüler:innen in den Städten ausgeben, wo doch schon so viel Geld investiert wurde, um die Ausgangsbedingungen zu verbessern, und die Resultate dennoch keine nennenswerten Veränderungen widerspiegeln?« Ich antworte, indem ich auf die vielen Fälle hinweise, in denen Lernende aus der Mittel- und Oberschicht zusätzliche Unterstützung direkt von ihren eigenen Familien erhalten (Nachhilfeunterricht für bessere Schulleistungen, Sporttraining) zusätzlich zu materiellen Mitteln (z. B. aktuelle Computerprogramme und -hardware), die ihnen einen klaren Lernvorteil verschaffen. Wenn ich darauf hinweise, dass Schüler:innen aus privilegierten Verhältnissen immer noch überwiegend weiß sind, macht das deutlich, dass rassistisch und klassistisch bedingte Ungleichheiten nach wie vor eine wichtige Rolle spielen, wenn es um die Frage geht, wer studieren kann und wer nicht.

bh: Die Konservativen verweisen jedoch gerne auf die Tatsache, dass Schwarze Schüler:innen aus privilegierten Verhältnissen bei standardisierten Tests schlechter abschneiden als arme weiße Schüler:innen. Für sie ist das der Beweis, dass Klasse keine Rolle spielt. Tatsächlich gehen sie davon aus, dass es bei Klasse nur um Geld geht und nicht um gemeinsame kulturelle Erfahrungen, eine gemeinsame Sprache. Sicherlich spiegelt die in diesen Tests verwendete Sprache sowohl rassifizierte Codes als auch Klassencodes direkt wider. Schwarze Schüler:innen aus der Mittelschicht mögen über die gleichen materiellen Ressourcen verfügen wie weiße

Schüler:innen aus der Mittelschicht, aber sie agieren innerhalb ganz anderer kultureller Codes.

RS: Ein Aspekt meiner Aufgabe als fortschrittlicher Pädagoge ist es, diese Unterschiede immer wieder herauszuarbeiten und den Menschen zu helfen, zu verstehen, dass diese Dinge Einfluss darauf haben, wie und warum junge Menschen lernen oder nicht.

bh: Was hat sich in deinem Denken in den letzten zehn Jahren am meisten verändert, als du versucht hast, ein größeres Bewusstsein für die Notwendigkeit einer vorurteilsfreien Wissensvermittlung zu schaffen?

RS: Die wichtigste Erkenntnis war, dass ich daran arbeiten musste, ein echtes Gemeinschaftsgefühl zu schaffen, das auf Vertrauen basiert – sowohl in meiner Lehrtätigkeit als auch in meiner Verwaltungstätigkeit – und nicht nur auf Fachwissen und Kompetenzen schauen durfte. Das ist zwar eine einfache Feststellung, aber das schmälert nicht ihre Bedeutung und ihre Kraft. Viele Professor:innen und Lehrer:innen, die mit diversen Lerngruppen arbeiten, stehen vor der Herausforderung, zu erkennen, wie wichtig es ist, sich ernsthaft für das Wohlergehen und den Erfolg aller Lernenden zu engagieren, und nicht nur für diejenigen, die als würdig erachtet werden, weil sie aus privilegierten Verhältnissen kommen. Es stimmt zwar, dass die Lehrenden über wertvolle Informationen verfügen, die die Studierenden wissen müssen, doch sie können nicht automatisch davon ausgehen, dass dies zu einem Gefühl von Gemeinschaft führt.

bh: Vertrauen schaffen bedeutet in der Regel, herauszufinden, was es ist, das wir gemeinsam haben, aber auch, was uns trennt und was uns unterscheidet. Viele Menschen fürchten die Begegnung mit der Verschiedenheit, weil sie denken, dass die ehrliche Benennung der Unterschiede zu Konflikten führen wird. In Wahrheit hat jedoch gerade unsere Verleugnung der Tatsache, dass wir verschieden sind, zu ständigen Konflikten untereinander geführt. Je eher wir uns der Realität stellen und uns von sentimentalen Vorstellungen wie »Wir sind alle nur Menschen, alle gleich« verabschieden, je eher wir lernen, uns auf unsere Unterschiede einzulassen, sie zu feiern, wenn wir es können, und je eher wir uns auch entschieden mit eventuell auftretenden Spannungen auseinandersetzen, desto besser ist das für unsere psychisch-seelische Gesundheit. Und wir müssen immer wissen, dass wir alle mehr sind als unsere Unterschiede. Verbundenheit erreichen wir nicht nur durch das, was wir natürlicherweise gemeinsam haben, sondern auch durch das, was wir durch die Arbeit der Gemeinschaftsbildung an Gemeinsamem erreicht haben, die Einheit in der Vielfalt. Dies alles erfordert Solidarität innerhalb einer Gemengelage von Werten, Überzeugungen und Sehnsüchten, die immer über die physisch-materielle Ebene hinausgehen – Sehnsüchte, die mit dem universellen Geist zu tun haben.

RS: Dies ist besonders wichtig für diejenigen von uns, die sich für Bildung als Mittel zur Unterstützung echter demokratischer Prozesse und sozialer Gerechtigkeit einsetzen. Wenn wir junge Menschen in die Lage versetzen, eigenständig kritisch zu denken, können sie sich gegen Ungerechtigkeit wehren, sich solidarisch zusammenschließen und das Versprechen der Demokratie einlösen.

bh: In deinem kürzlich erschienenen Buch *Teaching Values* forderst du fortschrittliche Pädagog:innen auf, den Wertediskurs nicht den Rechten zu überlassen, und sich selbst Gehör zu verschaffen, indem sie die Werte benennen, die wir vertreten und die für den demokratischen Prozess, für die Bildung als Praxis der Freiheit wesentlich sind.

RS: Werte wie geistige Offenheit, Mut und die Bereitschaft, lang gehegte Überzeugungen zu überdenken.

bh: Das ist es, was ich radikale Offenheit nenne. Obwohl ich mit vielen Argumenten in dem Buch *The Closing of the American Mind*[5] nicht einverstanden war, gefiel mir der Titel, weil er strategisch den Wert der Offenheit beschwor, auch wenn das Buch offenes Denken nicht unterstützt. Der Wille, einen offenen Geist zu bewahren, ist der Schutz gegen jede Form von doktrinärem Denken, egal ob es von rechts oder links kommt.

---

5 Allan Bloom: The Closing of the American Mind: How Higher Education Has Failed Democracy and Impoverished the Souls of Today's Students, New York: Simon & Schuster 1987.

RS: Das Beharren der Rechten darauf, dass fortschrittliche Bildung zu kulturellem und moralischem Relativismus führt, verhindert einen echten Dialog über die Werte, die der Demokratie zugrunde liegen.

bh: Die Massenmedien haben die progressiven Professor:innen fälschlicherweise, aber sehr wirkungsvoll als die Übeltäter:innen dargestellt, die die Debatten an den Universitäten und in den Schulbezirken zum Erliegen bringen, anstatt die Kräfte der Rechten dafür verantwortlich zu machen, denn sie sind es doch, die alle Denkweisen, die eine Alternative zur Dominanzkultur bieten, im Keim ersticken. Und ja, wir wissen, dass es Menschen gibt, die die Dominanzkultur kritisieren und in ihrem Denken dogmatisch sind, aber sie sind nicht dogmatischer als ihre konservativen Pendants. Sie stellen auch keine größere Bedrohung dar. In der Tat ist es viel wahrscheinlicher, dass Lernende, die auf progressive, aber doktrinäre Pädagog:innen treffen, durch die verschiedenen Lehrmeinungen, die sie auf ihrem Weg kennenlernen, von politischer Korrektheit oder dogmatischem Denken Abstand nehmen werden. Die Rechten hingegen, die eher unflexibel sind, nehmen nur selten eine größere Vielfalt an Material aus einem breiten Spektrum akademischer Perspektiven und politischer Überzeugungen in ihre Lehrpläne auf.

RS: Aus diesem Grund müssen fortschrittliche, demokratische Lehrende immer darauf bedacht sein, Hoffnung und Verheißung zu verbreiten und jenen herrschenden Kräften entgegenzutreten, die die freie Meinungsäußerung unterbinden und die Macht des Dialogs schwächen wollen.

bh: Unsere gemeinsamen Dialoge inspirieren uns. Sie regen uns an, Pläne zu schmieden, und helfen uns, Ideen zu entwickeln. Wir haben einander immer wieder freundschaftlich und kollegial unterstützt, über die Grenzen von Race, Gender und Status hinweg. In den letzten zehn Jahren habe ich meine Festanstellung aufgegeben, während du deinen Platz im akademischen Bereich gefestigt hast. So wie sich unsere Standorte ändern, ändert sich auch unser Dialog. Ich mache mir Sorgen, dass du durch deine Gremienarbeit immer stärker in die konventionelle Hierarchie hineingezogen wirst, die deine Sprache verändert und dich dazu bringt, in Bezug auf Race, Gender und Klasse aus genau der privilegierten Position heraus zu sprechen, die du immer so konsequent kritisiert hast.

RS: Das ist tatsächlich eine sehr berechtigte Sorge. Aber gerade das ist das Schöne daran, wenn man enge Vertraute hat, die einen immer wieder hinterfragen und ehrlich sind, was deine Position angeht.

bh: Gemeinsam haben wir die Bande unserer persönlichen Nähe und beruflichen Solidarität dadurch gestärkt, dass wir uns immer einen Raum bewahrt haben, in dem wir einander zuhören, wenn wir uns gegenseitig kritische Fragen stellen, wenn wir uns gegenseitig herausfordern. Sicherlich bringe ich beim Thema Rassismus oft die Perspektive eines Menschen ein, der die Welt anders sieht, weil ich mich an anderen Orten befinde, zu denen du als weißer Mann keinen Zugang hast.

RS: Ich möchte noch einmal betonen, dass dies der Grund ist, warum der Aufbau von Vertrauen durch einen Prozess konkreten Handelns notwendig ist, zusammen mit der Kultivierung von Werten wie Mut und Zivilcourage sowie dem Engagement für die Gemeinschaft. Nur dadurch können wir eine Einheit in der Vielfalt finden. Dies sind alles wesentliche Qualitäten, die kultiviert werden müssen, wenn wir versuchen, Freundschaft und kollegiales Miteinander zu entwickeln – innerhalb der Wissenschaft, im öffentlichen Schulwesen (einer der letzten Bastionen der staatlich geförderten Demokratie) und in jedem Umfeld, in dem Werte infrage gestellt oder bekräftigt werden.

bh: Kannst du etwas darüber sagen, was du denkst und wie du dich fühlst, wenn ich dich herausfordere? So wie das eine Mal, als du mit mir in einer Art und Weise gesprochen hast, die meiner Meinung nach von weißem, männlichem Überlegenheitsdenken zeugte, und ich dir sagte: »Ron, du bist zu direktiv.« Wie fühlt es sich an, wenn ich dich kritisiere? Die meiste Zeit siehst du dich selbst als den Guten, der sich da draußen den Arsch aufreißt, um für Gerechtigkeit im täglichen Leben und im Unterricht zu sorgen. Das wissen wir beide, aber du kannst jederzeit eine Position einnehmen, die auf dem Privileg des weißen Mannes basiert.

RS: Ich habe schon viele Menschen herausfordert und kritisiert, und genau wie sie spüre ich die Emotionen, die Verlegenheit und die Wut, wenn mir Dominanzverhalten vorgeworfen wird, ganz gleich, wie leise dieser Vorwurf erhoben wird oder wie zutreffend er ist. Doch ich habe die Fähigkeit kultiviert, innezuhalten und mein Handeln kritisch zu betrachten, zu reflektieren. Das ist die kritische Praxis, die Solidarität möglich macht, nicht, dass wir nie Fehler machen oder uns jemals von der Angst befreien können, rassistisch oder unterdrückerisch zu sein oder andere durch unsere Ignoranz einfach zu verletzen.

bh: Einer der herausforderndsten Momente unserer intellektuellen Verbundenheit und unserer Freundschaft ereignete sich, als ich von meinem geliebten Freund und Weggefährten Marlon Riggs für den Film »Black Is, Black Ain't« gefilmt wurde. Ich hatte dich eingeladen, ins Studio zu kommen, ohne über das Thema Rassismus nachzudenken. Wenn echte Nähe über Verschiedenheit hinweg entsteht, heißt das nicht, dass wir unsere Verschiedenheit vergessen, aber sie stellt sich keineswegs als Ungleichheit oder ungerechte Machtverteilung dar, die uns trennt, so dass wir aufhören, über die Bedeutung von Race oder Gender nachzudenken, zumindest wenn wir zusammen sind. Ich vergesse zwar nicht, dass du ein gut aussehender weißer Mann bist (dies ist eine Kultur, die sich am Aussehen orientiert; von der Grundschule an wissen wir, wie sehr das Aussehen darüber entscheidet, ob jemand gerecht und respektvoll behandelt wird), aber das heißt nicht, dass du dich jemals als Dominator aufspielen kannst oder dass ich es akzeptiere, wenn du das Privileg des weißen Mannes ausnutzt.

RS: Das war ein sehr emotionaler Tag. Wir kamen beide herein und spürten die Intensität widersprüchlicher Gefühle. Obwohl ich willkommen geheißen wurde, war es klar, dass ich kritisch beäugt wurde.

bh: Als Zeichen deines Verständnisses für die Rassismusproblematik hattest du bereits erklärt, dass du gehen würdest, wenn deine Anwesenheit in irgendeiner Weise als ›störend‹ empfunden worden wäre. Trotzdem war mir klar, dass ich das mit Marlon klären musste, bevor ich mit einem weißen Mann im Studio ankam. Er war da ganz entspannt. Doch als wir ankamen, war klar, dass alle anderen Schwarz waren, dass ich die einzige Frau war und du der einzige Weiße, dass Schwule und Bisexuelle in der Mehrheit waren. Bei mir herrschte Alarmstufe Rot. Ich wusste, dass ich vielleicht zum letzten Mal mit Marlon zusammenarbeiten würde (und das war auch so). Er war krank und im Begriff, langsam zu sterben, an dem Punkt, an dem man weiß, dass es nur noch eine Chance auf ein Wunder gibt. Das Wunder war, dass er so krank war und dennoch hart arbeitete, so lebendig und doch dem Tod schon so nahe. Das war ein zutiefst intimer Moment.

RS: In diesem Umfeld wusste ich, dass ich sehr rücksichtsvoll mit der ganzen Stimmung umgehen musste. Weiße Männer nehmen sich ja meistens heraus, Achtsamkeit zu verweigern, Stimmungen nicht zu spüren und Empathie nicht zu zeigen. Doch die Stimmung wahrzunehmen, offen zu sein, kommt von einer Praxis des Respekts, von der Bereitschaft, im Voraus anzuerkennen, dass man nicht überall automatisch akzeptiert wird und werden kann. Die Praxis des ›Innehaltens‹ ist eine Praxis des Respekts. Sie ermöglicht es dir, die Gefühle anderer anzuerkennen und Zugang zu ihnen zu finden, ohne darauf zu bestehen, dass du ein Recht darauf hast, dort zu sein, oder wo immer du sein willst. Wenn du innehältst und denjenigen, die dich ablehnen könnten, Respekt entgegenbringst, ihnen die Gelegenheit gibst, zu zweifeln und dich eventuell abzulehnen, ist das eine Möglichkeit, das Privileg des weißen Mannes zurückzuweisen und anderen die Chance zu geben, sich in die Position der Auswählenden, der Bestimmenden zu begeben.

bh: Das ist eine so wichtige Lektion fürs Leben, denn oft sind es die Weißen, die im Raum des Schwarzseins abhängen wollen, die am meisten ausflippen, wenn man ihnen nicht sofort und ohne Rückfragen Zutritt gewährt. Sie sind oft die Leute, die wütend sind, wenn ihr Wunsch, dort rumzuhängen, verweigert oder zumindest aufgeschoben wird, oder wenn es einfach nicht der richtige Moment für ihre Anwesenheit ist.

RS: Deshalb ist es wichtig, wenn wir Rassismus oder irgendeine ungerechte Hierarchie infrage stellen, Momente der Unbeholfenheit, Verlegenheit und vielleicht sogar Ablehnung zu akzeptieren. Diese Möglichkeit ohne Weigerung anzuerkennen und die Urteile derer zu akzeptieren, die als ›anders‹ gelten. Als Weiße wollen wir immer im Mittelpunkt stehen, auch dann noch, wenn wir in der Minderheit sind.

bh: Wir haben an diesem Tag gelernt, wie sehr unser emotionales Bewusstsein als Kraft dienen kann, die uns in der Gemeinschaft zusammenhält und uns befähigt, Unterschiede zu überwinden. An diesem Tag waren wir alle in einer himmlischen Solidarität miteinander verbunden. Es war eine so bewegende Erfahrung. Race, Gender, sexuelle Etikettierungen – all diese menschlichen Konstrukte wichen der emotionalen Erfahrung, angesichts eines drohenden Verlustes Kunst zu schaffen. Du warst in diesem Moment ganz präsent. Nichts an deinem Weißsein trennte dich von uns. Die Gegenwart des Todes kann das bewirken. Sie kann uns dazu bringen, alles in die richtige Perspektive zu rücken.

RS: Dieses Gefühl der Gemeinschaft, das über Grenzen hinausgeht, kam nur durch die unglaubliche Großzügigkeit aller Anwesenden zustande. Von Anfang an konnte Vertrauen entstehen, als ich durch mein Verhalten zeigte, dass ich nicht da war, um zu dominieren, und dass ich bereit war, zu bleiben und zu schweigen, das zu tun, was immer mir aufgetragen wurde, oder zu gehen. Tatsächlich brachte uns diese Erfahrung des gemeinsamen Raums, in dem sich Heterosexuelle von der Genialität und Kreativität schwuler Schwarzer Männer leiten lassen, einander näher. Unsere Freundschaft wurde gemeinsam erlebbar, als wir durch unsere Interaktion zeigten, dass wir zusammen sein konnten. Gemeinsam konnten wir das Weißsein kritisieren, strukturelle Privilegien aufdecken und die Liebe, die in der Gemeinschaft verwurzelt ist, zum Band machen, das uns verbindet.

bh: Unsere Freundschaft, die maßgeblich in unserem antirassistischen Aktivismus verwurzelt ist, und darin, dass wir einander unsere Schwächen und unsere Stärken zeigen können, gibt mir immer Hoffnung. Gerade dann, wenn ich das Gefühl habe, dass die große Mehrheit der weißen Männer ein hoffnungsloser Fall ist, weil sie sich hartnäckig weigert, sich für Gerechtigkeit und Veränderung zu engagieren, erzählst du mir eine Geschichte über deine Arbeit, über die Art und Weise, wie du dich in der Welt verhalten hast, die mich daran erinnert, dass Veränderung möglich ist und dass der Kampf weitergeht.

RS: Deine Anwesenheit in meinem Leben hat mir in diesen vielen Jahren Unterstützung, Orientierung und Liebe gegeben. Wenn ich sagen könnte, was ich aus meiner Erfahrung mit einer unglaublich starken, intelligenten, feministischen Schwarzen Frau gelernt habe, dann wäre es, dass die ehrliche, faire und leidenschaftliche Auseinandersetzung mit Differenz, mit Verschiedenheit, mir die Möglichkeit gibt, Gerechtigkeit und Liebe zu leben. Verschiedenheit bereichert das Leben. Dies ist nicht zu verwechseln mit oberflächlichen Vorstellungen von Inklusion oder mit jener Erfahrung von Diversität, bei der man sich im Raum des Privilegs bewegt, dabei die als ›anders‹ Markierten absorbiert und von ihnen profitiert. Vielmehr geht es darum, dass man zutiefst berührt wird – und sich völlig verwandelt. Das Endergebnis dieser Transformation ist Gegenseitigkeit, Partnerschaft und Gemeinschaft.

bh: Leider wird den Menschen, vor allem seit den tragischen Ereignissen des 11. September, die Lüge erzählt, dass die Begegnung mit dem ›Anderen‹ ihnen nicht gut tut, anstatt ihnen die Möglichkeit zu geben, sich geistig und intellektuell auf neue und vielfältige Weise weiterzuentwickeln. In diesem Sinne ist unser Dialog hier eine weitere Gelegenheit für uns, an unserem Beispiel zu zeigen, dass es dauerhafte und bereichernde Solidarität zwischen einem weißen Mann und einer Schwarzen Frau geben kann. So wie unsere Beziehung uns die so ersehnte Intimität und Liebe gibt, legen wir öffentlich Zeugnis ab, um Hoffnung zu wecken und die Menschen wissen zu lassen, dass echte Verbundenheit und Gemeinschaft möglich sind.

10

Progressives Lernen

Eine Familienangelegenheit

So wie die Familie oft ein Übungsfeld für das Leben in der Gemeinschaft ist, so ist sie auch der Ort, an dem wir zum ersten Mal ein Gefühl für die Bedeutung und die Kraft der Bildung bekommen. In Scott Sanders' Memoiren *Hunting for Hope* erinnert er uns daran: »Die Familie ist die erste Gemeinschaft, die die meisten von uns kennen. Wenn Familien auseinanderbrechen, wie es heute in noch nie dagewesenem Ausmaß geschieht, verlieren diejenigen, die darunter leiden, nicht nur ihren Glauben an die Ehe, sondern an jede menschliche Bindung. Wenn das Mitgefühl nicht über den Esstisch hinausreicht, wie soll es dann über den ganzen Globus reichen? (...) Viele der jungen Menschen, die zu mir kommen und sich fragen, wie sie Hoffnung finden können, scheuen sich, sich an jemanden zu binden, weil sie zu Hause bereits in Kämpfen verletzt wurden. (...) Ich bleibe hoffnungsvoll in Bezug auf Gemeinschaft, weil meine eigene Erfahrung mit der Familie, trotz aller Belastungen, von Gnade erfüllt ist.« Die Krise der Familie, die Sanders beschreibt, hat zu einer Bildungskrise geführt. Die dysfunktionale, zumeist patriarchale Familie, ist oft ein regelgebundenes, autokratisches System, in dem der Lernwille von Kindern schon früh im Keim erstickt wird, ebenso wie der von erwachsenen Frauen. Dagegen bieten, unabhängig von Schichtzugehörigkeit und Bildungsniveau, Familien, die bildungswillige Kinder und Erwachsene unterstützen, ihnen eine günstige Ausgangssituation.

Auch wenn meine Mutter keinen Schulabschluss hatte (sie hat erst spät in ihrem Leben einen Abschluss gemacht), so hat sie doch all ihren Kindern von klein auf den Wunsch zu lernen eingeimpft. Unterstützt wurde sie dabei von unserem Vater, den wir ständig lesen sahen (und immer noch sehen) und der sich regelmäßig über die Ereignisse in der Welt informierte. Papa war und ist ein kritischer Denker. Als Mann aus der Arbeiterklasse, der vom kulturellen Milieu der vierziger Jahre geprägt ist und sich an den Werken von Paul Robeson, James Baldwin und Roy Campanella orientierte, Schwarzen männlichen Schriftstellern, deren Bücher in seinem Bücherschrank standen, lebte er uns vor, wie wichtig es ist, zu lesen und denken zu lernen, sich kritisch zu bilden. Veodis und Rosa Bell Watkins sind inzwischen alt und unterstützen weiterhin alle ihre Kinder in ihren Bemühungen um Bildung. Sie unterstützten sieben Kinder beim Besuch von Colleges. Sie sind stolz auf die Lehrer:innen in ihrer Familie. Und doch war es für sie nicht einfach, die Eltern einer ›berühmten‹ Intellektuellen zu sein, die ihre Lebensgeschichte oft in Lehrveranstaltungen und Büchern verwendet. Sie sind nicht immer glücklich mit dem, was ich sage, und sie sind nicht immer der Meinung, dass ich das Recht habe, es zu sagen. Dennoch unterstützen sie mich konsequent. Ihre Loyalität und die Unterstützung durch meine Schwestern und meinen Bruder sind für mich eine wichtige Kraftquelle, wenn ich es wage, Ideen zu entwickeln und sie einer Welt vorzustellen, die noch nicht ganz offen für diese Ideen ist.

Da ich mir Sorgen mache, ob es ethisch vertretbar ist, Informationen über ihr Leben öffentlich zu machen und ihre Geschichten in meiner Arbeit zu verwenden, spreche ich meistens zuerst mit meiner Familie, um zu sehen, ob ich über sie schreiben darf. Natürlich kommt es vor, dass sie erst zustimmen und dann trotzdem verärgert, verstört und manchmal geradezu wütend sind, wenn sie meine Arbeit und das, was ich über sie schreibe, lesen. Vor Jahren schrieb ich daher diesen Brief an Veodis und Rosa Bell Watkins:

»*Ich schreibe euch beiden, um euch zu sagen, dass es mir Leid tut, dass ich euch durch das öffentliche Teilen von Erfahrungen, die mich tief getroffen haben, verletzt habe. Es ist nicht meine Absicht oder mein Wunsch, euch Schmerz zuzufügen. Und wenn meine Handlungen euch verletzen, seid bitte nachsichtig. Mein ganzes Leben lang habe ich daran gearbeitet, ein offener, ehrlicher Mensch zu sein, der nichts zu verbergen hat, der sich für nichts schämt, was in seinem Leben geschehen ist, und obwohl ich mich entschieden habe, in meiner Arbeit über schmerzhafte Erinnerungen zu sprechen, spreche ich auch über freudige Erinnerungen. Es gibt nichts an den Schmerzen der Vergangenheit, was ich nicht verziehen habe, aber Vergebung bedeutet nicht, dass man vergisst. Ich bin zutiefst davon überzeugt, dass wir durch das Sprechen über die Vergangenheit, durch das Verstehen der Dinge, die uns widerfahren sind, Heilung erfahren und vorwärtsgehen können. Manche Menschen glauben, dass es am besten ist, die Vergangenheit hinter sich zu lassen, nie über die Ereignisse zu sprechen, die uns verletzt oder verwundet haben, und das ist ihre Art, damit umzugehen – aber, damit umgehen zu können, ist nicht Heilung. Nur wenn wir uns der Vergangenheit ohne Scham stellen, können wir uns aus ihrem Griff befreien.*

Wenn ich mit meiner Familie, meinen Freund:innen oder anderen über vergangene Ereignisse spreche, dann nicht, um Schuldzuweisungen zu machen oder zu unterstellen, dass alles ›schlecht‹ war oder dass ihr, meine Eltern, furchtbare Menschen wart. Ganz ehrlich, ich glaube, dass ihr beide, Mama und Papa, uns so gut erzogen habt, wie es unter den gegebenen Umständen möglich war – bei allem, was euch in euren Herkunftsfamilien widerfahren ist, und wovon vieles unbewältigte Traumata waren. Ich weiß die Fürsorge zu schätzen, die ihr beide mir entgegenbringt, doch diese Wertschätzung kann und muss mit dem kritischen Bewusstsein für Dinge einhergehen, die nicht positiv und liebevoll waren, die nicht förderlich für mein emotionales und spirituelles Wachstum waren.

Als Schriftstellerin, die sich entschieden hat, autobiografisch zu schreiben und ihre Geschichten in kritischen Essays zu erzählen, ist mir klar, dass ich Informationen öffentlich mache, die ihr nicht preisgeben würdet. Ich hoffe, dass ihr mein Recht respektiert, meine Geschichte so zu erzählen, wie ich sie sehe, auch wenn ihr nicht immer mit dem, was erzählt wird, oder mit der Entscheidung, öffentlich über Familienangelegenheiten zu sprechen, einverstanden seid.

Besonders stolz bin ich in den letzten Jahren auf die Art und Weise gewesen, wie wir miteinander gesprochen haben. Ich bin stolz auf meine Nähe zu dir, Papa, da wir uns so lange entfremdet hatten. Ich weiß zwar, dass Papa nicht immer mit meiner Sichtweise übereinstimmt, vertraue aber darauf, dass er meine Entscheidungen auch weiterhin respektiert, so wie ich sein Bedürfnis respektiere zu schweigen – die Erinnerung zu verweigern.

Papa, ich habe dich sehr lieb. Dass ich über den Schmerz der Vergangenheit spreche, bedeutet nicht, dass ich wütend auf dich bin oder nachtragend. In der Tat bin ich stolz darauf, wie du dich entwickelt hast und im Laufe der Jahre zu einem fürsorglichen und liebevollen Mann geworden bist, und dafür bewundere ich dich; das tun wir alle. Durch dein Handeln hast du zweifellos Wiedergutmachung für die Vergangenheit geleistet. Und ich glaube, du verstehst die Gründe, warum ich, eine Schriftstellerin, eine kritische Denkerin, eine Intellektuelle, von Dingen spreche, die schwierig sind. Wenn du dieses Verständnis mit Mama teilst, wird sie vielleicht nicht so verletzt und wütend sein. Ihr beide habt uns gelehrt, dass ›wir nie zu alt sind, um zu lernen‹.

Das Teilen schmerzhafter Erinnerungen macht die positiven Erinnerungen nicht zunichte. Wenn es nicht viele wunderbare Aspekte an meiner Kindheit gegeben hätte, würde ich nicht eure Nähe suchen, nicht versuchen, mit euch über mein Leben, meine Arbeit zu sprechen. Es gibt so viel ›Gutes‹, das uns als Familie zusammenhält. Um weiterhin zueinander zu stehen und unsere Verbundenheit zu erhalten, müssen wir offen und ehrlich sein und sowohl unsere Freude als auch unseren Schmerz teilen.«

Ich versuche immer, mein Wissen mit meiner Familie, meinen Eltern und Geschwistern, zu teilen und stoße dabei auf Schwierigkeiten. Es ist oft ein Kampf, besonders wenn ich etwas gegen den Sexismus meines Vaters und meines Bruders sage. Ich wollte nie eine Lehrende sein, die im Unterricht Wissen vermittelt, das ich nicht auch in der Familie einbringen möchte, und so einen Widerspruch zwischen meiner Arbeit und meinem Privatleben schaffen. Das engstirnige Denken, das ich in meinen Kursen hinterfrage, muss oft auch in unserer Familie hinterfragt werden, vom verinnerlichten rassistischen Selbsthass über Homophobie bis hin zum christlichen Fundamentalismus, der alle anderen religiösen Praktiken als Satanismus ansieht. So wie ich Familienmitglieder offen herausfordere, muss ich jedoch auch für ihre Kritik an mir und meinen Ideen offen sein. Diese gegenseitige Bereitschaft, zuzuhören, zu streiten, zu widersprechen und Frieden zu schließen, ist das positive Ergebnis unseres gemeinsamen Engagements als Familie für das Lernen. Das ist Bildung als Praxis der Freiheit.

Bescheiden und demütig wie sie sind, haben Rosa Bell und Veodis, Mama und Papa, erklärt, dass mein Erfolg auf meine Fähigkeiten zurückzuführen ist und nicht auf ihren Einfluss. Das stimmt einfach nicht. Ihr Engagement für Bildung hat einen gewaltigen Eindruck auf mich gemacht. Meine Mutter, Rosa Bell, wuchs nicht in einer Familie auf, in der Bildung eine Rolle spielte (ihre Mutter konnte weder lesen noch schreiben). Mama sagt: »Ich habe euch alle zum Studium gedrängt, weil ich wollte, dass ihr die Chancen habt, die ich nicht hatte.« Als Kind war sie eine begeisterte Leserin, doch ihre Bildungsträume, ihr Traum, Schriftstellerin zu werden, haben sich nicht erfüllt. Sie hat sich noch nicht entschlossen, ein Studium aufzunehmen, obwohl wir Kinder sie alle dazu ermutigen. Sie sagt, sie sei überhaupt nicht überrascht, dass ich eine entschiedene Verfechterin der freien Meinungsäußerung und eine bekannte Intellektuelle geworden bin, denn »du hattest immer gern eine Bühne, und du hast gern gelesen und geschrieben.« Papa räumt ein, dass er überrascht ist, dass ich so bekannt geworden bin, denn »obwohl du ein kluges Mädchen warst, warst du immer ein bisschen ›verdreht‹ und auch ein bisschen schüchtern«.

In unserer Familie tauschen wir uns gegenseitig über Bücher aus, die wir gerne lesen. Und obwohl sich alle darüber beschweren, dass man sich mit mir keine Filme anschauen kann, wollen sie auch da hören, was ich denke. Unser Bruder Kenneth meinte, wir sollten uns alle zusammen *Titantic* ansehen, weil ihn dieser Film sehr bewegt hat. Ich hätte mir diesen Film nie ausgesucht. Wir haben ihn uns angesehen und dann eine lebhafte kritische Debatte darüber geführt. Wenn ich Familien aus der Arbeiterklasse berate, die sich Sorgen machen, dass ihre Kinder nicht lesen oder schreiben, betone ich, wie wichtig es ist, dass die Familie gemeinsam Zeit zum Lesen und Diskutieren hat, auch wenn es nur zehn Minuten sind. Ich bin davon überzeugt, dass es wichtig ist, kritische Diskussionen darüber zu führen, was wir im Fernsehen und in Filmen sehen.

Sarah und Theresa, meine beiden ältesten Schwestern, sind beides Frauen, die offen ihre Meinung sagen. Sarah ist Lehrerin und Theresa arbeitet in einer psychiatrischen Klinik. Theresa ist die Schwester, die mich immer bestärkt und sich nie von dem bedroht fühlt, worüber ich schreibe. Als sie aufwuchs, wurde auch sie für ihre freimütigen Äußerungen bestraft, so dass sie versteht, wie wichtig es ist, die Meinungsfreiheit und die Stimmen Andersdenkender zu schützen. Sarah kauft mehr bell-hooks-Bücher als jedes andere Familienmitglied, obwohl ich sie ihr gerne so schicken würde. Sie hat sich in der Vergangenheit über meine Arbeiten geärgert, vor allem, weil sie sieht, wie Mama darunter leidet. Als Älteste war sie immer näher an Mama dran und eher die Beschützerin.

Obwohl ich mit all meinen Geschwistern, meinen fünf Schwestern Sarah, Theresa, Valeria, Gwenda und Angela sowie unserem Bruder Kenneth, leidenschaftliche Diskussionen führe, teile ich meine Arbeit am meisten mit meinen Schwestern Gwenda und Valeria, weil ihre Arbeit gemeinsame Berührungspunkte mit meiner aufweist. Valeria ist klinische Psychologin. Wir leben zusammen in einem Zweifamilienhaus. Jede von uns hat ihre eigene Wohnung, und die Bücher wandern die Treppe rauf und runter. Gwenda ist Lehrerin an einer Mittelschule in Flint, Michigan, und hat auch schon als stellvertretende Schulleiterin gearbeitet. Sie lädt mich oft in ihren Unterricht ein, um mit ihrer Klasse und der ganzen Schule zu sprechen. Außerdem nimmt sie mit mir an verschiedenen Konferenzen und Vorträgen teil. Sie sagt mir: »Ich empfinde eine gewisse Hochachtung vor dir – einfach nur Hochachtung vor deiner Fähigkeit, dich vor ein Publikum zu stellen und zu sprechen, deine Meinung zu sagen, unverblümt und ohne Angst.« Von all meinen Geschwistern hat Gwenda am meisten Verständnis dafür gezeigt, dass ich Autobiografisches in meiner Arbeit verwende, auch wenn unsere Interpretationen dabei auseinandergehen. Sie findet, dass ich ihr viel über Selbstwertgefühl beigebracht habe, dass »wenn du wirklich etwas von dir gibst, du viel zurückbekommst«. Wenn sie mich ansieht, sagt sie, erkennt sie, dass »Bildung Macht ist«. Ursprünglich hatte sie ihren Bachelor-Abschluss nicht beendet, weil sie heiratete und Mutter und Hausfrau wurde. Als sie ein feministisches Bewusstsein erlangte, war sie motiviert, wieder zu studieren. Sie hatte mich in Kalifornien besucht und ich hatte sie über ihr Leben ausgefragt. Als ich sie fragte, ob sie erfüllt sei, brachte sie das zum Nachdenken, wie sie gesteht. Meine emotionale und finanzielle Unterstützung bestärkte sie in ihrem Eifer, ihr Studium wieder aufzunehmen und zu beenden, um dann ein Masterstudium zu beginnen, das sie inzwischen abgeschlossen hat. Gwenda ist der Meinung, der wichtigste Lohn für das Studium und das Lernen, dafür, wieder zur Schule zu gehen, ist die Entfaltung der eigenen Persönlichkeit, Unabhängigkeit und ein größeres Selbstwertgefühl. Wie unsere Mutter ist Gwenda mit einem patriarchalen Mann verheiratet, der ihre Bildungsbemühungen und ihre berufliche Laufbahn nur halbherzig unterstützt hat. Sie sagt: »Auch wenn sich mein Leben zum Besseren gewendet hat, ist es dadurch nicht weniger schwierig geworden.« Vor Jahren hätte sie sich noch nicht als Feministin bezeichnet, aber »heute – ja«. Ihre Vorstellungen haben sich geändert, weil sie »gelernt hat, dass es akzeptabel ist, feministisch zu denken«. Durch die Lektüre von bell hooks und anderen feministischen Autorinnen erwarb sie »ein echtes Verständnis von Feminismus«. Davor hatte sie, wie sie sagt, »die alten Stereotypen im Kopf«. Ich frage sie, warum sie nicht auf mich hört, wenn ich sie ermutige, einen Doktortitel zu erwerben. Sie antwortet: »Ich höre ja.« Aber sie hat das Gefühl, dass sie diesen Schritt erst machen kann, »wenn die Zeit für mich reif ist. Das heißt nicht, wenn alles perfekt ist, denn es wird nicht perfekt sein, aber es gibt einen richtigen Zeitpunkt.« Wenn dieser Zeitpunkt gekommen ist, werde ich da sein, um sie in all ihren Bemühungen zu unterstützen und zu bestärken.

Als Valeria sich entschied, ihre berufliche Tätigkeit als Therapeutin und Krankenhausverwalterin aufzugeben, um wieder zu studieren, stellte sie wirklich eine Verbindung zwischen all dem, was sie in meinen Schriften über Bildung gelesen hatte, und ihrer Erfahrung an der Universität her. Während ihrer Studienzeit hatten wir mehr Gespräche über die Schnittstellen von Rassismus und Sexismus als zu irgendeinem anderen Zeitpunkt in unserem Leben. Als geoutete Lesbe engagiert sie sich für die Überwindung von Homophobie und dafür, dass sexuelle Freiheit für alle zur alltäglichen Realität wird; das ist unser gemeinsames Anliegen.

Unser Bruder Kenneth hatte die größten Schwierigkeiten damit, dass ich über seine Erfahrungen schrieb. Kenneth fühlt sich wohler, wenn wir über seine Kindheit sprechen, als über die Probleme, mit denen er als Erwachsener konfrontiert war. Er möchte das Stigma, mit Suchtproblemen in Verbindung gebracht zu werden, hinter sich lassen und so gesehen werden, wie er heute ist. Kenneth ist der Meinung, dass er viel von meinen Erkenntnissen gelernt hat, vor allem wenn er diese Kombination von

Vernunft und Intuition liest, die ich seiner Meinung nach anwende. Alle seine Schwestern haben ihm geholfen, mehr über die Natur des Sexismus zu lernen, aber er sagt: »Ich bin immer noch ein Sexist.« Er bringt sein Verhaftetsein im Patriarchat mit dem Festhalten unseres Vaters daran in Verbindung. Kenneth sagt, dass er weiß, dass Frauen ihm gleichgestellt sind, dass er aber oft das Gefühl hat, das letzte Wort haben zu müssen. Wie alle von uns ist er der Meinung, dass »Bildung die Eintrittskarte ist. Ohne sie kommt man einfach nicht voran«. Kenneth ist der Meinung, dass Bildung für das emotionale und geistige Wachstum wichtig ist, auch wenn sie nicht zu einer größeren sozialen Mobilität führt.

Unsere jüngste Schwester Angela hat am meisten dafür gekämpft, ihre Ziele trotz aller Widrigkeiten zu erreichen. Sie lebte früher in einer schwierigen Ehe, in der es zu häuslicher Gewalt kam. Die Beendigung dieser Beziehung stellte all ihre Werte infrage. Ich weiß noch, wie wütend sie anfangs war, als ich ihr feministische Bücher über häusliche Gewalt schickte. Jetzt sagt sie: »Ich habe kein Problem damit, dass über mich geschrieben wird, aber es gibt persönliche Dinge, die ich vielleicht nicht mit allen teilen möchte.« Angela ist der Meinung, dass sie von mir gelernt hat, »dass es in Ordnung ist, anders zu sein – den eigenen Traum zu verfolgen, egal, was andere von einem denken.« Auf die Frage nach dem Feminismus antwortet sie: »Ich fühle mich in vielerlei Hinsicht als Feministin. Ich habe über Feminismus aus Büchern und von anderen kritisch denkenden Frauen gelernt.« Oft sage ich ihr, wie klug sie ist und dass sie das College abschließen und weiter studieren sollte. Sie sagt: »Ich zögere, weil ich nicht genug Motivation habe, noch einmal zu studieren. Da geht es ums Engagement.« Und dabei liest sie ständig, wie alle von uns.

Wenn ich in Vorträgen über meine Vergangenheit spreche, werde ich oft gefragt, wie ich es geschafft habe, die durch Race, Religion, Gender und Klasse gesetzten Grenzen zu überwinden. Ich sage dann immer, dass kritisches Denken mir geholfen hat, mein Leben in die Richtung zu lenken, in die ich es haben wollte. Obwohl in unserem patriarchalen Haus Gehorsam an erster Stelle stand, wurden wir in den häuslichen Subkulturen (den Welten, die wir schufen, wenn Papa bei der Arbeit oder nicht da war) ermutigt, unsere eigenen Meinungen zu vertreten und aus unseren

Herzen zu sprechen. Mama erinnert sich: »Du hast dich immer dafür eingesetzt, die Wahrheit zu sagen, auch schon als du noch klein warst.« In unserer Familie hat sie von allen am meisten unter meinen Diskussionen über unser Familienleben gelitten. Sie beharrt gerne darauf, dass ich nur »Lügen erzähle«. Ich verstehe ihren Schmerz, denn sie ist die Person in unserer Familie, die am härtesten gearbeitet hat, um uns alle zusammenzuhalten, für uns zu sorgen und uns zu unterstützen, während wir uns um Bildung bemühten. Als ich Mama fragte, wie sie mit dem Schmerz umgeht, den sie empfindet, mit dem Gefühl, von mir betrogen worden zu sein, antwortete sie: »Ich bete. Ich bitte darum, dass der Schmerz aufhört.« Natürlich hoffe ich, dass Mama lernt, bewusster zu leben und kritischer zu denken und dass ein solches Bewusstsein dann nicht nur ihren Schmerz lindert, sondern auch einen neuen Raum der Freiheit schafft.

Mr. V. (mein Spitzname für Dad) ist beeindruckt, sagt er, »von der Art und Weise, wie du deinen Verstand einsetzt«. Obwohl er mit vielem, was ich über ihn schreibe, nicht einverstanden ist, steht er zu meinem Recht, »zu schreiben, was ich fühle«. Er hat daran gearbeitet, Mamas Denken zu ändern, meint er. Papa sagt zu ihr: »Du hast aufgeschrieben, was du schreiben wolltest. Sie schreibt so, wie sie die Dinge sieht. Alle, die schreiben, schreiben so, wie sie die Dinge sehen, sie schreiben, wie sie sich dabei fühlen. Du musst das respektieren und nicht versuchen, es zu ändern.« Papa ist im Ausland gewesen und hat viel Sachliteratur gelesen. Während des Zweiten Weltkriegs kämpfte er in der Schwarzen Infanterie. All dies hat ihm geholfen, eine globale Perspektive zu entwickeln. Wie die Männer seiner Generation ist er bewusst antirassistisch. D. h. er trug die Kritik am Weißsein und an der weißen Macht in unser Haus, mehr als unsere Mutter.

Er selbst begann mit dem Lesen bereits in seiner Kindheit. Die Weißen, für die seine alleinerziehende Mutter arbeitete, schenkten ihm gebrauchte Bücher. Auf meine Frage, wie er die Werke von Paul Robeson, James Baldwin und vielen anderen Schwarzen Schriftsteller:innen kennengelernt hat, erinnert er sich, dass er viel durch die Lektüre des Magazins *Life* gelernt habe, das, wie er sagt, zwar »ein weißes Magazin war, aber es enthielt viele Artikel über Schwarze«. Papa war derjenige in unserer Familie, der Bücher kaufte. Und wenn Mama uns Bücher kaufen wollte, traf er die letzte Entscheidung. Das letzte Buch, das ich ihm schenkte, war ein Buch über den Stil Schwarzer Männer, und obwohl sein Enkel wollte, dass er es verschenkt, bestand Papa darauf, dass er dieses Buch selbst lesen wollte.

Als ich meine Familie interviewte, hatte ich gehofft, dass mehr über die Schwierigkeiten gesprochen würde; ich weiß, dass es für sie nicht immer einfach war. Wir kommen aus unterschiedlichen Lebenslagen – einige von uns sind arm oder gehören zur Arbeiterklasse, andere sind wirtschaftlich gut gestellt; einige von uns haben die Highschool abgeschlossen und sind entweder nicht oder erst spät aufs College gegangen; einige von uns sind – entsprechend unserer Erziehung – fundamentalistische Christ:innen und andere hängen dem Buddhismus an. Wir sind alle verschieden. Der Umgang mit so vielen Unterschieden in meiner eigenen Familie hat mir als Intellektuelle und als kritische Denkerin sehr geholfen. Daher bin ich meiner Familie unendlich dankbar, dass wir untereinander immer kommunizieren und gemeinsam an der Schaffung von Gemeinschaft arbeiten.

11

Von Herz zu Herz

Mit Liebe unterrichten

Von Liebe im Zusammenhang mit dem Unterrichten zu sprechen, bedeutet bereits, einen Dialog zu führen, der tabu ist. Wenn wir von Liebe und Lehren sprechen, geht es vor allem um die Beziehung der Lehrenden zu ihrem Unterrichtsfach oder zu den Lernenden. Wenn uns als Lehrpersonen unser Fach sehr am Herzen liegt, wenn wir uns dazu bekennen, dass wir das, was wir unterrichten, und das Unterrichten selbst lieben, dann wird diese Erklärung der emotionalen Verbundenheit von Vorgesetzten und Kolleg:innen in der Regel wohlwollend aufgenommen. Wenn wir jedoch davon sprechen, dass wir unsere Lernenden lieben, mahnen dieselben Stimmen gewöhnlich zur Vorsicht. Sie warnen uns vor den Gefahren einer ›zu großen‹ Nähe. In einer Welt, in der der Verstand über alles andere gestellt wird, in der die Vorstellung, dass man objektiv sein sollte und sein kann, an erster Stelle steht, sind emotionale Beziehungen eher suspekt. Sowohl in meiner Studienzeit als auch während meiner gesamten Laufbahn als Dozentin wurde ich dafür kritisiert, dass ich zu leidenschaftlich sei, ›zu‹ emotional.

Immer wieder wurde mir gesagt, dass Gefühle die Fähigkeit, objektiv zu sein, beeinträchtigten. In seinem Buch *To Know as We Are Known* diskutiert Parker Palmer die Objektivität: »Die ursprüngliche Bedeutung des Wortes ›objektiv‹ ist ›dagegen setzen, sich widersetzen‹. Darin liegt die Gefahr des Objektivismus: Es ist eine Art des Wissens, die uns in ein gegnerisches Verhältnis zur Welt setzt (...) In der Tat hat der Objektivismus uns in ein feindliches Verhältnis zueinander gebracht.« Während meiner gesamten Studienzeit stellte ich fest, dass die Professor:innen, die Objektivität hoch schätzten, oft Personen waren, denen es an grundlegenden Kommunikationsfähigkeiten mangelte. Sie waren oft pathologisch narzisstisch und konnten einfach nicht in Kontakt gehen. Manchmal empfanden sie alle Bemühungen der Studierenden, eine emotionale Verbindung zu ihnen aufzubauen, als Bedrohung. Es war ihre Unfähigkeit, Bindungen einzugehen, die mir half, ihre Überbewertung der Objektivität zu durchschauen. Sie standen in einem gewissen Abstand zu uns, den Studierenden, und der Welt, und doch konnte ich keinen Beweis dafür sehen, dass dieser Abstand sie alles klarer sehen ließ oder sie befähigte, gerecht oder fair zu sein. Das Argument für ihren Objektivismus war, dass er uns von der Bindung an bestimmte Personen oder Perspektiven befreit.

Objektivität wurde zum Synonym für einen ›unvoreingenommenen Standpunkt‹. Die Professor:innen, die sich ihrer Fähigkeit zur Objektivität rühmten, waren zumeist diejenigen, die in ihrer Kaste, ihrer Klasse oder ihrem Status unmittelbare Bestätigung erfuhren. Parker konstatiert: »Die Unterdrückung kulturell Marginalisierter durch eine weiße, männliche Version der ›Wahrheit‹ aus der Mittelschicht ist zum Teil auf die Herrschaftsmentalität des Objektivismus zurückzuführen. Wenn die Verfechter:innen des Objektivismus erst einmal ›die Fakten‹ haben, brauchen sie nicht mehr zuzuhören und keine anderen Gesichtspunkte mehr zu berücksichtigen. Die Fakten sind nun einmal die Fakten. Alles, was zu tun bleibt, ist, die anderen dazu zu bringen, mit der objektiven ›Wahrheit‹ übereinzustimmen.« Es ist dieser Wille, andere zur Konformität zu zwingen, der mit dem Willen zu dominieren und zu kontrollieren verschmilzt, was Parker als »die herrschsüchtige Mentalität des Objektivismus« bezeichnet. Wo es Herrschaft gibt, ist kein Platz für Liebe.

Dem Begriff der Objektivität liegt die Annahme zugrunde, dass wir eine Sache umso neutraler betrachten, je weiter wir von ihr entfernt sind. Das ist nicht immer der Fall. Dennoch ist es eine Denkweise über Wissen, die nach wie vor die Köpfe von Professor:innen beherrscht, die sich davor fürchten, den Studierenden und einander zu nahe zu kommen. Zur Erläuterung der Dialektik des Objektivismus schreibt Parker Palmer: »Das Ideal des Objektivismus ist die wissende Person als ›unbeschriebenes Blatt‹, die ein unverfälschtes Abbild der kursierenden Fakten erhält. Das Ziel des Objektivismus ist es, alle Elemente der Subjektivität, alle Voreingenommenheiten und Vorurteile zu eliminieren, so dass unser Wissen rein empirisch werden kann.« Während der Objektivismus in den Naturwissenschaften und in eher faktenorientierten Fächern noch ganz gut funktionieren mag, kann er in geisteswissenschaftlichen Fächern keine nützliche Grundlage für das Lehren und Lernen bilden. Hier erfordert vieles von dem, was die Studierenden wissen wollen, eine Auseinandersetzung nicht nur mit dem Stoff, sondern auch mit den einzelnen Urheber:innen der Werke, die wir studieren.

Manchmal ist der Objektivismus im akademischen Umfeld nur ein Deckmantel, der die Dissoziation verschleiert. In *Lost in the Mirror* beschreibt der Psychotherapeut Richard Moskovitz Dissoziation als »einen Abwehrmechanismus, bei dem Erfahrungen in voneinander getrennte Bereiche sortiert werden«. Wenn Lehrkräfte befürchten, ihren Lernenden zu nahe zu kommen, kann es sein, dass sie diese zu Objekten machen, damit die von ihnen so hoch geschätzte Objektivität weiterhin gewahrt bleibt. Vielleicht entscheiden sie sich dafür, die Studierenden als leere Gefäße, denen sie Wissen eintrichtern, zu betrachten, als Gefäße ohne eigene Meinungen, Gedanken, persönliche Probleme usw. Die Verleugnung der emotionalen Präsenz und der Ganzheitlichkeit der Studierenden kann dazu beitragen, dass Professor:innen, die nicht in der Lage sind, eine Verbindung herzustellen, sich mehr auf die Aufgabe konzentrieren, Informationen, Fakten, Daten und ihre Interpretationen weiterzugeben, ohne den Studierenden zuzuhören und etwas von ihnen zu erfahren. All dies macht das Unterrichtsgeschehen zu einer Umgebung, in der optimales Lernen nicht stattfinden kann und wird.

Wenn wir auf unsere eigenen Lernerfahrungen zurückblicken und überlegen, welche Kurse für uns wirklich wichtig gewesen sind, wird wohl kaum jemand behaupten, viel von Professor:innen gelernt zu haben, die distanziert, bindungsunfähig und selbstverliebt waren. Viele charismatische Lehrende sind narzisstisch, aber sie können sich immerhin ihrer Fähigkeit rühmen, diesen Narzissmus zu überwinden, um sich in die Studierenden einzufühlen und sich um deren Schicksal zu kümmern, sowohl im Unterricht als auch darüber hinaus. Wie alle fürsorglichen Lehrpersonen erkennen sie, dass sie, um im Unterricht erfolgreich zu sein, das emotionale Wachstum der Lernenden indirekt, wenn nicht sogar direkt fördern müssen (Erfolg im Unterricht wird hier danach beurteilt, inwieweit den Lernenden Raum zum Lernen gegeben wird, was der Grundbedeutung des Wortes »erziehen« entspricht: herausziehen, aufziehen, großziehen. Diese emotionale und akademische Förderung ist der Rahmen, in dem Liebe gedeiht.

In unserem Land sind die meisten Colleges und Universitäten jedoch nach den Grundsätzen der Dominanzkultur organisiert. Dieses Organisationsmodell stärkt Hierarchien von Macht und Kontrolle. Es bringt die Studierenden dazu, Angst zu haben, d. h. sie fürchten die Lehrenden und versuchen, ihnen zu gefallen. Gleichzeitig werden die Studierenden dazu gebracht, an sich selbst zu zweifeln, an ihrer Fähigkeit zu wissen, zu denken und zu handeln. Erlernte Hilflosigkeit ist für die Aufrechterhaltung der Dominanzkultur unerlässlich. Progressive Lehrende sehen diese Hilflosigkeit bei Lernenden, die sich aufregen, wenn sie mit alternativen Unterrichtsformen konfrontiert werden, die von ihnen verlangen, aktiv statt passiv zu sein. Ihr Widerstand gegen Lernformen, die nicht auf Auswendiglernen oder vorhersehbaren Aufgaben beruhen, ist wegen der Fixierung auf Abschlüsse statt auf Bildung fast zur Norm geworden. Diese Studierenden wollen genau wissen, was sie tun müssen, um die beste Note zu erhalten. Sie sind nicht am Lernen interessiert. Aber es gibt auch Studierende, die sich nach Wissen sehnen, die eine Begeisterung für das Lernen entwickelt haben, und sie wünschen sich die Erfahrung einer wechselseitigen Verbindung mit der Lehrperson und ihrem Fach, damit echte Hingabe möglich wird.

Konkurrenz in der Lehrveranstaltung zerstört Bindung und macht eine Nähe zwischen Lehrenden und Lernenden unmöglich. So wie das Beharren auf Objektivität das Gemeinschaftsgefühl untergräbt, fördert die Betonung von Konkurrenz das Gefühl, dass die Lernenden in einem feindseligen Verhältnis untereinander und ihren Lehrkräften gegenüber stehen. Das Raubtierverhalten, das der Dominanzkultur zugrunde liegt, tritt zutage, wenn die Studierenden das Gefühl haben, sie müssten sich gegenseitig symbolisch vernichten, um zu beweisen, dass sie die Klügsten sind. Auch wenn alle mit ähnlichen Fähigkeiten und Fertigkeiten an die Universitäten kommen, wird nicht davon ausgegangen, dass der Kursraum ein gemeinschaftlicher Ort ist, an dem diese Fähigkeiten auf natürliche Weise zu allgemeinen Spitzenleistungen aller Studierenden führen werden. Konkurrenz beruht auf entmenschlichenden Praktiken der Beschämung und sadomasochistischen Machtritualen; sie schließt Solidarität aus und steht der Gemeinschaft im Weg. Wenn Lernende, die sich alle auf einem relativ gleichen Leistungsniveau bewegen und somit durch eine gewisse Gemeinsamkeit verbunden sind, in einem Kurs zusammenkommen, müssen Strategien der Distanzierung und Trennung eingesetzt werden, um diese organische Verbundenheit wirksam zu unterbrechen. Also wird den Studierenden beigebracht, sich untereinander als Gegner:innen zu sehen, die um den Preis wetteifern, die einzige Person zu sein, die intelligent genug ist, die anderen zu dominieren.

Die Dominanzkultur fördert einen berechnenden Objektivismus, der entmenschlichend ist. Im Gegensatz dazu fördert ein Modell der Zusammenarbeit und des Miteinanders ein persönliches Engagement, das menschlich macht und Liebe zulässt. Ich habe begonnen, über den Zusammenhang zwischen den Kämpfen zur Beendigung von Herrschaft und der Liebe nachzudenken, um zu verstehen, welches die Faktoren sind, die zu erfolgreichen Bewegungen für soziale Gerechtigkeit in unserem Land geführt haben. Bei der Betrachtung des antirassistischen Bürgerrechtskampfes, einer der revolutionärsten Bewegungen für soziale Gerechtigkeit in der Welt, wurde deutlich, dass die Konzentration auf eine Ethik der Liebe ein zentraler Faktor für den Erfolg der Bewegung war. In meinem Buch *Alles über Liebe – Neue Sichtweisen* definierte ich Liebe als eine Kombination aus Fürsorge, Zuwendung, Erkenntnis, Verantwortung, Wertschätzung und Vertrauen. Alle diese Faktoren bedingen einander. Sie sind ein zentrales Fundament der Liebe, unabhängig vom jeweiligen Beziehungskontext. Auch wenn es einen Unterschied zwischen romantischer Liebe und der Liebe zwischen Lehrenden und Lernenden gibt, müssen diese Kernaspekte vorhanden sein, damit Liebe Liebe sein kann.

Wenn diese Grundprinzipien der Liebe die Basis des Lehr-Lern-Verhältnisses bilden, schafft das gemeinsame Streben nach Wissen die Voraussetzungen für optimales Lernen. Die Lehrpersonen lernen dann auch, und zwar während sie unterrichten, wie auch die Lernenden dann nicht nur lernen, sondern auch ihr Wissen teilen. In seinem Buch *To Know as We Are Known* stellt Parker Palmer fest, dass »der Ursprung der Erkenntnis die Liebe ist«. Er erklärt: »Das Ziel eines Wissens, das aus dem Leben entspringt, ist die Versöhnung und Wiederherstellung von zerbrochenen Persönlichkeiten und Welten. Ein aus Mitgefühl erwachsendes Wissen zielt nicht darauf ab, die Schöpfung auszubeuten und zu manipulieren, sondern darauf, die Welt mit sich selbst zu versöhnen. Der von Mitgefühl motivierte Verstand strebt nach Wissen, so wie das Herz nach Liebe strebt. Hier ist der Akt des Erkennens ein Akt der Liebe; er ist der Akt, in die Realität der anderen Person einzutreten und sich auf sie einzulassen, ihr zu erlauben, in unsere eigene einzutreten und sich auf sie einzulassen. In diesem Wissen erkennen wir uns als Mitglieder einer Gemeinschaft und werden als solche erkannt.« Dies ist der Gemeinschaftssinn, der durch Konkurrenz zu stören und zu zerstören versucht wird.

Die Kultur der Angst, die an den meisten Hochschulen innerhalb und außerhalb des Hörsaals vorherrscht, untergräbt die Lernfähigkeit der Studierenden. Angstgesteuerte Studierende zweifeln daran, dass sie das erreichen können, was sie erreichen müssen. Oft werden sie von der Angst zu versagen überwältigt. Wenn Studierende jedoch ermutigt werden, an ihre Lernfähigkeit zu glauben, können sie schwierige Herausforderungen im Vertrauen auf ihre Resilienz und Kompetenz meistern. Während meiner Lehrtätigkeit an einem methodistischen, geisteswissenschaftlichen College, an dem der Lehrkörper wie die Verwaltung mehr oder weniger stark die Notwendigkeit von Diversität und Wertschätzung für Unterschiede auf dem Campus bekräftigten, fiel mir auf, dass sich niemand mit der Tatsache auseinandersetzen wollte, dass die meisten Studierenden aus Elternhäusern stammten, in denen religiöse Lehren sie darin bestärkt hatten, Verschiedenheit zu fürchten, Stimmen und Sichtweisen, die sich von ihren eigenen unterschieden, eher auszuschließen als einzubeziehen und Diversität generell zu misstrauen. Durch den Collegebesuch und die plötzliche Konfrontation mit einer anderen Weltanschauung gerieten sie in einen Konflikt mit den in der Familie erlernten Wertvorstellungen und spirituellen Überzeugungen. Wenn diese inneren Konflikte, mit denen sie konfrontiert sind, nicht erkannt und beachtet werden, haben Studierende unter diesen Umständen nur zwei Möglichkeiten: Entweder sie halten gnadenlos am Status quo fest (d. h. sie klammern sich an die Dinge, wie sie schon immer waren – und lehnen die Auseinandersetzung mit Diversität ab) oder aber sie verfallen in lähmende Zustände von Apathie und Depression. Um Stress und Konflikte zu vermeiden, machen sie dann einfach dicht. Lehrende, die den jungen Menschen Fürsorge und Wertschätzung (beides Bestandteile der Liebe) entgegenbringen, ermöglichen es ihnen, ihre Ängste offen anzusprechen, Bestätigung und Unterstützung zu erhalten.

Im Gegensatz zu der Vorstellung, dass Liebe im Unterricht die Lehrkräfte weniger objektiv mache, sind wir, wenn wir mit Liebe unterrichten, besser in der Lage, auf die besonderen Belange der einzelnen Lernenden einzugehen und gleichzeitig die Anliegen der ganzen Lerngruppe im Blick zu haben. Wenn wir uns als Lehrpersonen für das emotionale Wohlergehen der jungen Menschen einsetzen, leisten wir die Arbeit der Liebe. Kolleg:innen haben mir gegenüber geäußert, dass sie nicht in die »therapeutische« Rolle gedrängt werden wollen; sie wollen nicht auf Emotionen im Unterricht reagieren. Die Weigerung, den Gefühlen im Kurs einen Platz einzuräumen, ändert nichts an der Tatsache, dass ihre Anwesenheit die Bedingungen, unter denen Lernen stattfinden kann, sehr stark beeinflusst. Lehrkräfte können nicht therapieren. Dennoch gibt es manchmal Momente, in denen bewusstes Unterrichten – Unterrichten mit Liebe – uns zu der Einsicht führt, dass wir nicht in der Lage sein werden, unserem Kurs eine sinnvolle Lernerfahrung anzubieten, ohne die Gefühlslage der Studierenden zu erfassen und auf sie einzugehen. In manchen Fällen kann das bedeuten, dass wir uns ihrer psychologischen Konflikte bewusst werden müssen, die ihre Fähigkeit zu lernen blockieren. Dann kann es auch angebracht sein, einzelne Studierende in Richtung einer therapeutischen Betreuung zu lenken.

Manchmal haben Professor:innen Angst davor, ihren Studierenden mit Liebe zu begegnen, weil sie befürchten, von ihnen verschlungen zu werden. Sie befürchten, dass sie sich zu sehr in deren Probleme hineinziehen lassen. Diese Angst bekommen alle zu spüren, die nicht in der Lage sind, angemessene Grenzen zu ziehen. Die meisten von uns sind mit einem falschen Verständnis von Liebe aufgewachsen. Uns wurde beigebracht, dass Liebe uns verrückt macht, dass sie uns blind und töricht macht, dass sie uns unfähig werden lässt, gesunde Grenzen zu setzen. Auch wenn ich mit Liebe unterrichtete, hatte ich am Ende des Semesters Studierende in meinem Büro, die sich beschwerten, weil sie nicht die Note erhielten, die sie sich erhofft hatten. Schließlich hatte ich ja immer ein offenes Ohr für sie gehabt. Sie verstanden meine Liebe und Fürsorge so, dass ich ihnen automatisch auch bessere Noten geben würde, als sie verdient hätten. Diese Erfahrung habe ich mehrmals gemacht. Schließlich sprach ich zu Beginn jedes neuen Kurses offen darüber, dass es keine Korrelation zwischen meiner Liebe zu den einzelnen Studierenden und ihrer Note geben würde, dass die Note allein durch die Qualität der Arbeit bestimmt würde. Ich erklärte den Studierenden, dass die Liebe zu ihnen mich nicht blind macht für die wahre Natur ihrer Fähigkeiten, sondern dass sie vielmehr mein Verständnis für ihre Fähigkeiten und ihre Grenzen verbessert und gleichzeitig ihnen hilft, ein neues Verständnis für die wahre Bedeutung und den Wert der Liebe zu entwickeln.

Wenn wir als Lehrende mit Liebe unterrichten und dabei Fürsorge, Zuwendung, Erkenntnis, Verantwortung, Wertschätzung und Vertrauen miteinander verbinden, sind wir oft besser in der Lage, in den Unterricht zu gehen und direkt zum Kern der Sache vorzudringen. Das bedeutet, dass wir die Klarheit haben, zu wissen, was wir tun müssen, um jederzeit das beste Lernklima zu schaffen. Lehrende, die darauf fixiert sind, jeden Tag denselben Unterrichtsstil anzuwenden, und die jede Abweichung von ihrer konkreten Unterrichtsplanung fürchten, verpassen die Chance, sich voll auf den Lernprozess einzulassen. Es ist sehr wahrscheinlich, dass sie dann eine geordnete Unterrichtsatmosphäre haben, in der die Lernenden der Autorität gehorchen. Auch sind sie viel eher zufrieden, weil sie alle Informationen vermittelt haben, die sie vermitteln wollten. Und doch verpassen sie die wertvollste Erfahrung, die wir den Lernenden bieten können, nämlich die Möglichkeit, sich voll und ganz auf das Lernen einzulassen und bei der Sache zu sein.

Oft wollen Lehrpersonen Emotionen im Unterricht ignorieren, weil sie fürchten, dass daraus Konflikte entstehen könnten. Auch wenn sich alle gerne vorstellen, dass die Hochschule ein Ort ohne Zensur ist, an dem freie Meinungsäußerung möglich ist und die Studierenden zu Debatten und dialektischem Austausch ermutigt werden, ist das Gegenteil doch ein genaueres Abbild der Realität, wie sie sich in den universitären Lehrveranstaltungen darstellt. In den meisten Fällen haben die Studierenden Angst, etwas zu sagen, weil sie fürchten, sich dadurch bei Lehrenden und Mitstudierenden unbeliebt zu machen. In der Regel haben sie Angst davor, anderer Meinung zu sein, wenn sie glauben, dass dies zu Konflikten führen würde. Niemand von uns hat die Vorstellung, dass es in einer Liebesbeziehung nie zu Konflikten kommt, doch in den unterrichtlichen Beziehungen, insbesondere in heterogenen Lerngruppen neigen Studierende und manchmal auch Lehrende dazu, das Vorhandensein von Konflikten als Bedrohung für den Fortbestand des kritischen Austausches zu sehen. Sie glauben, dass Gemeinschaft nicht möglich ist, wenn es Differenzen gibt.

Viele von uns haben in ihren Herkünftsfamilien keinen kritischen Austausch erlebt, bei dem unterschiedliche Standpunkte zum Ausdruck gebracht und Konflikte konstruktiv gelöst wurden. Stattdessen bringen wir unsere unbewältigten Ängste und Befürchtungen mit in den Unterricht. Doch in einem liebevollen Unterricht wird den Lernenden durch das Verhalten der Lehrperson vermittelt, dass ein kritischer Austausch stattfinden kann, ohne jemanden zu verletzen, und dass Konflikte auf konstruktive Weise gelöst werden können. Dies ist nicht unbedingt immer ein einfacher Prozess.

Als ich ein Seminar über das Werk des afroamerikanischen Schriftstellers und Essayisten James Baldwin hielt, ging ich einfach davon aus, dass die Studierenden, die sich für den Kurs angemeldet hatten, wissen würden, dass er homosexuell war, und mehr darüber wissen wollten, wie diese Erfahrung sein Werk beeinflusst hat. Ich unterrichtete an einer staatlichen Schule in einem überwiegend nicht-weißen Kurs und war anfangs nicht darauf vorbereitet, mit einer Lerngruppe zurechtzukommen, in der einige der Teilnehmenden schockiert waren, als sie erfuhren, dass Baldwin schwul war und sich offen homophob äußerten. Diese Studierenden gingen auch davon aus, dass sie alles sagen könnten, da Schwulsein ›da draußen‹ und nicht ›hier drinnen‹ bei uns vorkomme. Ihr heterosexistisches Denken hinderte sie daran, überhaupt in Betracht zu ziehen, dass auch schwule Studierende diesen Kurs besuchen könnten.

Von dem Moment an, als der Unterricht begann, musste ich mit liebevoller Freundlichkeit daran arbeiten, eine Lerngemeinschaft aufzubauen, und das in einem Kontext, in dem die Äußerung anderer Standpunkte potenziell eine Bedrohung für das Wohlbefinden von Schwulen und nicht-homophoben Hetero-Studierenden darstellte. Wir sprachen offen über die Bedeutung von Liebe in einer Gemeinschaft und folglich mussten wir auch darüber reden, dass es sinnvoll sein kann, eine Meinung zurückzuhalten, wenn sie für andere in der Gemeinschaft schädlich ist. Wir mussten uns mit dem Unterschied zwischen Hate Speech und der bloßen Äußerung einer Meinung auseinandersetzen. Studierende, die ausflippten, als sie erfuhren, dass Baldwin schwul war, mussten auch lernen, dass der Kurs ihnen keine Bühne dafür bieten würde. So wurde unsere Gruppe schließlich zu einer echten Lerngemeinschaft, weil wir Respekt und Verantwortung als notwendige Werte hochhielten, wo doch der Standpunkt einer Person das Selbstwertgefühl und das Wohlergehen einer anderen Person verletzen könnte. Die am Kurs Teilnehmenden mussten lernen, den Unterschied zwischen dem ›Heruntermachen‹ einer Person oder eines Themas und dem Anbringen einer sorgfältigen Kritik zu erkennen. Dieser Kurs war mit großen, auch schmerzhaften Gefühlen aufgeladen. Hätte ich ihre Anwesenheit ignoriert und so getan, als könnte ein objektivistischer Standpunkt für Ordnung sorgen, wäre der Unterricht zu einer abstumpfenden Erfahrung geworden; die Studierenden hätten Baldwin zwar gelesen, aber den Sinn und die Bedeutung seines Werks nicht verstanden. Durch ihre Arbeit an der Schaffung einer Gemeinschaft, an der Entstehung von Liebe im Unterricht, konnten sie Baldwins Erklärung über die Macht der Liebe besser verstehen: »Die Liebe nimmt uns die Masken ab, von denen wir fürchten, dass wir ohne sie nicht leben können, und von denen wir wissen, dass wir in ihnen nicht leben können. Ich verwende das Wort ›Liebe‹ hier nicht nur im persönlichen Sinne, sondern als Bezeichnung für einen Zustand des Seins oder der Gnade – nicht im infantilen amerikanischen Sinne des Glücklichmachens, sondern im harten und universellen Sinne des Suchens und Wagemuts und des Wachstums.« Ich wünschte, ich könnte bestätigen, dass alle homophoben Personen, die diesen Kurs besucht haben, eine Bekehrungserfahrung gemacht und ihren Hass aufgegeben haben. Das kann ich nicht. Aber ich kann behaupten, dass sie gelernt haben, über die kleinlichen Grenzen ihres Hasses hinauszudenken. Und genau darin liegt das Versprechen des Wandels.

Alle ernsthaften Liebesbeziehungen ermächtigen jede Person, die an der gemeinsamen partnerschaftlichen Praxis beteiligt ist. Im Verhältnis zwischen Lehrenden und Lernenden macht Liebe Anerkennung möglich; sie bietet einen Ort, an dem sich das akademische Streben mit dem allgemeinen Streben nach seelischer Gesundheit überschneidet. Die Studierenden, die ich am meisten liebe, scheinen mein Leben nie zu verlassen. Auch wenn sie älter werden, einen Lehrberuf ergreifen oder eine andere Laufbahn einschlagen, wenden sie sich immer noch an mich, mit der Bitte sie zu lehren und anzuleiten, ihnen den Weg zu weisen. Die Tatsache, dass unsere Lehr-Lern-Beziehung, die von Liebe geprägt ist, über die Zeit im Unterricht hinausgeht, ist eine Bestätigung für die Macht der Liebe. Als ich eine meiner Studierenden, die jetzt Juraprofessorin ist, fragte, ob meine Liebe zu ihr ein Klima der Bevorzugung im Kurs geschaffen habe, lachte sie und sagte: »Machst du Witze? Je mehr du uns geliebt hast, desto härter mussten wir arbeiten.« Es kann keine Liebe ohne Gerechtigkeit geben.

Die Liebe im Unterricht bereitet Lehrende und Lernende darauf vor, unseren Verstand und unser Herz zu öffnen. Sie ist das Fundament, auf dem jede Lerngemeinschaft aufgebaut werden kann. Lehrpersonen müssen nicht befürchten, dass die Erfahrung von Liebe im Unterricht zu Bevorzugung führen wird. Die Liebe wird uns immer von jeglicher Form der Herrschaft wegführen. Die Liebe wird uns immer herausfordern und verändern. Das ist das, worum es im Kern geht.

12
Guter Sex
Leidenschaftliche Pädagogik

Als ich zum ersten Mal am Oberlin College unterrichtete, fand eine umfangreiche Debatte über meine sexuellen Vorlieben an der Wand einer Frauentoilette statt. In konstruktiver, politisch korrekter Weise wurde diese Wand mit Papier beklebt. So konnte ich das Dokument mit nach Hause nehmen und es zu meinen eigenen Unterlagen legen. Von dieser öffentlichen Diskussion, die sich eigentlich um die Frage drehte, ob ich lesbisch bin oder nicht, erfuhr ich erst, als sie zu tatsächlichen Konflikten zwischen weißen und Schwarzen weiblichen Studierenden auf dem Campus führte. Eine Schwarze Studierende empfand das Ganze als übergriffig. Verärgert darüber, dass weiße weibliche Studierende es ›wagten‹, diese Diskussion über eine Schwarze Professorin zu führen, hatte sie geschrieben: »Schlampe, was geht dich das überhaupt an? Sie will dich nicht.« Diese Bemerkung veranlasste die weißen Frauen, die betreffende Studierende auf ihren Sexismus anzusprechen, woraufhin diese sie auf ihren Rassismus ansprach. Die Schwarze Studierende war der Meinung, wenn ich eine weiße Professorin gewesen wäre, hätte man mir eine solche Respektlosigkeit nicht entgegengebracht. In den vielen Diskussionen, die darauf folgten, sowohl organisiert als auch über die Gerüchteküche, sprachen wir darüber, warum es für die Studierenden so wichtig war, meine sexuellen Vorlieben oder die anderer Professor:innen zu kennen. Wir sprachen auch über die Gefahren, die mit dem Versuch verbunden sind, eine Professorin ohne Festanstellung in einer homophoben Institution zu »outen«, über die Frage, ob feministische Studierende glauben, sie könnten nichts falsch machen, und vor allem sprachen wir darüber, dass Schwarze und weiße Frauen oft unterschiedlich über Fragen der Sexualität denken.

Schwarze Frauen werden in dieser Gesellschaft zu Frauen, ohne dass sich je um unser sexuelles Wohlergehen gekümmert wird. Da sie in der rassistischen und sexistischen Ikonographie stets als sexuell zügellos dargestellt werden, laufen die meisten Schwarzen Frauen Gefahr, schon in jungen Jahren in unterschiedlichem Maße sexueller Belästigung und Nötigung ausgesetzt zu sein. Schwarze Frauen sind in vielerlei Hinsicht zynisch. Unabhängig davon, wie jung oder alt wir sind, wissen die meisten von uns oder haben auf die harte Tour gelernt, dass unsere wahren Geschichten von Vergewaltigung und sexueller Belästigung entweder nicht geglaubt oder nicht ernst genommen werden, vor allem, wenn die schuldige Person uns nahesteht, ein Familienmitglied ist, vielleicht der eigene Freund oder einfach der Mann von nebenan.

Angesichts der mangelnden Sorge um unser sexuelles Wohlergehen lernen viele Schwarze Frauen, dass wir am ehesten sicher sind, wenn wir uns vorsichtig verhalten, oder dass wir die Viktimisierung am besten überleben, wenn wir ein gewisses Maß an Verantwortung übernehmen, wenn wir in irgendeiner Weise dazu beigetragen haben sollten, ein Umfeld zu schaffen, in dem wir angegriffen wurden. Die überwiegende Mehrheit der Schwarzen Frauen versucht, sich selbst und ihre Körper vor willkürlichen Übergriffen zu schützen, indem sie sich einfach sexuell abschotten, indem sie heftige Anti-Sex-Signale aussenden, puritanische »Komm mir nicht zu nahe, oder ich bringe dich um«-Vibes ausstrahlen. Diese Schwarzen Frauen gehören zu der Gruppe, die sich am ehesten auf die Seite des Mannes stellt, wenn es um sexuelle Übergriffe gegen eine andere Frau geht, von der sie glauben, dass sie sich nicht geschützt habe. Deshalb hatten die Schwarzen Frauen keinen Respekt vor dem, was sie für das Gejammer von Anita Hill hielten, oder vor der Klage von Desiree Washington, dass Mike Tyson sie vergewaltigt habe. Ihre Stimmen gehörten zu denen, die sagten: »Was hat sie überhaupt in den frühen Morgenstunden in seinem Zimmer gemacht? Sie hat sich damit selbst in Schwierigkeiten gebracht. In den Augen Schwarzer Frauen, die von Schwarzen Frauen erwarten, dass sie wissen, was Sache ist, bedeutet es, dass sie sich mitschuldig machen, wenn sie Schwierigkeiten bekommen und nicht wissen, wie sie damit umgehen sollen. Das bedeutet, dass sich niemand um den Körper der Schwarzen Frau kümmert – sie muss sich selbst darum kümmern, wenn sie sicher sein will. Der Schwerpunkt im Leben Schwarzer Frauen liegt also eher auf der ›Prävention‹ als auf der Krisenbewältigung, nachdem sie zum Opfer sexualisierter Gewalt wurden. In einer gnadenlosen Welt, in der alle immer nur gegeneinander kämpfen und es nur darum geht, auf der Straße zu überleben, erfahren Opfer, die sich selbst in Gefahr gebracht haben, indem sie etwas Dummes getan haben, nicht viel Mitgefühl. Die Leute mögen deinen Schmerz zwar bedauern, aber sie werfen dir gleichzeitig vor, dass du nicht auf der Hut warst, d. h. dass du dein eigenes kritisches Bewusstsein über die räuberische Natur der Beziehungen zwischen Männern und Frauen im Kontext des kapitalistischen Patriarchats weißer Vorherrschaft nicht wach gehalten hast. Dass viele Schwarze Frauen so denken, führt oft dazu, dass sexuelle Übergriffe in diversen Schwarzen Gemeinschaften nicht ernst genug genommen werden, während umgekehrt viele weiße Frauen in unserer Gesellschaft dazu neigen, von Fragen der sexuellen Viktimisierung geradezu besessen zu sein.

In meiner Arbeit habe ich versucht, ein grundlegendes, allgemeingültiges Verständnis für die unzähligen Möglichkeiten zu vermitteln, wie Schwarze Frauen – und alle Frauen – sich selbst schützen und mehr Verantwortung übernehmen können und müssen, als wir es in einer sexistisch-rassistischen Welt eigentlich tun müssten. Ich habe Frauen immer wieder dazu aufgerufen, sich der Identifizierung mit der Opferrolle als dem einzig möglichen Standpunkt zu widersetzen, von dem aus sie für soziale Veränderungen kämpfen können. Als Verfechterin einer revolutionären feministischen Politik lehne ich jede Form von sexueller Gewalt gegen Frauen natürlich ab. Doch gleichzeitig glaube ich, dass es ebenso wichtig für die feministische Bewegung ist, einen freiheitlichen Kontext für die Behauptung der weiblichen sexuellen Selbstbestimmung innerhalb der bestehenden patriarchalen Kultur zu schaffen. Um ihre sexuelle Selbstbestimmung zu beanspruchen, muss jede Frau daran glauben, dass sie für sich selbst und ihren Körper in einer Weise verantwortlich sein kann, die sowohl ihre Fähigkeit, sexuelle Erfüllung zu erfahren, als auch ihre Fähigkeit, sich zu schützen, verbessert, um die Wahrscheinlichkeit zu verringern, dass sie jemals zu einem Opfer sexualisierter Gewalt wird. Diejenigen Mainstream-Feministinnen, die allzu eifrig darauf bedacht waren, Frauen immer und ausschließlich als Opfer darzustellen, sind von der Öffentlichkeit mittlerweile mehr als abgestraft worden, weil die Menschen das Gejammer satthaben, gelangweilt sind von pathologischem Narzissmus und der völligen Weigerung, anzuerkennen, dass wir immer auch an unserer Viktimisierung mitschuldig sind. Selbsternannte Domina-Diven wie Camille Paglia und ihre jüngere Version, Katie Roiphe, schließen sich der antifeministischen Gegenbewegung an, indem sie jegliche weibliche Behauptung, Opfer zu sein, egal ob echt oder eingebildet, zurückweisen. Die Polemik geht weiter. Das heftige Medien-Bashing jener neu-viktorianischen Mainstream-Feministinnen, die alles, selbst ein hartes Wort, als Übergriff oder Vergewaltigung ansehen, hat auch nicht gerade dazu beigetragen, die wachsende Verbundenheit zwischen dieser Gruppe und ihren rechten Schwestern und Brüdern zu stoppen, die ebenso darauf erpicht sind, den Kampf für die sexuelle Selbstbestimmung der Frau und die Frauenbefreiung um ein paar hundert Jahre zurückzuwerfen.

Einer der neuerdings auftretenden Angriffe auf die sexuelle Selbstbestimmung der Frau erfolgt im Rahmen der Debatte über die Frage, ob erotische Beziehungen zwischen Lehrenden und Studierenden jemals angebracht sein können. Diese Debatte ist erst jetzt zu einem bedeutenden Thema in der Mainstream-Kultur geworden, da einzelne weibliche Studierende Zivilklagen sowohl gegen Lehrende, die der sexuellen Gewalt beschuldigt werden, als auch gegen die Institutionen, für die sie arbeiten, eingereicht haben. Die Gefahr, diese Klagen zu verlieren und hohe Geldbeträge zahlen zu müssen, veranlasst Einrichtungen wie Harvard, Tufts, die University of Pennsylvania und viele andere dazu, Maßnahmen zu ergreifen, die darauf abzielen, Liebesbeziehungen zwischen Studierenden und Lehrkräften zu regulieren oder gar zu verbieten. Dieser Versuch der Regulierung entspringt jedoch nicht einer besonderen Fürsorglichkeit der Institutionen für ihre Studierenden, um sie vor sexuell hemmungslosen Lehrenden, die ihnen Schaden zufügen wollen, zu ›schützen‹. In all diesen Einrichtungen haben Frauen, die sich als Feministinnen verstehen, jahrelang hart daran gearbeitet, eine Politik zu institutionalisieren, die Lehrkräfte – in erster Linie Männer – energischer in die Schranken weist und bestraft, wenn sie Sexualität dazu benutzen, um Studierende, die in der Regel, aber nicht immer, weiblich sind, zu nötigen und zu dominieren. Diese Frauen unterstützen voll und ganz die Bemühungen konservativer Institutionen, Beziehungen zwischen Lehrkräften und Studierenden zu verbieten.

Vor Jahren saß ich an der Universität von Kalifornien in Santa Cruz, wo ich als Doktorandin Frauenstudienkurse unterrichtete, in einem Ausschuss, der sich mit Richtlinien im Kampf gegen sexuelle Übergriffe befasste. Ich erinnere mich, dass ich eine kleine Rede darüber hielt, warum Prävention und nicht Bestrafung unser Hauptanliegen sein sollte, aber so etwas wollte niemand hören. Der Teil der Rede, der alle abschreckte, war mein Vorschlag, während der Einführungsveranstaltung für die Erstsemester kleine Spielszenen aufzuführen, in denen Lehrende unangemessene Annäherungsversuche an Studierende machen, und in denen Schauspieler:innen, die Studierende spielen, zeigen, wie man am besten mit solchen Situationen umgeht. So schlug ich eine Szene vor, in der ein flirtwütiger aufdringlicher Professor eine Studierende einlädt, ihre Hausarbeit am späten Abend bei ihm zu Hause abzugeben, damit sie sie gemeinsam durchgehen können, woraufhin die Studierende antwortet, dass es viel besser wäre, wenn sie sich in der Sprechstunde zusammensetzen würden. Als ich meine Idee vorstellte, stieß ich auf völliges Desinteresse an einem Brainstorming über Möglichkeiten, wie sich Studierende gegen unerwünschte Annäherungsversuche schützen könnten. Dadurch wurde mir bewusst, dass viele dieser Frauen in Wirklichkeit mehr daran interessiert waren, die Vorstellung zu verstärken, dass Männer immer und ausschließlich sexuelle Unterdrücker sind und dass Frauen, insbesondere junge Erwachsene, immer und ausschließlich sexuelle Opfer sind. Sie waren nicht daran interessiert, weibliche Studierende zu ermächtigen, sie davor zu bewahren, ›verletzt‹ zu werden; sie wollten lediglich die Täter identifizieren und bestrafen. Hinter diesem Eifer, die ›schuldigen‹ Männer zu bestrafen, stand ein echtes Unbehagen gegenüber aktiver Sexualität, eine Weigerung, weibliche Studierende als junge Erwachsene anzuerkennen, die in der Lage zu sexueller Selbstbestimmung sind. Das Bedürfnis, zu leugnen, dass weibliche Studierende jemals versucht haben, Lehrende zu umwerben und zu verführen, so dass es sich nicht immer nur um eine Frage des Begehrens seitens der Lehrenden handelte, war so stark, dass es einem den Atem verschlug. Im weiteren Verlauf des Treffens wurde deutlich, dass es nicht darum ging, Lehrende daran zu hindern, ihre Sexualität einzusetzen, um andere zu nötigen oder zu dominieren, sondern vielmehr darum, alle erotischen Beziehungen zwischen Lehrenden und Studierenden zu missbilligen. Wenn diese Frauen eine Politik institutionalisieren könnten, die alle derartigen Beziehungen verurteilt, würden sie es tun. Heutzutage sind konservativere feministische Frauen in der Wissenschaft, die so denken, bereit, sich mit antifeministischen Patriarchatsverfechter:innen zusammenzutun, um das Begehren auf dem Hochschulcampus zu kontrollieren. Sie streben an, alle Liebesbeziehungen zwischen Lehrpersonen und Studierenden zu verbieten und mit jenen Beziehungen gleichzusetzen, in denen Lehrende Sexualität nutzen, um Studierende, insbesondere Personen, über die sie Macht ausüben, zu nötigen und zu beherrschen. Dazu gehören die Studierenden, die in ihren Kursen sitzen, aber auch die Studierenden, in deren Ausschüssen sie mitarbeiten, die Empfehlungen brauchen usw. Der beschriebene Konservatismus zeigt sich in der Beharrlichkeit einer Professorin an der University of Virginia, die sich für Verbote einsetzt, wenn sie behauptet: »Hier geht es um Machtmissbrauch, nicht um Romanzen.« Tatsächlich geht es in einigen Fällen um Romanzen, in anderen Fällen um Machtmissbrauch.

Häufig sind Professoren, die sich öffentlich gegen das Verbot aller erotischen Beziehungen zwischen Lehrenden und Studierenden aussprechen, Personen, die formell oder informell des Machtmissbrauchs beschuldigt wurden. Sie können genauso extrem sein wie die Gegenseite und darauf bestehen, dass Missbrauch kein Problem ist. Die Wahrheit ist vielschichtiger. Es hat schon immer positive erotische Beziehungen zwischen Lehrenden und Studierenden gegeben, selbst in den alten Zeiten, als es noch ausdrückliche institutionelle Richtlinien gab, die solche Beziehungen untersagten. Und es gab schon immer Professor:innen, vornehmlich Männer, die ihre Sexualität nutzen, um einzelne Studierende, über die sie Macht ausüben, zu nötigen und zu dominieren. Es ist zwar wichtig, dass wir Machtmissbräuche, bei denen die Erotik zu einem Terrain der Ausbeutung und/oder Unterdrückung wird, benennen und energisch anprangern, aber ebenso wichtig ist es für uns, anzuerkennen, dass Erotik auch ein Raum der Ermächtigung und des positiven Wandels sein kann. Erotik, selbst wenn sie zu Liebesbeziehungen zwischen Lehrenden und Studierenden führt, ist nicht per se destruktiv. Dennoch tun die meisten Personen, die sich gegen einvernehmliche romantische Beziehungen zwischen Lehrenden und Studierenden aussprechen, so als ob jedes Auftauchen von sexuellem Begehren innerhalb einer institutionellen Hierarchie zwangsläufig eine Viktimisierung zur Folge habe. Solches Denken beruht auf der Annahme, dass ›Begehren‹ problematisch ist und nicht die Art und Weise, in der erotische Gefühle ausgedrückt werden sollten. Extreme Befürworter:innen solcher Verbote sehen die Studierenden als Kinder und die Lehrenden als Eltern. Sie betrachten jede erotische Verbindung zwischen den beiden als symbolischen Inzest und damit zwangsläufig als eine Verletzung der kindlichen/studierenden Person. Es überrascht nicht, dass die Studierenden zu denjenigen gehören, die sich einer solchen Sichtweise am deutlichsten widersetzen. Sie wissen genau, in wessen Interesse es ist, wenn sie selbst infantilisiert werden. Die Professor:innen, die am stärksten an der konventionellen Hierarchie festhalten, sind am meisten daran interessiert, Lehrende und Studierende in ein Eltern-Kind-Schema zu zwängen. Paradoxerweise sind es oft die symbolisch als ›Eltern‹ agierenden Professoren, die womöglich das Vertrauen zwischen ihnen und den Studierenden ausnutzen.

Die öffentliche Debatte über die Beziehungen zwischen Lehrenden und Studierenden wird fälschlicherweise als geschlechtsneutral dargestellt. In Wirklichkeit sind die Personen, die sich an Studierenden vergreifen, die wiederholt ihre Sexualität ausnutzen, um sie zu nötigen und zu dominieren, fast ausschließlich Männer. Neutrale Begriffe wie »Beziehungen zwischen Lehrenden und Studierenden« verschleiern in Wirklichkeit, dass es sich um mächtige Professoren handelt, die weniger mächtige Studierende missbrauchen. Wie viele weibliche Professorinnen wurden der Vergewaltigung, der sexuellen Nötigung, des Stalkings und der Belästigung von Studierenden beschuldigt? Oder dass sie Studierende bestrafen, indem sie ihre Karrieren ruinieren, wenn sie ihnen keine sexuellen Gefälligkeiten erweisen? Die wirklichen politischen Fragen, die in dieser Debatte verschleiert werden, haben mehr mit der Konstruktion von Männlichkeit im Patriarchat und der Erotisierung von Dominanz zu tun.

Doch um das Problem des Missbrauchs von Studierenden durch Hochschullehrer wirklich anzugehen, müssten wir über Möglichkeiten zur Beseitigung des Patriarchats sprechen. Es liegt im Interesse des Patriarchats, den Anschein zu erwecken, dass es eine geschlechtsneutrale Kategorie der mächtigen ›Professor:innen‹ und eine machtlose Kategorie der ›Studierenden‹ gibt, und dass in dem Moment, in dem eine Beziehung zwischen zwei Individuen dieser Kategorien erotisiert wird, Ausbeutung und Beherrschung vorprogrammiert sind. Dieses Paradigma erweckt den Eindruck, dass keine der beiden Personen Entscheidungen trifft oder Kontrolle über ihr Verhalten hat. In einem Artikel des *Time Magazine* mit dem Titel »Romancing the Student« sind alle genannten Opfer weiblich und alle Lehrenden männlich. Nancy Gibbs berichtet über eine Umfrage, die von einer klinischen Sozialarbeiterin an der Universität von Connecticut durchgeführt wurde, und stellt fest: »Mehr als die Hälfte der männlichen Fakultätsmitglieder stimmte zu, dass ein Professor, der mit einer von ihm betreuten Studierenden schläft, diese ausnutzt.« Alle waren sich einig, »dass eine Studierende, die mit einem Professor Schluss macht, unfaire Vergeltungsaktionen riskiert«. Natürlich belegen viele der Daten in dieser Umfrage und in ähnlichen Studien lediglich, dass das Patriarchat innerhalb der Hochschule genauso gilt wie außerhalb.

Wären die Probleme des Missbrauchs in den Beziehungen zwischen Lehrenden und Studierenden ausschließlich eine Frage des Machtgefälles, dann müsste es mit der zunehmenden Präsenz und Macht von Frauen in der Wissenschaft theoretisch einen enormen Anstieg der Zahl weiblicher Professor:innen geben, die ihre Macht nutzen, um Studierende zu nötigen und zu dominieren, um sexuelle Gewalt auszuüben und sie zu belästigen. Fälle, in die weibliche Lehrende verwickelt sind, kommen aber nur selten vor. Warum ist es für alle, auch für Feministinnen, einfacher, allgemein über die Gefahren von Ausbeutung und Missbrauch in erotischen Beziehungen zwischen Lehrkräften und Studierenden zu sprechen, als darüber zu theoretisieren und zu diskutieren, warum es einige – nicht alle – Männer in der akademischen Welt sind, die ihre

Macht missbrauchen, oft unter großer Gefahr für ihre eigene Karriere? Was geschieht in der Konstruktion der männlichen Sexualität innerhalb des Patriarchats, das viele akademische Männer dazu bringt, Herrschaft zu erotisieren, sexuell von Studierenden besessen zu sein, mit sexueller Zurückweisung nicht umgehen zu können oder zwanghaft süchtig danach zu sein, Studierende zu Affären zu drängen oder in extremen Fällen zu vergewaltigen? Diese Probleme lassen sich jedenfalls nicht durch strengere Regeln und Vorschriften lösen.

Vor Jahren lebte ich mit einem Hochschullehrer zusammen, der oft von weiblichen Studierenden angesprochen wurde, die eine Affäre wollten. Normalerweise redeten wir dann darüber, wie schwierig es ist, das richtige Verhalten in solchen Situationen zu finden. Er war wie ich der Meinung, dass es für Professor:innen unangebracht ist, sich mit Studierenden einzulassen, mit denen sie zusammenarbeiten. Doch wenige Wochen vor seiner Festanstellung gab er zu, eine sexuelle Beziehung zu einer weiblichen Studierenden gehabt zu haben, die sich ihm genähert hatte. Ich war wirklich schockiert, dass er seine Karriere für eine sexuelle Begegnung aufs Spiel setzen würde. Die hätte er jederzeit haben können, hatte sich aber immer dagegen entschieden. Die betreffende Studierende hätte ihn leicht der sexuellen Belästigung bezichtigen können – auch wenn sie diejenige war, die mit einer Geburtstagstorte und einer anzüglichen Geburtstagskarte an unsere Haustür klopfte. Als er die Begegnung nicht fortsetzen wollte, verfolgte sie ihn und tauchte bei öffentlichen Veranstaltungen auf, um seine Aufmerksamkeit zu erregen. Er wich ihr aus, nicht weil er sich nicht mehr zu ihr hingezogen fühlte, sondern weil er erkannte, dass er eine Grenze überschritten hatte, zum Teil aufgrund seiner eigenen Ängste und Befürchtungen, zu versagen und es nicht zu schaffen. Für ihn ging es dabei um Männlichkeit und Arbeit. Zweifellos war diese junge Frau durch seine Ablehnung verletzt. Vielleicht hatte sie sogar das Gefühl, dass er ihre Bewunderung ausnutzte. Dies war kein Fall von Missbrauch, kein Fall eines lüsternen Professors, der Herrschaft erotisiert. Diese zwei Personen waren beide verletzlich, allerdings aus unterschiedlichen Gründen. Auch wenn diese Begegnung unangemessen war, so wurde sie doch offensichtlich durch bestimmte hochschultypische Umstände ausgelöst.

Warum gibt es so wenig Arbeiten über alternde Männer in der Wissenschaft, die über den potenziellen Verlust ihrer sexuellen Anziehungskraft und Potenz beunruhigt sind, während sie jedes Jahr mit einer Vielzahl neuer Studierender konfrontiert werden, die für die Dauer ihres Aufenthalts auf dem Campus jung bleiben werden und von denen viele auch nach Bestätigung ihrer sexuellen Attraktivität suchen dürften? Nur im Kontext einer sexualfeindlichen Kultur könnte die Antwort auf das Problem des Begehrens zwischen Lehrkräften und Studierenden einfach darin bestehen, zu versuchen, dieses Begehren zu unterbinden, anstatt es zu verstehen und uns alle zu befähigen, ihm konstruktiver zu begegnen. Das würde natürlich bedeuten, den Unterschied zwischen einvernehmlichen sexuellen Kontakten – die problematisch sein können oder auch nicht – und Situationen der sexuellen Belästigung und Nötigung zu verstehen.

Während meiner mehr als zwanzigjährigen Lehrtätigkeit bin ich auf viele Professoren getroffen, die sich an Studierenden vergriffen haben. Sie schienen die Art von klugen, nerdigen Jungs gewesen zu sein, die in der Highschool keine Frau abbekommen hatten und nun auf Rache aus waren. Jetzt waren sie hinter jeder Abschlussballkönigin oder Cheerleaderin her, die diesen speziellen Abfuhrknopf in der Pubertät gedrückt hatte. Als ich an der Stanford University studierte, auf dem Höhepunkt der zeitgenössischen feministischen Bewegung, die ganz begeistert war von der Befreiung der Frauen, damit sie ihre sexuelle Selbstbestimmung durchsetzen konnten, wurde diese Art von Professor in der Regel schnell erkannt und wir lernten, uns von ihm fernzuhalten. Daher hatte er das Bedürfnis, sich an die Studienanfängerinnen heranzumachen, die in der Regel am uninformiertesten waren. Die meisten Professoren sind keine Wiederholungstäter, womit ich Typen meine, die jedes Semester Studierende sexuell ausnutzen und/oder sexuell ausbeuten. Doch diese Art von Professor gehörte eindeutig dazu, und wie viele der Professoren waren diese Typen manchmal sogar attraktiv und durchaus in der Lage, Frauen ohne Zwang zu verführen. Aber anscheinend brauchten sie dieses Machtungleichgewicht, um einen hochzukriegen. Das sexuelle Verlangen dieser Männer wird durch Situationen gesteigert, in denen sie Macht über eine Person ausüben, die machtlos ist. Sie stehen eindeutig auf die Erotisierung von Herrschaft.

Als weibliche Studierende unterhielten wir uns gerne über unattraktive, nerdige Professoren, die wahrscheinlich nie in ihrem Leben Sex-Appeal hatten, bevor sie Dozenten wurden, und die plötzlich von den jungen Frauen, die sie bewunderten, als sexy angesehen wurden. Wir Frauen in unserem Wohnheim machten gerne Witze über unsere Schwärmerei für diese Typen und über die Anstrengungen, die wir unternahmen, um sie zu verführen. Wir erotisierten nicht die Herrschaft, sondern die Macht. Wir stellten uns das Vergnügen und die Gefahr vor, Sex mit einem mächtigen Mann zu haben. Das war definitiv der Stoff, aus dem alle Liebesromane waren, die wir je gelesen hatten, und wir waren heiß darauf, es einmal in echt auszuprobieren.

Nun, ich bin hier, um zu bezeugen, dass es normalerweise sehr enttäuschend war. Als junge weibliche Studierende, die mit Professoren schliefen, waren wir nicht auf der Suche nach einer gleichrangigen Beziehung. Wir waren jedoch davon überzeugt, dass die Erotik für uns ein Raum des Wachstums sein konnte, und wir glaubten, dass sich etwas an uns auf magische Weise verändern würde, wenn wir uns mit ›brillanten‹, mächtigen Männern einließen. Die meisten von uns waren furchtbar enttäuscht, als sie feststellten, dass der durchschnittliche männliche Professor dieses Anliegen nicht teilte, dass er nicht an unserer Persönlichkeitsentwicklung interessiert war, sondern nur an unserer Muschi – und an der Bewunderung. Vereinzelt kam es zwar zu ernsthaften romantischen Liebesbeziehungen zwischen männlichen Lehrenden und weiblichen Studierenden, doch die große Mehrheit dieser Männer nutzte die Situation einfach nur aus.

Die meisten von uns wurden durch diese Begegnungen nicht in Mitleidenschaft gezogen. Die meisten von uns wurden nicht missbraucht. Aber wir wurden verletzt. Und wir haben aus diesen Erfahrungen gelernt. Eine ganz wunderbare Lektion war der Unterschied zwischen der Erotisierung von Macht und der Erotisierung von Herrschaft. Wir waren von Macht fasziniert. Allzu oft waren Professoren jedoch nur an Herrschaft interessiert. Wir versuchten, die Bedeutung der weiblichen sexuellen Handlungsmacht zu verstehen. Uns ging es um Wahlfreiheit und um Lust. Wir liebten es, Slogans aus feministischen Romanen zu skandieren, die darauf drängten: »Weigere dich vor allem, ein Opfer zu sein.«

Als ich Professorin wurde, war ich erstaunt, wie oft männliche und weibliche Studierende sich mir mit romantischen und/oder sexuellen

Absichten näherten. Meine Studierenden scheinen mich viel häufiger zu begehren als ich sie. Wie viele ungebundene Professorinnen im akademischen Bereich war ich ständig das Thema von Klatsch und Tratsch der Studierenden. Oft sind es die Studierenden, die ich am meisten liebe, die am meisten tratschen. Wenn ich mich bei ihnen über ihre Besessenheit von meinem Sexualleben beschwerte, sagten sie mir einfach, dass ich mich abregen und akzeptieren solle, dass das nun einmal zum Geschäft dazugehöre. Sie wollen die sexuelle Handlungsmacht von Frauen verstehen. Sie wollen wissen, wie Professorinnen, die ja auch sinnliche und sexuelle Wesen sind, in patriarchalen Institutionen zurechtkommen und arbeiten, und wie sie Probleme der sexuellen Anziehung, der eigenen Handlungsmacht und der beruflichen Karriere bewältigen. Sie sehen uns als Vorbilder für den Weg, den sie gehen werden. Sie wollen Leitlinien, die auf gelebten Erfahrungen beruhen.

Die zeitgenössische feministische Bewegung hat immer wieder angeprangert, wie mächtige Männer in der patriarchalen Kultur ihre Macht oft dazu nutzen, Frauen zu missbrauchen und sexuell zu nötigen, was sehr sinnvoll und hilfreich war. Allerdings wird diese notwendige kritische Intervention untergraben, wenn sie den Blick darauf verstellt, wie das Begehren in Beziehungen zwischen Individuen, in denen ungleiche, aber nicht missbräuchliche Machtverhältnisse herrschen, anerkannt werden kann. Sie wird untergraben, wenn eine Person, die sich in einer weniger mächtigen Position befindet, so dargestellt wird, als hätte sie absolut keine Wahl, keine Möglichkeit, für sich selbst zu sorgen und in ihrem eigenen Interesse zu handeln. Das bedeutet nicht, dass keine Fehler gemacht werden, wie ich und zahllose andere weibliche Studierende bewiesen, als wir uns für enttäuschende, nicht gerade förderliche Liebesbeziehungen mit Professor:innen entschieden. Der Punkt ist, dass wir uns nicht auf eine Psychologie der weiblichen Opferrolle eingelassen haben. Das wäre absolut erniedrigend gewesen. Es besteht nämlich eindeutig ein Zusammenhang zwischen der Unterwerfung unter Missbrauch und der Tatsache, inwieweit wir das Gefühl haben, dass wir dazu bestimmt sind, Opfer zu werden. Akademische Einrichtungen erweisen ihren weiblichen und männlichen Studierenden einen Bärendienst, wenn sie

sie durch Regeln und Vorschriften für erotische Beziehungen mit Lehrenden von vornherein als Opfer konstruieren.

Jede Beziehung, in der ein Machtungleichgewicht besteht, ist problematisch; sie muss jedoch nicht zwingend zu Ausbeutung oder Missbrauch führen. Die überwiegende Mehrheit der heterosexuellen Frauen in dieser Gesellschaft wird wahrscheinlich irgendwann in ihrem Leben intime Beziehungen zu Männern haben, die einen höheren Status und mehr Macht haben. Deshalb ist es für uns alle umso wichtiger, zu lernen, wie wir in Situationen, in denen ein Machtungleichgewicht besteht, ›gerecht‹ sein können, anstatt davon auszugehen, dass Ausbeutung und Missbrauch das ›natürliche‹ Ergebnis aller solcher Begegnungen sind. Wir sollten uns vergegenwärtigen, wie das konventionelle binäre Denken die Machthabenden in einer starren Weise auf ihre Machtposition festlegt, ihnen jegliche Verantwortlichkeit und Entscheidungsfreiheit abspricht, indem sie davon ausgeht, dass sie nur und ausschließlich im eigenen Interesse handeln können. Und dass ihre Interessen unweigerlich immer im Gegensatz zu den Interessen der weniger Mächtigen stehen werden.

Gegenwärtig liegt der Fokus sehr auf der Viktimisierung, wobei selten anerkannt wird, dass die Erotik ein Raum der Transgression, der Grenzüberschreitung ist, der die Politik der Herrschaft untergraben kann. Anstatt das Begehren zwischen Fakultätsangehörigen und Studierenden immer und ausschließlich als gefährlich, negativ und destruktiv zu betrachten, sollten wir uns lieber mit den positiven Aspekten dieses Begehrens befassen, mit der Art und Weise, wie die Erotik der Förderung von Persönlichkeitsentwicklung und Wachstum dienen kann. Wir hören viel darüber, wie einzelne Lehrende ihre Macht in erotischen Beziehungen mit Studierenden missbraucht haben, aber wir hören selten etwas darüber, wie erotisches Begehren zwischen ihnen individuelles Wachstum fördern kann. Wir hören nichts über die affektiven Bindungen, die sich aus erotischen Begegnungen ergeben und die konventionellen Vorstellungen von angemessenem Verhalten infrage stellen. Die meisten Hochschullehrenden, selbst die schuldigen, würden zugeben, dass es höchst problematisch ist und in der Regel auch zu nichts führt, Studierenden, mit denen sie direkt zusammenarbeiten, romantische Gefühle entgegenzubringen, sei es im Unterricht oder im Einzelkontakt. Doch Verbote, Regeln und Vorschriften werden diese Beziehungen nicht verhindern.

Daher sollte unsere Wachsamkeit nicht darauf gerichtet sein, solche Begegnungen zu verbieten, sondern ein System zu schaffen, das Belästigung und Missbrauch wirksam verhindert. An jeder Hochschule in diesem Land gibt es einzelne Professoren, die Studierende wiederholt belästigen und zu sexuellen Beziehungen zwingen. In den meisten Fällen, selbst wenn es anhaltende Beschwerden gab, hat die Hochschulverwaltung diese Personen weder zur Rede gestellt noch die bereits institutionalisierten Verfahren zur Regelung von Belästigungen genutzt, um sie zu zwingen, ihr missbräuchliches Verhalten einzustellen. Obwohl alle in der Lage sein dürften, den Unterschied zwischen jenen Professor:innen, die ihre Macht missbrauchen, und denjenigen, die eine einvernehmliche sexuelle Beziehung zu einer Studierenden haben, zu erkennen, kommt eine solche Unterscheidung in den Regeln und Vorschriften, die alle Lehrkräfte und Studierenden betreffen, nicht vor.

Einige Leute meinen, dass es da keinen Unterschied gebe, dass die Studierenden immer verletzlicher seien. Ja, es stimmt, dass Beziehungen, in denen ein erhebliches Machtungleichgewicht besteht, ein Nährboden für Viktimisierung sein können. Auch wenn sie mit gegenseitigem Einverständnis beginnen, ist damit nicht sichergestellt, dass es nicht zu Konflikten kommt, die dazu führen, dass die mächtigere Partei Nötigung oder Missbrauch verübt. Das ist in allen Beziehungen des Lebens so. Macht muss ausgehandelt werden. Zum Erwachsenwerden gehört auch, dass man lernt, mit Konflikten umzugehen. Viele Fälle von Ausbeutung betreffen Beziehungen zwischen Doktorand:innen und Professor:innen. Es ist schwer vorstellbar, dass sich Doktorand:innen nicht der Risiken bewusst sind, wenn sie sich auf eine erotische Beziehung mit Lehrenden einlassen, die eine gewisse Kontrolle über ihre Karriere haben. Doch gleichzeitig müssen Sexismus und Frauenfeindlichkeit als Faktoren betrachtet werden, die immer dann eine Rolle spielen, wenn mächtige Professoren ihre Aufmerksamkeit auf außergewöhnlich intelligente weibliche Doktorand:innen richten, die ihnen leicht Konkurrenz machen könnten. Wenn die Hochschulen das Problem des Missbrauchs in den Beziehungen zwischen Fakultätsmitgliedern und Studierenden wirklich angehen wollen, dann sollten wir den jungen Menschen im Grundstudium schon vermitteln, die damit verbundenen möglichen Probleme realistisch einzuschätzen.

Die Geschichte im *Time Magazine* über Liebesbeziehungen zwischen Lehrenden und Lernenden beginnt mit diesem Geständnis: »Während der drei Monate im Jahr 1993, in denen sie mit ihrem Englischprofessor schlief, verlor Lisa Topol 18 Pfund. Sie verlor das Interesse an ihren Kursen an der Universität von Pennyslvania, verlor ihren Ruf als Musterstudentin und fragte sich, ob sie den Verstand verlor. Sie dachte, wenn sie versuchte, mit ihm Schluss zu machen, könnte er ihre akademische Karriere ruinieren. Dann tätigte sie ein paar Anrufe und erfuhr etwas mehr über den Professor, den sie inzwischen als Raubtier betrachtete.« Wenn man die Worte »akademisch« und »Professor« weglässt, liest sich dies wie die typische Geschichte aller, die eine Beziehung zu ihren Vorgesetzten am Arbeitsplatz haben. Das Problem bei dieser Geschichte ist nicht, dass sie nicht der Wahrheit entspricht, sondern eher, dass sie nur eine Teilwahrheit erzählt. Wir haben keine Ahnung, warum Lisa Topol diese Beziehung eingegangen ist. Wir wissen nicht, ob sie einvernehmlich war. Wir wissen nicht, wie oder warum der beteiligte Mann dazu kam, sie zu missbrauchen. Wir wissen jedoch, dass er nicht nur deshalb missbräuchlich wurde, weil er ihr Professor war. Das Problem liegt hier nicht per se in den Beziehungen zwischen Lehrenden und Studierenden, sondern in diesem einzelnen Mann und in der großen Zahl von Männern wie ihm, die gegenüber Frauen übergriffig werden. Patriarchat und männliche Vorherrschaft begünstigen diesen Missbrauch. Dennoch engagieren sich die meisten Männer und Frauen in der Wissenschaft, wie in der Gesellschaft insgesamt, nicht gegen das Patriarchat. Es gibt viele Liebesbeziehungen zwischen Professor:innen und Studierenden, die in Freundschaft enden, und einige, die zu einer Ehe und/oder Partnerschaft führen. Offensichtlich sind die Professor:innen in diesen Beziehungen in der Lage, sich trotz des Machtungleichgewichts nicht ausbeuterisch zu verhalten. Es gibt viel mehr Professoren, die mit Studierenden zusammen sind, ohne sie zu missbrauchen, als solche, die es tun.

Realistisch betrachtet, versagt unsere Pädagogik sowohl innerhalb als auch außerhalb des Unterrichts, wenn die Studierenden sich ihrer Handlungsfähigkeit nicht bewusst sind, wenn es darum geht, eine intime Beziehung mit einem Fakultätsmitglied einzugehen. Einige Leute lehnen erotische Beziehungen zwischen Lehrenden und Studierenden ab, weil sie meinen, dies führe zur Bevorzugung Einzelner, wodurch insgesamt ein sehr schädliches Lernklima entstehen kann. Doch tatsächlich bergen alle engen Beziehungen zwischen Professor:innen und Studierenden das Potenzial zur Bevorzugung, unabhängig davon, ob es sich dabei um erotische Beziehungen handelt oder nicht. Es gibt nämlich viele Situationen, in denen einzelne Lernende im Unterricht bevorzugt werden, die nichts mit dem Vorhandensein von sexuellem Verlangen zu tun haben. Die meisten Lehrenden haben z. B. eine besondere Vorliebe für Studierende, die die ihnen übertragenen Aufgaben mit besonderem Fleiß und intellektueller Begeisterung erledigen. Dies ist zwar eindeutig eine Art der Bevorzugung, aber niemand versucht, sie infrage zu stellen, zu kontrollieren oder zu beseitigen.

Junge Frauen und Männer, die ein Studium aufnehmen, sind dabei, ihren Status als Erwachsene einzufordern und zu behaupten. Die Sexualität ist dabei ebenso ein Bereich, an dem diese Entwicklung und Reifung zu beobachten ist, wie der Unterricht. Die Beziehungen zwischen Lehrkräften und Studierenden, seien sie nun rein freundschaftlich oder erotisch, sind Interaktionen, die die Studierenden auf jeden Fall dabei unterstützen sollten, voll und ganz erwachsen zu werden.

Das universitäre Umfeld sollte die Fähigkeit der Studierenden stärken, verantwortungsvolle und reife Entscheidungen zu treffen. Diejenigen Fakultätsmitglieder, die sich auf Liebesbeziehungen mit Studierenden einlassen (unabhängig davon, ob sie diese initiiert haben oder auf entsprechende Avancen der Studierenden reagiert haben) und dabei nicht auf Ausbeutung oder Dominanz aus sind, werden diesen Reifungsprozess fördern. Während meiner Lehrtätigkeit hatte ich eine Beziehung zu einem Studierenden. Als diese Beziehung begann, war ich ein nicht fest angestelltes Fakultätsmitglied an der Yale University.

Wir hatten von Anfang an Konflikte um Macht. Die Beziehung funktionierte nicht, aber wir wurden Freund:innen. Kürzlich besuchte er mich und ich erzählte ihm, dass ich diesen Artikel schreibe. Ich wollte wissen, ob er dachte, ich hätte ihn ausgenutzt. Er erinnerte mich daran, wie erschrocken er darüber war, dass ich ihn begehrte, weil er mich in erster Linie als Lehrerin betrachtete, die er bewunderte und zu der er aufschaute. Im Gespräch teilte er mir seine Sichtweise mit: »Ich fühlte mich in keiner Weise genötigt. Ich war nur überrascht und geschockt. Ich fand es faszinierend, dass ich mit dir unter vier Augen über die im Unterricht aufgeworfenen Fragen sprechen konnte. Ich war froh, dich besser kennenlernen zu dürfen, denn ich wusste, dass du eine kluge und begabte Professorin bist. Wir alle hielten dich für etwas Besonderes. Ich war jung und unerfahren, und auch wenn es aufregend war, dass du mich begehrtest, war es auch beängstigend.« Unsere Romanze scheiterte. Es gab mehr als genug unglückliche und konfliktreiche Momente, aber unsere Freundschaft hat sich im Laufe der Jahre vertieft und beruht auf gegenseitiger Achtung und Fürsorge.

Die Verehrung der Studierenden für eine Lehrperson kann leicht ein Kontext sein, in dem erotische Sehnsüchte aufkommen. Leidenschaftliche Pädagogik kann in jedem Umfeld erotische Energie freisetzen. Sie lässt sich nicht kontrollieren oder verbieten. Diese erotische Energie kann auf konstruktive Weise genutzt werden, sowohl in individuellen Beziehungen als auch im Unterricht. Es ist wichtig, wachsam zu sein gegenüber einem Machtmissbrauch, bei dem die Erotik zu einem Terrain der Ausbeutung wird. Doch ebenso wichtig ist es, den Raum zu erkennen, in dem erotische Interaktion befähigend wirkt und positive Veränderungen herbeiführt. Begehren im Kontext von Hierarchien und ungleicher Machtverteilung ist immer beides: potenziell zerstörerisch und gleichzeitig potenziell transformativ. Das Begehren kann eine demokratische, ausgleichende Kraft sein – es kann uns mit aller Vehemenz an die Grenzen von Hierarchie und Status erinnern, aber es kann auch einen Kontext für Missbrauch und Ausbeutung darstellen.

Die Erotik ist immer präsent – immer um uns. Wenn wir leugnen, dass zwischen Lehrenden und Lernenden unweigerlich erotische Gefühle auftauchen werden, verhindern wir damit, dass Verantwortung übernommen werden kann. Die Folgen der Aufnahme von intimen Beziehungen, in denen ein Machtungleichgewicht besteht, können dann nicht verstanden werden. In einem kulturellen Kontext, in dem das Begehren als so störend empfunden und so tabuisiert wird, dass es nicht ausgesprochen, anerkannt und verarbeitet werden kann, können solche Beziehungen zudem nicht mit der erforderlichen Achtsamkeit gelebt werden. Darüber hinaus würde ein Verbot von Beziehungen zwischen Lehrenden und Studierenden ein Klima des Schweigens und der Tabuisierung schaffen, das die Dynamik von Nötigung und Ausbeutung nur verstärken würde. In dem Moment, in dem offen über Machtunterschiede im Zusammenhang mit erotischem Begehren gesprochen wird, entsteht hingegen ein Raum, in dem Entscheidungen möglich sind und in dem die Verantwortlichkeit richtig eingeschätzt werden kann.

13

Spiritualität in Bildung und Erziehung

Ich möchte hier erzählen, was ich über Spiritualität in Erziehung und Bildung denke und was ich tue.

Die Lehre verkörpern

Eines der ersten Dinge, die ich tue, ist, mit meinem Körper zu den Lernenden zu gehen: sie zu sehen, bei ihnen zu sein. Ich bin dem buddhistischen Lehrer Chögyam Trungpa Rinpoche, dem Gründer des Naropa-Instituts, nie begegnet, weil ich Angst vor ihm hatte. Ich hatte unter anderem Angst davor, was er in meinem Körper bewegen könnte – was er in meinem Wesen bewegen könnte. Seine Lehren und sein schriftliches Werk haben mich jedoch als Lehrerin geprägt. Vielfach höre ich: »bell, ich habe das Gefühl, dass ich Sie kenne. Ich habe das Gefühl, bei Ihnen gewesen zu sein, wenn ich Ihre Texte lese.« Ein Lieblingstext von mir, der mir sehr entspricht, ist Trungpa Rinpoches Buch *Cutting through Spiritual Materialism*. Dieser Text treibt mich ständig an: Er bringt mich dazu, darüber nachzudenken, was es bedeutet, ein spirituelles Leben zu führen. Bevor wir nicht darüber sprechen, was ein spirituelles Leben ausmacht, können wir nicht über Spiritualität in Bildung und Erziehung sprechen.

Wir sind nämlich nicht nur dann Lehrende, wenn wir in unseren Unterricht gehen, sondern wir sind in jedem Moment unseres Lebens Lehrende. Was mich am Dalai Lama fasziniert, ist die Art und Weise, wie er seinen Körper als Lehre für uns einsetzt, also das spontane Moment. Was mir an Trungpa Rinpoche wichtig ist, ist dieses Gefühl des Unerwarteten, der Spontaneität und des Mysteriums, das in seinen Schriften zum

Ausdruck kommt. Um ein spirituelles Leben zu führen, um uns einem Leben aus dem Geist zu verschreiben, müssen wir bereit sein, uns rufen zu lassen – oft auf eine Weise, die uns vielleicht nicht gefällt.

Den Geist anrufen

Trungpa Rinpoches Lehren riefen mich immer wieder, aber ich sagte mir immer wieder: »Nein, ich bin nicht bereit dafür. Das ist zu viel.« Einmal war ich eingeladen, an einer Konferenz mit dem Dalai Lama in Boulder, Colorado, teilzunehmen. Ich habe ständig gestichelt, dass ich zu spät eingeladen worden war, dass ich ja nur eine Nachrückerin war. Der Koordinator wiederum stichelte, er habe in siebzehn Staaten herumtelefoniert, um mich zu finden. Nun, wenn wir in Kontakt mit dem Anderssein kommen wollen, müssen wir manchmal danach suchen. Vielleicht müssen wir in siebzehn verschiedenen Staaten suchen.

Die Konferenz sollte zu der Zeit im Jahr stattfinden, in der ich mich normalerweise zurückziehe. Ich gehe nirgendwo hin. Die Konferenz drängte sich jedoch auf unzählige Arten immer wieder in mein Bewusstsein, und ich dachte trotzdem jedes Mal: »Ich will das nicht machen. Das ist nicht das, wo ich gerade stehe.« Aber der Geist rief mich immer wieder. Dann begann ich krank zu werden. Als ich Blut hustete, rief ich die Konferenzleitung an, immer wieder. Ich wollte sagen: »Tut mir leid, ich kann nicht kommen.« Aber es ging niemand ans Telefon und niemand rief mich zurück. Da dachte ich mir, ich mache es ganz geschickt. Ich rufe meine Schwester an, die mit mir dorthin reisen sollte, und sage ihr: »Ich bin so krank. Willst du das wirklich machen?« Aber sie sagte: »Oh, ja, ich will wirklich fahren. Und ich brauche dringend eine Auszeit.« So ist es manchmal, wenn der Geist ruft. Aber wir dürfen nicht so tun, als ob ein Leben im Geist, ein spirituelles Leben einfach wäre. Im Gegenteil: Ein solches Leben ist schwierig. Es ist kein Leben, in dem es darum geht, wie sehr die Menschen dich mögen werden.

Wir alle tun so, als ob wir den Dalai Lama so sehr ›mögen‹, als ob wir von ihm so begeistert wären. Aber wenn wir Lehrenden begegnen, die uns in ein tiefes und unergründliches Mysterium eintauchen lassen, gefällt uns das oft nicht. Es ist nicht einfach; und es ist nicht einfach, eine solche Lehrperson zu sein.

Gelegenheit

Während der Konferenz verpassten wir einen kraftvollen Moment der Lehre. Als wir *Down by the Riverside* sangen, sagte der Dalai Lama, dass er nicht verstehe, worüber wir singen. Aber wir haben die Gelegenheit nicht ergriffen, in diesem Moment mit ihm über die Verbindung zwischen der Unterdrückung der afrikanischen und afroamerikanischen Bevölkerung zu sprechen, über das Band, das uns mit Tibet verbindet.

Ich werde oft gefragt: »Warum Buddhismus?«, »Warum interessiert dich Tibet?« Vor allem von Schwarzen Menschen, die fragen, »Was ist mit der Arbeit hier?«, »Was ist mit all den weißen Buddhist:innen, die sich einen Dreck darum scheren, was hier mit uns geschieht?«

Ich denke, es ist sehr wichtig, Tibet nicht einfach abzuschreiben, sondern die Freiheit Tibets mit unserer Freiheit zu verknüpfen, und für mich als afroamerikanische Frau zu verstehen, dass mein Dasein mit dem all dieser kämpfenden und leidenden Menschen in Tibet verbunden ist, zu wissen, dass wir in unserem Leiden verbunden sind, auch wenn ich sie vielleicht nie sehen oder kennenlernen werde. Diese Verbindung macht u. a. unser Verständnis von Mitgefühl aus: dass es sich ausdehnt, dass es sich kontinuierlich weiterentwickelt.

Ich sagte zu meiner Schwester über den Dalai Lama: »Meine Güte, sieht er nicht aus wie unser Bruder?« Und dann sagte ich über zwei Mönche, die dort saßen: »Mensch, wenn sie diese Roben ausziehen würden, sähen sie aus wie zwei Schwarze, die wir schon unser ganzes Leben lang kennen.«

Und inwieweit würden sich die Menschen über sie freuen, wenn sie einfach nur Schwarze Menschen in ganz normaler alter Kleidung wären, die ganz normal in Boulder herumlaufen? Inwieweit würden wir vielleicht Angst empfinden? Oder die Gelegenheit nicht ergreifen, mit dem Anderssein in Kontakt zu treten?

Befreiung des Geistes

Als Mädchen, das von den mystischen Dimensionen des christlichen Glaubens berührt wurde, spürte ich die Gegenwart des Allerheiligsten in meinem Herzen: das Einssein unser aller Leben. Damals, als ich noch nicht die richtigen Worte dafür gefunden hatte, wusste ich nur, dass es trotz der Schwierigkeiten in meiner Welt, trotz des Leids, das ich um mich herum und in mir selbst erlebte, immer eine spirituelle Kraft gab, die mich aufrichten konnte, die mir Momente transzendenter Glückseligkeit schenken konnte, in denen ich alle Gedanken an die Welt loslassen und tiefen Frieden erfahren konnte.

Schon früh war mein Herz von diesem Glück berührt worden. Ich wusste, wie entrückend diese Kraft war. Schon früh hatte ich mir geschworen, eine Suchende auf dem Weg zu sein – eine Wahrheitssucherin. Ich war entschlossen, ein spirituelles Leben zu führen.

Der Schwarze Theologe James Cone sagt, dass unser Überleben und unsere Befreiung davon abhängen, dass wir die Wahrheit erkennen, wenn sie ausgesprochen und gelebt wird: »Wenn wir die Wahrheit nicht erkennen, kann sie uns nicht von der Unwahrheit befreien. Die Wahrheit zu erkennen, bedeutet, für sie bereit zu sein, denn sie ist nicht hauptsächlich Reflexion und Theorie. Die Wahrheit ist ein göttlicher Akt, der in unser Leben eingreift und den menschlichen Akt der Befreiung hervorbringt.«

Wenn ich über meine Jugend nachdenke, denke ich zuallererst an die mystische Dimension des christlichen Glaubens, denn es war dieser Aspekt meiner religiösen Erfahrung, den ich als wirklich befreiend empfand. Die fundamentaleren religiösen Glaubenssätze, die mir beigebracht wurden und die zum blinden Gehorsam gegenüber Autoritäten und zur Akzeptanz unterdrückerischer Hierarchien aufriefen – das hat mich nicht bewegt.

Nein, es waren diese mystischen Erfahrungen, die es mir ermöglichten, die sich über alle Autoritäten und Gesetze erhebende Dimension des Seins in einem spirituellen Erfahrungsraum zu verstehen und zu erkennen.

Nach Hause zurückkehren

Als Studierende war ich auf der Suche nach Spiritualität in der Bildung und wollte, dass in meinem Leben sowohl Theorie und Politik als auch spirituelle Praxis ihren Platz haben. Mein Ziel war es, einen Ort der Begegnung für beide Bereiche zu finden. Es ist bemerkenswert, dass die beiden spirituellen Lehrer:innen, die mir so viel bedeutet haben und deren

Wirken sich wie ein roter Faden durch meine Arbeit zieht, in ihrem Wesen so unterschiedlich sind: Trungpa Rinpoche und Thich Nhat Hanh, der vietnamesische Zen-Meister. Ihre Philosophien sind in vielerlei Hinsicht verschieden. Der eine so sehr der Magie und dem Mysterium verpflichtet, dem Mutigen. Der andere etwas doktrinärer, aber der Idee der Offenheit des Herzens doch sehr zugetan.

Eines der ersten Bücher, das mich auf den Weg von Thich Nhat Hanh führte, war ein Buch, das er zusammen mit Daniel Berrigan geschrieben hat und das den Titel *The Raft Is Not the Shore* trägt (dt.: Das Boot ist nicht das Ufer). Darin schreibt Thich Nhat Hanh über Selbstheilung. In der buddhistischen Tradition, sprach man früher, wie er erklärt, von Erleuchtung als einer Art Heimkehr.

»Die drei Welten«, sagt er, »die Welt der Form, der Nicht-Form und des Begehrens sind nicht euer Zuhause. Dies sind Orte, an die ihr euch verirrt, die vielen Existenzen, die eurer eigenen wahren Natur entfremdet sind. Die Erleuchtung ist also der Weg, der zurückführt: der Weg nach Hause.«

Thich Nhat Hanh spricht von den Bemühungen, zurückzukehren, im Sinne der Wiederherstellung des eigenen Selbst, der eigenen Integrität. Ich begann, diese Vision der spirituellen Selbstheilung bzw. Selbstwiederherstellung auf die politische Selbstwiederherstellung der kolonisierten und unterdrückten Völker zu beziehen. Ich tat dies, um die Berührungspunkte herauszustellen zwischen dem Bemühen, spirituell zu leben, und dem Bemühen der unterdrückten Völker, ihren Geist zu erneuern, um sich im Leiden und im Widerstand wieder selbst zu finden und zu erkennen.

Das ist mein Anliegen: Welchen Platz nimmt die Liebe bei dieser Wiederherstellung ein? Welchen Stellenwert hat die Liebe in der Erfahrung des so vertrauten Andersseins?

Wenn ich hierher oder an einen anderen Ort komme und das Gefühl habe, irgendwie nicht ganz präsent zu sein oder nicht gesehen zu werden, dann ist es die Liebe, die es mir ermöglicht, in diesen Raum des Andersseins einzutreten.

Es ist die Liebe, die ich in mir selbst hervorbringen kann, als ein Licht, das ich aussenden kann, das die Menschen berühren kann. Die

Liebe ist imstande, das Gefühl des Andersseins zu überbrücken. Es braucht Übung, um achtsam zu sein, um diese Liebe auszustrahlen. Es erfordert Anstrengung.

Ich bin beeindruckt von all den Menschen, die an Orten unterrichten, wo Spiritualität akzeptiert wird. Denn ich habe die meiste Zeit meiner Lehrtätigkeit in einem Klima verbracht, das der Spiritualität absolut feindlich gegenübersteht. Dort lachen einen die Kolleg:innen aus, wenn sie denken, dass man irgendeine Vorstellung von spirituellem Leben hat.

Ein großer Teil meiner Erfahrung, meiner Lehrpraxis hat sich also in dieser besonders rauen Umgebung herausgebildet; in einem Umfeld, das der Spiritualität gegenüber völlig feindlich gesinnt ist. Ich nenne diese Feindseligkeit nicht beim Namen, sondern arbeite so mit ihr, dass das Spirituelle in ihrer Mitte präsent sein kann: dass das Feuer hell brennt, ohne irgendeine Art von Generator in der Umgebung, der es erzeugt.

Howard Thurman vertrat die Ansicht, dass die Erfahrung der erlösenden Liebe für die individuelle und kollektive Weiterentwicklung wesentlich ist. Eine solche Liebe wirkt bestätigend und unterstützend. In seinem Buch *The Growing Edge* stellt er fest, dass, egal ob wir gute oder schlechte Menschen sind, sich um uns gekümmert wird, und zwar jenseits all dessen, was uns einschränkt, und all dessen, was in uns schöpferisch ist. Wir werden im Kern unseres Wesens angesprochen, und in diesem Kern werden wir berührt und befreit.

In einem Großteil seiner Werke ermahnt Thurman diejenigen unter uns, die sich für einen radikalen sozialen Wandel einsetzen, nicht zuzulassen, dass unsere Visionen einem starren Muster entsprechen, das wir anderen aufzwingen wollen, sondern zuzulassen, dass sie »modelliert und geformt werden in Übereinstimmung mit der innersten Transformation, die in unserem Geist vor sich geht.«

Sich von der Liebe leiten zu lassen bedeutet, in Gemeinschaft mit allem Leben zu leben. Eine Kultur der Herrschaft, wie die unsere, ist jedoch nicht bestrebt, uns zu lehren, wie man in Gemeinschaft lebt. Folglich muss das Erlernen des Lebens in der Gemeinschaft für alle von uns, die sich Spiritualität in Bildung und Erziehung wünschen, eine zentrale Praxis sein.

Allzu oft denken wir bei Gemeinschaft daran, dass wir mit Leuten zusammen sind, die uns ähnlich sind, die sich in Bezug auf Klasse, Race, ethnische Zugehörigkeit, soziale Stellung und dergleichen ähnlich positionieren wie wir selbst. Wir alle haben vage Vorstellungen von Gemeinschaft und Mitgefühl, doch wie viele von uns sind bewusst losgezogen, um bewusst einen von uns verschiedenen Menschen zu finden, sich mit ihm vertraut zu machen und ihn heute hierher mitzubringen? Damit wir, wenn wir uns umsehen würden, nicht nur eine ähnliche Klasse, eine ähnliche Gruppe von Menschen finden würden, Menschen wie wir selbst, und aufhören würden, diese Art von Exklusivität zu pflegen. Zugleich denke ich, wir müssen sehr aufpassen; sonst laufen wir Gefahr, etwas zu fordern, das wir selbst nicht wirklich praktizieren wollen. Viele Weiße reisen bis nach Tibet, um mit dem Anderssein in Kontakt zu kommen, aber sie können sich nicht vorstellen, genau dort, wo sie leben, einen Menschen zu finden, der ›anders‹ ist als sie selbst und zu sagen: »Möchtest du mit mir kommen?«

Auf einer Konferenz sagte einmal eine junge Frau zu mir: »Ich würde gerne heute Abend kommen, aber ich bin nicht angemeldet.« Und ich sagte zu ihr: »Nun, hier. Nehmen Sie einfach mein kleines Ticket, und Sie können reinkommen.« Das tat ich, weil ich gerade versuchte, für mich selbst, für meinen Tag, die Antwort auf die Frage zu finden: »Was werde ich heute konkret tun, um mich in größere Gemeinschaft zu bringen? Mit dem, was nicht hier ist?« Diese Fragen beschäftigten mich auch, als ich an meinen spirituellen Weggefährten, Cornel West, schrieb, mit dem ich früher einmal tiefe, leidenschaftliche Diskussionen über die Bedeutung eines spirituellen Lebens und über unsere Aufgabe als Lehrende geführt habe. Eines der Themen, über die wir uns auseinandersetzten, war der Begriff der opferbereiten Liebe.

Es gibt diesen Moment des Innehaltens, der es uns erlaubt, uns inmitten von körperlichem Leid und Schmerz daran zu erinnern, dass wir mehr sind als unser Schmerz. Und dass es andere Wege gibt, auf denen wir uns mitteilen können. Eines der Dinge, die ich Thich Nhat Hanh ständig in meinem Kopf sagen höre, ist dies:

»Wenn wir uns in der Gegenwart der Lehrperson befinden, muss die Lehrperson nicht unbedingt zu uns sprechen.« Denn bereits die Anwesenheit ihres Körpers, ihr Sein selbst, bedeutet uns etwas. Zurück zum Konkreten: Wenn wir versuchen, die Gesellschaft zu verändern, zählt das Bemühen, die eigene Integrität dabei zu bewahren, möglicherweise zu unseren intensivsten politischen Kämpfen – und ist sicherlich der größte spirituelle Kampf. In meinem Brief an Cornel schrieb ich:

»Wir setzen nicht nur mit unserer intellektuellen Arbeit ein Zeichen, sondern mit unserem Selbst, mit unserem Leben. Sicherlich verlangt die Krise dieser Zeit, dass wir alles geben. Erinnerst du dich an das Lied, in dem gefragt wird: ›Is your all on the altar of sacrifice laid?‹ (›Ist alles was du hast auf den Opferaltar gelegt?‹) ›Alles‹ zu geben, umfasst für mich auch unsere Lebensgewohnheiten, die Art und Weise, wie wir leben. Es ist politische Praxis und spirituelles Sakrament zugleich – ein widerständiges Leben. Wie können wir von Veränderung, von Hoffnung und Liebe sprechen, wenn wir nur den Tod hofieren? All unsere Arbeit, egal wie brillant oder revolutionär wir denken oder handeln, verliert an Kraft und Bedeutung, wenn uns die Integrität des Seins fehlt.«

Ich kann bezeugen, dass die spirituelle Praxis von großer Bedeutung ist und dass eine solche Praxis eine fortschrittliche Bildung und eine fortschrittliche Politik unterstützt und fördert. Sie bringt den Kampf um Befreiung voran.

14

Dies ist unser Leben

Lehren im Angesicht des Todes

Als Kind sah ich die Mutter meines Vaters, Rachel, sterben, sah wie sie in einem Moment noch da war und dann für immer verschwand, so dass ich früh verstanden habe, dass der Tod uns alle unvorbereitet treffen kann. Und dann war da noch meine Mutter, die uns immer wieder sagte: »Ihr lebt nicht ewig.« Ihre Ermahnung forderte uns auf, vom Nichtstun ins Handeln zu kommen, von der Gleichgültigkeit zu leidenschaftlichem Engagement überzugehen. Es ist schon immer eine Bestimmung für mich gewesen, über die Bedeutung des Todes nachzudenken. In meiner spirituellen Praxis konzentriere ich mich oft auf Meditationen, die unser Bewusstsein für die ständige Präsenz des Todes stärken und uns helfen sollen, ganz in dem Moment zu leben, den wir haben, dem lebendigen Moment – der Gegenwart. Ram Dass nutzt eine einfache Aufforderung, um uns in den gegenwärtigen Moment zurückzurufen: »Sei jetzt hier!«

Die Hochschulbildung ist so sehr auf die Zukunft ausgerichtet, auf die erwarteten Belohnungen, die die imaginierte Zukunft bringen wird, dass es schwierig ist, den Studierenden zu vermitteln, dass die Gegenwart ein Ort von Bedeutung ist. In der heutigen Zeit wird ihnen immer wieder suggeriert, dass alles, was sie im Unterricht lernen, nur Rohmaterial für etwas ist, das sie später im Leben produzieren werden. Diese Verlagerung von Sinn in die Zukunft macht es den jungen Menschen unmöglich, sich ganz auf die Kunst des Lernens einzulassen und dieses Eintauchen als einen vollkommenen, befriedigenden Moment der Erfüllung zu erleben.

Die Hochschule, wie sie in der Dominanzkultur verstanden wird, ist nur eine Zwischenstation auf einer Reise mit einem Endpunkt, der immer irgendwo anders liegt. Das Studium bedeutet ein Aufschieben der Belohnung. Dies ist ein wesentlicher Grund dafür, dass viele Studierende chronisch unzufrieden, frustriert und ständig am Jammern sind. Im Gegensatz zu Ram Dass' Aufforderung, »jetzt hier zu sein«, werden die Lernenden durch die konventionelle Pädagogik in dem Glauben sozialisiert, dass ihr eigenes ›Jetzt‹ immer ungenügend und mangelhaft ist. Und so gibt es eine gemeinsame Erfahrung, die die meisten Lehrenden, unabhängig von ihrer politischen Überzeugung, ihrem Standort oder ihrer Fachrichtung machen, nämlich ein allgemeines Gefühl von Überdruss, das sich einstellt, wenn wir uns mit dieser chronischen Unzufriedenheit der Lernenden auseinandersetzen.

Die Vision des Fortschritts, die für das imperialistische, kapitalistische Patriarchat weißer Vorherrschaft von zentraler Bedeutung ist, legt den Fokus immer auf die Zukunft – es gibt immer einen besseren Moment als den jetzigen, einen besseren Job, ein besseres Haus, eine bessere Beziehung. Die konventionelle Bildungslandschaft spielt dabei eine Schlüsselrolle, denn sie ist der Ort, an dem junge Menschen lernen, die Werte anzunehmen, die mit den herrschenden Verhältnissen einhergehen. Alle Professor:innen in den Geisteswissenschaften kennen Geschichten von Studierenden, die das, was wir tun und was sie in unseren Lehrveranstaltungen lernen, abwerten, weil sie nicht in der Lage sind, Erfahrungen, die sich nicht direkt mit ihren Zukunftsvisionen vom Erfolg überschneiden, eine substantielle Bedeutung beizumessen. In der Geschichte der Hochschulbildung hat es wahrscheinlich nie eine Zeit gegeben, in der in den Lehrveranstaltungen keine opportunistischen, zukunftsorientierten Studierenden saßen; es gab jedoch Zeiten, in denen solche Studierende in der Minderheit waren. Es gab einmal Studierende (und hier schließe ich mich selbst ein), die für immer an der Hochschule bleiben wollten, weil unsere Kurse eine Erfahrung des Studierens, des Lernens und des gemeinschaftlichen Strebens nach Erkenntnis boten, die einfach traumhaft war. Heutzutage sitzen in unseren Kursen eher Studierende, die auf die große Chance fixiert sind, auf die Möglichkeiten, die sich ihnen in der Zukunft eröffnen könnten. Natürlich sind diese Studierenden besessen von Noten und bereit, fast alles zu tun, um sicherzustellen, dass sie die Bewertung erhalten, die ihnen größtmögliche zukünftige Erfolgschancen eröffnet.

Als Lehrende schließen wir uns dieser Fixierung auf die Zukunft an, wenn wir uns um Beförderung, Festanstellung und gute Beurteilungen bemühen. Wissenschaftlich, intellektuell gesehen, fordert uns ein Großteil unserer Arbeit zu ständiger analytischer Verarbeitung auf. Dabei ist unser Denken meistens auf die Vergangenheit oder die Zukunft ausgerichtet (vor allem, wenn wir mit Ideen arbeiten und versuchen, originelle Gedanken zu entwickeln, die uns von unseren Kolleg:innen abheben und unsere Karriere voranbringen). Diese Art des Denkens kann unglaublich fruchtbar sein, aber wenn wir sie nicht mit passiveren Formen kombinieren können, die Richard Carson und Joseph Bailey als den »frei fließenden Modus« bzw. »Flow« bezeichnen, kann sie unsere Fähigkeit, mit der Gegenwart in Kontakt zu sein, zunichtemachen. Carson und Bailey betonen, dass wir, wenn wir uns ausschließlich mit analytischem Denken beschäftigen, uns dafür entscheiden, uns mit genau den Ideen zu verbinden, die in der herkömmlichen Pädagogik am meisten geschätzt werden. Sie führen weiter aus: »Wenn Sie aktiv denken, befinden Sie sich im Verarbeitungsmodus; wenn Sie passiv denken, befinden Sie sich im Modus des freien Flusses. Wenn Sie im Flow sind, fühlt es sich so an, als ob Sie überhaupt nicht denken würden. Das Denken scheint Ihnen dann einfach zu passieren. Das Denken im frei fließenden Modus bewegt sich ganz natürlich und bringt Ihnen ständig neue, harmonische Gedanken. Wenn Sie sich jedoch im Verarbeitungsmodus befinden, stammt das Denken aus Ihrem Gedächtnis.« Früher, als ich noch studierte, waren die Kurse, in denen ich wirklich etwas lernte, diejenigen, in denen diese beiden Ansätze kombiniert wurden. Doch heutzutage ist es so, dass das hektische Bemühen um die Einhaltung von Abgabeterminen und die Bewältigung festgelegter Stoffmengen, wenn überhaupt, nur sehr wenig Raum für Stille, für frei fließendes Arbeiten lässt. Die meisten von uns lehren oder werden gelehrt, dass nur die Zukunft wirklich wichtig ist.

Diese veränderte Einstellung steht in direktem Zusammenhang mit einem grundlegenden kulturellen Wandel: von einer Zeit, in der nicht-materialistische, nicht-marktwirtschaftliche Werte zusammen mit dem Wunsch nach wirtschaftlichem Erfolg existierten, hin zu einer Kultur, in der hedonistischer Materialismus und hemmungsloser Konsum die Norm sind. In einer Kultur, in der ›du bist, was du kaufst‹, können Sonette wenig Bedeutung haben. Poesie ist heutzutage nur dann von Bedeutung, wenn sie als einprägsamer Werbespruch verwendet werden kann, nur dann, wenn sie hilft, etwas zu verkaufen.

Ich gehöre zu den Professor:innen der Babyboomer-Generation, die damals in die Wissenschaft gingen und sich darauf einstellten, hart zu arbeiten und ein Leben lang schlecht bezahlt zu werden. Für viele von uns war der Ausgleich dafür, dass wir Zeit haben würden. Wir würden lange Ferien und vorlesungsfreie Zeiten haben, um nachzudenken, zu schreiben, zu träumen. Hätte mir in meinen Zwanzigern jemand gesagt, dass ich eines Tages (für wie kurze Zeit auch immer) ein sechsstelliges Jahresgehalt bekommen würde, um als Professorin zu arbeiten, hätte ich ihn ausgelacht. Es schien unmöglich. Und doch erreichte ich den Gipfel des akademischen Erfolges, wurde auf eine renommierte Professur berufen, die ich auch annahm, und bekam dieses hohe Gehalt. Jedoch kündigte ich diese Stelle relativ bald wieder, weil ich einfach nicht mehr mit mir selbst im Unterricht und mit dem pädagogischen Klima an der Universität zufrieden war. Es war schwierig, der Welt zu sagen, dass ich kündigte, weil ich wusste, dass es schwierig sein würde, zu erklären, dass ich das Gefühl hatte, dass ich als Lehrperson nicht das Niveau an Ausstrahlung und Exzellenz erreichte, das der Standard war, nach dem ich mich selbst beurteilte. Einer meiner besten Freund:innen und akademischen Kolleg:innen versuchte, mich davon zu überzeugen, dass ein 3+-Tag in meinem Kurs immer noch wie eine 1+ in anderen Kursen an unserer Hochschule war. Als ich meinen Plan ankündigte, zuerst einen unbezahlten Urlaub für mehrere Jahre zu nehmen und dann zu kündigen, war das Feedback, das ich erhielt, ich müsse verrückt sein. Meine Kolleg:innen waren alle der Meinung, dass es Wahnsinn sei, als schlecht bezahlte Professorin nach über zwanzig Jahren endlich das große Geld zu verdienen und dann einfach wieder wegzugehen. Sie dachten nur an die finanzielle Belohnung – das große Geld. Die Lebensqualität im Unterricht war ihnen nicht besonders wichtig.

In den zwei Jahren, in denen ich unbezahlten Urlaub nahm, kamen zwei intellektuelle Weggefährt:innen zur Liste der schreibenden und

Kunst schaffenden Kolleg:innen hinzu, die in den letzten zehn Jahren meines Leben gestorben sind: Felix Gonzales-Torres, Marlon Riggs, Essex Hemphill und Toni Bambara. Die Kritikerin Toni Cade Bambara, deren Lebenskraft vom Krebs aufgezehrt wurde, schimpfte von ihrem Hospizbett aus, ich würde zu viel arbeiten. Dieses 1-a-Partygirl sagte mir, ich müsse mehr feiern. Ich sagte ihr, dass ich nicht daran dachte, große Partys zu veranstalten, aber dass ich den Rat beherzigen würde, meine Umgebung bewusster wahrzunehmen, zu schauen und zu leben und einen Raum für Freude zu finden oder zu schaffen.

Apropos Toni Bambara: Einer der denkwürdigsten Kurse, die ich je unterrichtet habe, fand in Yale statt. Der Kurs behandelte afroamerikanische Schriftstellerinnen. Wir lasen Toni Bambaras intensives Buch *The Salteaters*. Die Studierenden, die es gewohnt waren, ›leichte‹ Geschichten von Schwarzen Frauen zu lesen, hatten es schwer. Es waren mehr als fünfzig Teilnehmende im Kurs. Als ich Toni anrief und sie fragte, ob sie kommen und mit ihnen über ihr Schreiben, ihre Arbeit und ihre Lebensentscheidungen sprechen würde, kam sie. Ein wenig Geld floss dafür aus verschiedenen Quellen und auch aus dem Fachbereich. Es gab keinen Ruhm – kein öffentliches Ereignis im Rampenlicht, keine Plakate. Sie zog die Studierenden auch so in ihren Bann und ermöglichte ihnen, aus erster Hand etwas über den literarischen Prozess zu erfahren. Das Gespräch zwischen Toni und mir schlug ein ganz neues Kapitel auf; es war wie ein Moment der Jazz-Improvisation. Die Studierenden wollten gar nicht wieder gehen. Wir wollten einfach nicht, dass dieser Moment endete. Es war einer dieser Momente, in denen alle voll und ganz im Jetzt präsent waren.

Heutzutage gibt es solche Momente nur noch selten. Wir leben in einer Welt, in der die meisten Schriftsteller:innen – oft genug verzweifelt – dafür bezahlt werden wollen, vor einem Kurs zu sprechen. Seit Jahren beunruhigt mich die Tatsache, dass fast alle Schriftsteller:innen unseres Landes letztlich im Bildungsbereich arbeiten, um wirtschaftlich zu überleben. Ich bin beunruhigt, weil unsere Bildungseinrichtungen konservativ sind und unsere Stimmen und unsere Vorstellungskraft mehr einschränken, als wir uns vorstellen können. Unbewusst fangen wir an, uns selbst zu kontrollieren, repräsentieren nur noch die Institution, anstatt uns der heiligen Welt der Phantasie hinzugeben. Wir zensieren uns selbst. Wir bringen eine Aura des Todes in die Lehre, wenn wir der Phantasie das Recht nehmen, zu sagen und zu tun, was nötig ist.

Einer der anderen großen Lehr- und Lernmomente für mich war, als ich entdeckte, dass Ann Petry, die Autorin des großartigen Protestromans *The Street*, nur ein paar Städte von Yale entfernt lebte. Ich fand ihre Nummer im Telefonbuch und rief sie an, ohne zu sagen, dass ich dachte, sie wäre längst verstorben, weil die akademische Welt, in der ich lebte und arbeitete, sich zu diesem Zeitpunkt nicht richtig an sie erinnerte. Nachdem ich sie in ihrem Haus besucht und ihr meine Liebe zu ihrer Arbeit bewiesen hatte, begleitete sie mich zu meinem Kurs in Yale. Klein, stämmig (wie meine Big Mama es nennen würde), ergraut (wie es sich nach Meinung meiner Big Mama für eine alte Dame gehört – grau und stolz), begann sie ihren Vortrag mit einer provozierenden Aussage über den Tod. Diese kleine alte Dame erzählte uns mit einer Stimme, die so markant und scharf war wie gehärteter Stahl, dass sie, bevor sie ein Wort geschrieben hatte, bereits wusste, dass Lutie ihren Geliebten Boots in einem Akt der Selbstverteidigung töten würde.

Die Anmut und der Schwung von Petrys Vorstellungskraft beeindruckten die Zuhörenden. Ich fühlte mich an die Erklärung von June Jordan erinnert: »Wenn die Erlangung meiner Selbstbestimmung Teil einer weltweiten, unvermeidlichen und gerechten Bewegung ist, dann sollte ich bereit und in der Lage sein, mich mehr und mehr auf die ganze Welt einzulassen, ohne Angst und auch ohne Selbstaufopferung. Das heißt, dass man von mir als Schwarze Feministin nicht erwarten kann, dass ich ein Konzept von dem, was andere Selbstliebe nennen, respektiere, wenn das für mich in irgendeiner Weise Selbstverleugnung bedeutet.« Ann Petry lieferte der Welt eines der ersten Porträts einer Schwarzen Frau, die kritischen Widerstand leistete und die Herrschaft herausforderte, während sie sich mit den Schnittstellen von Rassismus, Sexismus und Klassismus auseinandersetzte. Petry ist jetzt tot. Sie lebte ein langes und erfülltes Leben. June Jordan ist tot. Auch sie lebte ein erfülltes Leben, aber nicht lange genug; wie so viele Schwarze Schriftstellerinnen starb sie in der Blüte ihrer Jahre.

Immer wenn Schwarze Mitstreiterinnen, Schriftstellerinnen und Künstlerinnen im Sterben lagen, hat es eine Hinwendung zu ihnen aus dem Geiste der Gemeinschaft heraus gegeben, so dass wir von ihrem Tod und Sterben lernen und auch anderen etwas darüber beibringen konnten. Der Jesuitenpater Henri Nouwen teilt in seinen Betrachtungen über Sterben und Fürsorge, *Our Greatest Gift* (dessen Werk für mich heute noch genauso lehrreich ist wie damals, als er noch lebte) folgende Erkenntnis: »Gemeinsame Fürsorge ist die Grundlage des Gemeinschaftslebens. Wir kommen nicht nur zusammen, um uns gegenseitig zu trösten oder zu unterstützen. So wichtig diese Dinge auch sein mögen, langfristig ist das Gemeinschaftsleben doch auf andere Aspekte ausgerichtet. Gemeinsam gehen wir auf andere zu. (...) Das Geheimnis dieser gemeinsamen Fürsorge ist, dass sie nicht nur nach Gemeinschaft verlangt, sondern sie auch schafft.« In unserer Welt geraten die Worte Schwarzer Schriftstellerinnen, ja sogar unsere Namen, oft schnell in Vergessenheit und deshalb ist es wichtig und notwendig, dass die Worte unserer großen und guten Literatinnen in anderen, in ihrem Schreiben und Lehren weiterleben. Ihre Stimmen dürfen nicht länger zum Schweigen gebracht werden, nicht einmal durch den Tod.

Allen Hochschullehrenden, die sich mit dem Werk Schwarzer Schriftstellerinnen befassen, wird auffallen, dass die überwiegende Mehrheit dieser Bücher von Frauen geschrieben wurde, die nicht lange genug gelebt haben, die jung verstorben sind. Wenn ich deren Werke unterrichte, fühle ich mich daher aufgerufen, sowohl in den Reflexionen über die Vergangenheit als auch über unsere gegenwärtige Existenz mit den Studierenden über die Bedeutung des Sterbens und die Qualität des Lebens nachzusinnen.

In den letzten Jahren hat der Verlust von Menschen, die uns freundschaftlich oder kollegial begleitet haben, viele von uns immer wieder an die Gegenwart des Todes erinnert. Hier in New York, am 11. September 2001, nicht weit von den einstürzenden Türmen entfernt, schien der Tod so nah zu sein. Meine kleine Wohnung war zeitweise vom Rauchgeruch durchdrungen, der den Geschmack des Todes – brutal, sinnlos, tragisch – in sich trug; dadurch war sie nicht länger mein Zufluchtsort. Sie wurde zu einem Ort der Konfrontation mit dem Tod. Auf der Suche nach dem

Sinn des Todes konzentriere ich mich in der spirituellen Praxis auf die buddhistische Vision von ›unserer Verabredung mit dem Leben‹, die mich mit den Sutras über die Unbeständigkeit in Berührung bringt, der Realität des Jetzt, die der vietnamesische buddhistische Mönch Thich Nhat Hanh als »gegenwärtiger Moment, einziger Moment« bezeichnet. Er lehrt: »Unser wahres Zuhause ist der gegenwärtige Moment. Im gegenwärtigen Moment zu leben ist ein Wunder. Das Wunder besteht nicht darin, auf dem Wasser zu gehen. Der Frieden ist überall um uns herum (...) Wenn wir lernen, diesen Frieden zu berühren, werden wir geheilt und verwandelt. Es ist keine Frage des Glaubens, sondern eine Frage der Praxis. Wir müssen nur Wege finden, um unseren Körper und unseren Geist in den gegenwärtigen Augenblick zurückzubringen.« Seine einfachen Worte über den Frieden fordern mich und Lehrende wie mich im Kern unseres Wesens heraus, auch wenn wir vom Denken, Analysieren und Kritisieren besessen sind. Die Praxis der Achtsamkeit hat mir geholfen, meine Leidenschaft für das Denken, für das Analysieren, die der Katalysator für das ekstatische Unterrichten ist, mit einer Leidenschaft für die Stille, für den gegenwärtigen Moment auszugleichen.

Wenn ich mir einen Vortrag dieses großen Lehrers anhöre, wenn ich mich hinsetze und ohne Publikum von Herz zu Herz mit ihm spreche, fühle ich mich inspiriert, mich ganz hinzugeben – im gegenwärtigen Moment präsent zu sein. Seine Gegenwart ruft mich dorthin, auch ohne Worte. Und ich nehme diese Achtsamkeitspraxis mit in meine Kurse, in der Hoffnung, dass die Studierenden von meinem Beispiel lernen, ganz da zu sein, wo wir sind – im Hier und Jetzt. Thich Nhat Hanh erklärt: »Wir neigen dazu, in der Zukunft zu leben, nicht im Jetzt. Wir sagen, ›Warte, bis ich mit der Uni fertig bin und meinen Doktortitel habe, dann werde ich wirklich lebendig sein (...)‹ Wir sind nicht in der Lage, im gegenwärtigen Augenblick lebendig zu sein. Wir neigen dazu, das Lebendigsein in die Zukunft zu verschieben, in die ferne Zukunft, wir wissen nicht, wann. Jetzt ist nicht der Moment, um lebendig zu sein. Vielleicht sind wir in unserem ganzen Leben überhaupt nicht lebendig. Die Kunst besteht darin, im gegenwärtigen Moment zu sein, sich bewusst zu machen, dass wir hier und jetzt sind, und der einzige Moment, in dem wir lebendig sein können, ist der gegenwärtige Moment (...) Dies ist der einzige Moment, der wirklich ist.« Dieses Verständnis können wir mit unseren Studierenden teilen. Wir können es in einem fünfminütigen Vortrag vermitteln. So können wir ihnen helfen, der Gegenwart zu vertrauen.

Wann immer ich frustriert war über die abgestandene, unproduktive, abstumpfende Energie in meinen Kursen, konnte ich die Stimmung normalerweise ändern, indem ich damit drohte, meinen »Das ist unser Leben«-Vortrag zu halten. Der Vortrag, der mit dem Tod und dem Sterben beginnt. Es ist ein kleiner Vortrag über die Qualität des Lebens im Unterricht, eine Erinnerung daran, dass unsere gemeinsame Zeit äußerst befriedigend und erfüllend sein kann, eine Zeit, in der wir jeden Gedanken an die Zukunft aufgeben können. Meist ist es den Studierenden unangenehm, über den Tod zu sprechen. Sie wollen sich an ihre Besessenheit von der Zukunft klammern, weil dies die wichtigste Möglichkeit für sie ist, der Gegenwart Sinn zu verleihen. Da sie aus einem Umfeld konventioneller Pädagogik kommen, haben sie in der Regel keine Vorstellung davon, wie sie das Lernen als solches schätzen können. Für sie ist Lernen zielorientiert. Es wird nicht als Selbstzweck gewürdigt, sondern als Mittel zu etwas anderem.

Den Lernenden beizubringen, voll und ganz präsent zu sein, den Moment, das ›Jetzt‹ im Unterricht zu genießen, ohne zu befürchten, dass dadurch die Zukunft in Gefahr gerät: Das ist eine essentielle Achtsamkeitspraxis für wahrhaftige Lehrende. Wenn wir uns auf das »Jetzt« konzentrieren, können wir unsere pädagogische Arbeit so gestalten, dass wir alles das, was kostbar ist, in unserem Unterricht hervorholen, nicht nur ab und zu oder in besonderen Momenten, sondern immer. Achtsamkeit in Bezug auf das Lernklima zu vermitteln, allen klarzumachen, dass es bereichernd und lebensförderlich sein muss, bringt uns in besseren Kontakt zu den anderen und fördert die Gemeinschaft im Unterricht. Es schärft unser Bewusstsein; wir sind besser in der Lage, aufeinander einzugehen und uns auf den Lerngegenstand einzulassen.

In jedem Unterricht gibt es Zeiten, in denen sowohl Lehrende als auch Lernende mit ihren Gedanken woanders sind. Es ist, als ob wir uns alle gemeinsam in einem Trancezustand befinden. An solchen Tagen frage ich meine Studierenden oft, was los ist. Warum sind wir in einem solchen Gefühl von Langeweile gefangen? Wie können wir den gegenwärtigen Moment nutzen, um dort wirklich präsent zu sein, wo wir sind, und aus dem Hier und Jetzt lernen? In einer utopischen Welt könnten wir an solchen Tagen den Unterricht abbrechen, denn es ist unmöglich, Menschen zu unterrichten, wenn sie mit dem Kopf nicht dabei sind. Da wir nicht gehen können, versuchen wir, mit der Realität zu arbeiten, dass wir die Bedingungen für das Lernen schaffen müssen. Wir arbeiten mit unserer Abwesenheit, um präsent zu werden.

Ich habe Thay (Thich Nhat Hanh) über engagierten Buddhismus lehren hören, und ich habe viele dieser Ideen auf engagierte Pädagogik angewandt. Wenn wir das Lernen so praktizieren, dass es uns in eine engere Verbindung mit uns selbst bringt, verändert sich die Atmosphäre im Unterricht. Thay beschreibt den Zustand der Verbundenheit als »sich dessen bewusst sein, was in unserem Körper, in unseren Gefühlen und in unserem Geist vor sich geht«. Dieser Zustand ruft in uns ein Bewusstsein des *Interseins* hervor. Wenn wir *Intersein* im Unterricht praktizieren, werden wir nicht nur durch die Präsenz einer einzelnen Person, sondern durch unsere kollektive Präsenz verwandelt. Eine Welt des Lernens zu erleben, die wir gemeinsam gestalten können, ist der ekstatische Moment, der uns immer wieder in die Gegenwart, in das Jetzt zurückkehren lässt – an diesen einen Ort, an dem wir wirklich sind.

15
Spirituelle Themen im Unterricht

Ich wurde so ausgebildet, dass alle Diskussionen über Religion und Spiritualität aus dem Unterricht herauszuhalten sind. Als ich die lange Reise von der Virginia Street Baptist Church, wo meine Seele zum ersten Mal von den mystischen Dimensionen des christlichen Glaubens berührt wurde, zur Stanford University antrat, wusste ich, dass es in Stanford keine Diskussionen über den göttlichen Geist geben würde. Natürlich verbreiteten die »Jesus-Freaks«, wie sie genannt wurden, die wiedergeborenen Christen, ihre Botschaft ganz eifrig. Doch von christlicher Mystik hatten sie keine Ahnung. Es war meine Sehnsucht, eine Intellektuelle zu werden, die mich den ganzen Weg von Kentucky nach Kalifornien geführt hatte, das erste Kind in meiner Familie, das so weit von zu Hause wegging, um zu studieren. Meine christlich-fundamentalistischen Eltern sprachen sogar von Kalifornien als Babylon. Sie befürchteten, dass ich dort den Sinn für das Heilige verlieren würde; sie befürchteten, dass meine Seele vom Bösen versucht werden könnte, und dass ich dazu verleitet würde, mich von Gott abzuwenden.

Als ich unsere vertraute Lebensweise im Süden hinter mir ließ, um das College an der Westküste zu besuchen, fand ich mich zunächst in einer so intensiven spirituellen Wüste wieder, dass es sich anfühlte, als würde ich zerbrechen und mich nie wieder ganz fühlen. Entgegen den Befürchtungen meiner Eltern vor Babylon führte mich diese Zeit in der Wüste eher zur Religion hin als von ihr weg. Ich hoffte, in der innigen Verbindung mit dem göttlichen Geist eine Quelle der Klarheit zu finden, die mich erdete, während ich meinen Verstand und mein Herz öffnete, um die vielen neuen Ideen und Lebensgewohnheiten anzunehmen, mit denen ich konfrontiert wurde.

Ich saß oft im stillen Gebet in der Stanford-Kirche, diesem wunderschönen Heiligtum in der Nähe der englischen Fakultät, und suchte Trost für meinen Geist. Dort betete ich, dass mein Glaube stärker werden möge, und mein Geist sich der Herausforderung stellen möge, die das Leben in dieser elitären Bildungswelt mit sich brachte. Es dauerte nicht lange, bis ich das strenge Christentum meiner Kindheit und Jugend ablegte, das von mir verlangte, ein kirchliches Zuhause zu finden und regelmäßig an Gottesdiensten und wöchentlichen Gebetstreffen teilzunehmen. Stattdessen tauchte ich in die Poesie der islamischen Mystik ein, studierte den Sufismus und folgte dann den Beat-Poet:innen in den Buddhismus. Während meines Grundstudiums in Stanford lernte ich zum ersten Mal die »Transszendentale Meditation« kennen. Dort war es auch, wo ich zum ersten Mal den Dichter Gary Snyder traf und von den Feiern auf seinem Land hörte, an denen Buddhist:innen und Suchende teilnahmen. Meine erste buddhistische Nonne traf ich in Snyders Bergheiligtum. Wir saßen im Kreis um ein Feuer herum, lauschten den Gedichten und sangen Loblieder. Beim Hören der Gesänge und des Läutens der Glocken spürte ich, wie mein Geist erwachte. Mir schien es nur natürlich, dass eine Schwarze Person, die in unserem Land lebte, das sich erst langsam von rassistischer Ausbeutung und Unterdrückung abwandte, eine Spiritualität verstehen würde, die auf der Prämisse beruht, dass »alles Leben Leiden ist«.

Gerade als ich begann, mich in das Studium der buddhistischen Lehre zu vertiefen, war Martin Luther King vom Friedensaktivismus eines damals noch wenig bekannten buddhistischen Mönchs aus Vietnam, Thich Nhat Hahn, berührt worden, den er beim Internationalen Versöhnungsbund kennengelernt hatte. Durch ihr gemeinsames Engagement für Gewaltlosigkeit solidarisch verbunden, wussten sie beide um die transformative Kraft des Leidens. Während Thay (Thich Nhat Hanh) lehrte, dass »eure Leiden die Fähigkeit haben, uns den Weg zur Befreiung zu zeigen«, lehrte King über »den Wert des unverdienten Leidens«. King legte persönlich Zeugnis ab, als er verkündete: »Ich habe die Notwendigkeit des Leidens erkannt und versucht, daraus eine Tugend zu machen (...) Ich habe die letzten Jahre mit der Überzeugung gelebt, dass unverdientes Leiden erlösend ist.« Um mein tiefgreifendes

Gefühl des Verlorenseins und der Beziehungslosigkeit zu bewältigen, wandte ich mich von meinen Mitstudierenden und Lehrenden ab, um in heiligen Räumen Trost zu finden. Ich wandte mich der Religion zu, um wieder Verbundenheit zu empfinden. Ich suchte ein spirituelles Fundament, das meine Seele tragen würde.

In ihrem autobiografischen Essay »Notes of a Barnard Dropout« beschreibt June Jordan ihre Sehnsucht, dass das College der Ort sein möge, der all die zerbrochenen Teile miteinander verbindet: »Nun, ich wurde in Harlem geboren und wuchs in Bedford Stuyvesant auf. Dann, als ich zwölf oder dreizehn war, wurde ich auf die Prep School, eine höhere Schule zur Vorbereitung auf das College, geschickt. Mit anderen Worten, ich begann mein Leben in einem komplett Schwarzen Universum und fand mich dann in den drei Jahren an dieser Schule in einem weißen Universum wieder. Als ich nach Barnard kam, hoffte ich daher, eine Verbindung zu finden (...) Ich hoffte, dass das Barnard College mir entweder die Verbindung zwischen der scheinbar unverbundenen Welt der Weißen und der Schwarzen ermöglichen würde, oder dass es mich wenigstens befähigen würde, diese Verbindung selbst herzustellen.« Jordans Hoffnungen wurden enttäuscht: »Keiner der Studiengänge, nichts an der Lehre, hat für mich die Verbindung hergestellt oder mir die Entdeckung einer Verbindung erleichtert«, schreibt sie. Sie hat abgebrochen. Für viele kluge Studierende mit einem Hintergrund, der durch Race, Klasse, Geografie, sexuelle Vorlieben oder eine Kombination dieser Faktoren marginalisiert ist, bleibt das College weiterhin ein Ort der Entfremdung und der Beziehungslosigkeit, ein Ort, an dem keine Verbindung hergestellt werden kann. Während meiner gesamten Hochschulerfahrung, sowohl während des Grundstudiums als auch in den Jahren danach, war Spiritualität für mich der Ort, an dem die Verbindungen hergestellt wurden. Und auch wenn in Stanford von Spiritualität keine Rede war, waren die offenen Türen der Kirche eine ständige Bestätigung für den Stellenwert des Heiligen in der Bildung.

Doch Religion und Spiritualität sind keine Synonyme. Seine Heiligkeit, der Dalai Lama, der in seinem Buch *Ethics for the New Millennium* zu einer spirituellen Revolution aufruft, trifft eine sehr hilfreiche Unterscheidung zwischen Religion und Spiritualität:

»Unter Religion verstehe ich den Glauben an die Erlösungsansprüche der einen oder anderen Glaubenstradition, wobei ein Aspekt davon die Akzeptanz einer Form von metaphysischer oder übernatürlicher Realität ist, einschließlich vielleicht einer Vorstellung von Himmel oder Nirwana. Damit verbunden sind religiöse Lehren oder Dogmen, Rituale, Gebete usw. Unter Spiritualität verstehe ich jene Qualitäten des menschlichen Geistes – wie Liebe und Mitgefühl, Geduld, Toleranz, Vergebung, Zufriedenheit, Verantwortungsbewusstsein, Sinn für Harmonie –, die uns selbst und andere glücklich machen. Während Ritual und Gebet sowie Fragen nach Nirwana und Erlösung direkt mit dem religiösen Glauben verbunden sind, müssen jene inneren Qualitäten es aber nicht sein. Es gibt also keinen Grund, warum der Mensch sie nicht auch ohne Rückgriff auf ein religiöses oder metaphysisches Glaubenssystem in hohem Maße entwickeln sollte. Aus diesem Grund sage ich manchmal, dass wir vielleicht auf Religion verzichten können. Worauf wir aber nicht verzichten können, sind diese grundlegenden spirituellen Qualitäten.«

Diese Unterscheidungen sind nützlich für Lehrende, die verstehen wollen, wie sie Spiritualität in das Lehren und Lernen einbringen können, ohne dabei auch die Religion mit einzubeziehen.

In der Einleitung zu *The Heart of Learning. Spirituality in Education* stellt der Herausgeber Steven Glazer fest, dass sich viele Menschen vor Religion oder Spiritualität in der Bildung fürchten, weil »sie Angst haben, anderen Identität aufzuzwingen« und »sie mit bestimmten Glaubensvorstellungen zu indoktrinieren«. Er erklärt: »Aus dieser Angst vor Bevormundung hat sich eine große Tragödie entwickelt (...) die völlige Abkehr von der inneren Welt. Diese Angst hat dazu geführt, dass wir in unserem Unterricht (und in unserem Leben) die Existenz des inneren Seelenlebens, den Bereich der spirituellen Entwicklung, der spirituellen Identität, ignoriert haben«. Da ich aus einer segregierten Schwarzen Welt stamme, in der die Behauptung einer spirituellen Identität ein Ort des kritischen Widerstands war, eine Möglichkeit, sich gegen die rassistische Entmenschlichung zu wehren, bedeutete mir das spirituelle Leben natürlich viel.

Während meines Studiums und meiner Lehrtätigkeit an Elitehochschulen lernte ich schon früh, dass nur der Verstand von Bedeutung war und dass die Pflege unserer Seelen – unseres Geistes – im Privaten, fast im Verborgenen stattfinden musste. In seinem Essay »The Grace of Great Things: Reclaiming the Sacred in Knowing, Teaching and Learning« fordert Parker Palmer die Lehrenden auf, Bildung so zu verändern, dass sie auch die Bedürfnisse des Geistes würdigt. Indem er die Lehrkräfte aufruft, »eine veränderte Art des Seins in der Welt zu sehen«, verleiht er der spirituellen Sehnsucht eine Stimme: »Inmitten der altbekannten Fallstricke des Bildungswesens – Konkurrenz, intellektueller Kleinkrieg, Besessenheit von einer engen Auswahl an Fakten und nicht zuletzt Noten und Zeugnisse – suchen wir eine Arbeitsweise, die vom Geist erleuchtet und von der Seele durchdrungen ist.« Wie so viele Arbeiterkinder, die aus Familien stammen, in denen die Eltern nicht studiert hatten, hatte ich eine bestimmte, altmodische Vorstellung davon, wie eine solche Erfahrung aussehen könnte: Eine intellektuelle Person war für mich ein Mensch, der Ganzheitlichkeit anstrebte, die Einheit von Geist, Körper und Seele. Auch wenn ich dieses Verständnis in meiner akademischen Erfahrungswelt nur selten bestätigt fand, arbeitete ich weiter auf diese Vision der Ganzheitlichkeit hin. All das, was Palmer sagt, hat mich tief beeindruckt. Er erklärt, dass es bei Bildung, Lehren und Lernen um mehr geht als um das Sammeln von Informationen oder das Ergattern eines Jobs: »Bei der Bildung geht es um Heilung und Ganzheitlichkeit. Es geht um Ermächtigung, Befreiung, Transzendenz, um die Erneuerung der Vitalität des Lebens. Es geht darum, uns selbst und unseren Platz in der Welt zu finden und zu behaupten. (…) Ich möchte erforschen, was es bedeuten könnte, das Heilige im Herzen der Erkenntnis, des Lehrens und des Lernens wieder einzufordern – es von einer im Wesentlichen deprimierenden Art des Wissens zu befreien, die nur Daten, Logik und Analyse gelten lässt, die nur die systematische Trennung des Selbst von der Welt und von den anderen honoriert.« Viele Lernende kommen in die Schulen und Hochschulen, wenn sie bereits ein Gefühl des Getrenntseins verspüren. Ein Unterricht, der die Bedürfnisse des Geistes nicht berücksichtigt, verstärkt dieses Gefühl des Verlorenseins, der Unfähigkeit, eine Verbindung herzustellen.

Die konventionelle Bildung lehrt uns, dass das Abgetrenntsein zum Leben dazugehört. Kein Wunder also, dass Schwarze Lernende, Lernende of Color und allgemein Kinder aus der Arbeiterklasse oft mit einer erlernten Erfahrung von Verbundenheit in die Schulen und insbesondere in die Hochschulen kommen, die sie in Konflikt mit der Welt bringt, die sie betreten haben. Kein Wunder also, dass so viele dieser jungen Menschen schlechte Leistungen erbringen, die Schule oder das Studium abbrechen. Sie sind im Kern ihres Wesens zutiefst verunsichert durch die Forderung, sich auf eine Denkweise einzulassen, in der es keinen Sinn für das Heilige gibt, in der Verbundenheit abgewertet wird. Glazer argumentiert, dass wir dieses Problem der fehlenden Verbindung lösen können, indem wir »das Heilige als Grundlage des Lernens etablieren«. Genauer erklärt er: »Heiligkeit wird hier nicht in einem bestimmten religiösen Rahmen verstanden, sondern als etwas, das aus zwei grundlegenden Eigenschaften unserer Erfahrung erwächst: Gewahrsein und Ganzheitlichkeit. Gewahrsein ist eine natürliche, aus sich selbst heraus entstehende Qualität: Es ist unsere Fähigkeit, wahrzunehmen, zu erfahren und zu erkennen. (…) Ganzheitlichkeit ist die der Welt innewohnende, allumfassende, interdependente Qualität. Doch wir können das Ganzheitliche auch in uns kultivieren, indem wir diese nonduale Qualität der Welt erfahren. Durch die Erfahrung von Gewahrsein und Ganzheitlichkeit beginnen wir, den Blick für das Heilige zu entwickeln.« Wenn wir als Lehrende einen Sinn für das Heilige schaffen, einfach durch die Art und Weise, wie wir den Unterricht gestalten, bestätigen wir unseren Lernenden, dass akademische Brillanz nicht durch Unverbundenheit gefördert wird. Wir zeigen, dass ganzheitlich Lebende Spitzenleistungen erbringen können.

Viele junge Menschen kommen in unseren Unterricht in dem Glauben, dass wahre Exzellenz nur durch den Willen, die Verbindung zu unterbrechen und sich abzugrenzen, entsteht. Sie sehen diesen Zustand als entscheidend für die Aufrechterhaltung der Objektivität an. Und so befürchten sie, Ganzheitlichkeit könne dazu führen, dass sie als weniger ›brillant‹ angesehen werden. Durch die gängigen Auffassungen darüber, was akademische Brillanz ausmacht, wird immer noch die Vorstellung aufrechterhalten, kritisch denkende Menschen seien gefühllos und kaltherzig. Es wird offenbar angenommen, dass, wenn das Herz verschlossen ist, sich der Verstand umso weiter öffnen wird. Doch gerade durch das Scheitern bei der Herstellung von Harmonie zwischen Geist, Körper und Seele ist der Anti-Intellektualismus in unserer Kultur gefördert worden, und unsere Bildungseinrichtungen sind zu reinen Lernfabriken mutiert.

Bildung, die dazu dient, die Entwicklung in Richtung Ganzheitlichkeit zu fördern, stellt geradezu eine Kampfansage an die herrschenden Verhältnisse dar. Während meiner gesamten Bildungserfahrung, sowohl als Studierende als auch in den ersten Jahren meiner Lehrtätigkeit als Hochschulassistentin, hielt ich es für sehr wichtig, im Unterricht nichts über Spiritualität zu sagen, um ja niemandem mein Interesse an spiritueller Entwicklung aufzuzwingen. Doch in den Jahren, in denen ich in Yale unterrichtete, sah ich immer wieder, wie Studierende – die besten und intelligentesten – verzweifelten. Ich sah, wie sie tranken und Drogen nahmen, Selbstmordversuche unternahmen und sich auf alle möglichen Arten von verrücktem Verhalten einließen. Viele von ihnen waren Studierende of Color. Die meisten von ihnen kamen aus einer Welt mit wirtschaftlichen Privilegien und Status. Doch wie ihre unterprivilegierten Kommiliton:innen bezeugten sie alle, dass ihnen etwas fehlte, dass sie eine innere Leere verspürten. Wenn die Studierenden mich fragten, wie ich überlebt habe, wie ich es geschafft habe, ohne zusammenzubrechen, konnte ich nicht anders, als ihnen ehrlich von der unterstützenden Kraft der Spiritualität in meinem Leben zu berichten.

Indem ich die Spiritualität ehrlich als eine Kraft benannte, die meine Fähigkeit zum Widerstand stärkte, konnte ich mitten in den Machtzentren der Dominanzkultur stehen und couragiert Alternativen anbieten. Ich erzählte den Studierenden von der Quelle meiner Hoffnung. In ihrem Essay »Educating for Mission, Meaning, and Compassion« spricht Rachel Naomi Remen über Lehrende als Menschen, die heilend wirken können, indem sie auf die Ganzheit des Lebens und die Ganzheit der menschlichen Existenz vertrauen. Sie bietet folgende wichtige Einsicht: »Als Pädagog:innen können wir die Schäden, die unsere Kultur verursacht, nicht heilen, indem wir die Menschen so erziehen, dass sie in der Gesellschaft, so wie sie ist, erfolgreich sind. Wir müssen den Mut haben, Menschen so zu erziehen, dass sie diese Welt heilen und zu dem machen, was sie werden könnte.« Dies ist die Vision einer transformativen Bildung. Es ist Bildung als Praxis der Freiheit.

Niemand von uns ist der Meinung, dass Bildung ein Leben aus dem Inneren heraus erzwingen sollte, sondern nur, dass das innere Seelenleben nicht ignoriert werden sollte. Als Steven Glazer sich mit der Frage beschäftigte, wie Lehrende bei jungen Menschen »die Entwicklung einer inneren spirituellen Identität unterstützen können, ohne sie zu indoktrinieren oder ihnen eine Ideologie aufzuzwingen«, antwortete er: »Die Antwort besteht einfach nur darin, Bildung in der Erfahrung zu verankern. Wenn wir unsere Wahrnehmungen, Emotionen und Überzeugungen – unsere Erfahrung – genau untersuchen, ergeben sich Bewusstsein und Einsicht ganz natürlich. Wir sind bereits mit den Qualitäten des Sehens, Erkennens, Fühlens und Wissens ausgestattet. Die spirituelle Identität ergibt sich von ganz allein aus der Identifikation mit der Erfahrung und nicht aus der Unterwerfung unter bestimmte Konzepte oder Überzeugungen.« Bezeichnenderweise haben die Black Studies, die Women's Studies, die Cultural Studies – alles Disziplinen, die einen ganzheitlicheren Bildungsansatz verfolgten, alles Disziplinen, die der Erfahrung einen hohen Stellenwert einräumen – die Hochschullehre am meisten verändert.

Wären diese Disziplinen nicht gewesen, hätten Professor:innen in anderen, eher etablierten Studiengängen und Fachbereichen vielleicht nie versucht, ihre Lehre so zu verändern, dass sie das imperialistische, kapitalistische Patriarchat weißer Vorherrschaft nicht verfestigt. Im Gegensatz zur Propaganda der Massenmedien, die der Öffentlichkeit fälschlicherweise vorgaukelt, dass das Leben und die Werke weißer Männer nicht mehr erforscht oder an den Rand gedrängt würden, hat es keinerlei Maßnahmen gegeben, die die Ausbildung so verändert hätten, dass weiße Männer und ihre Arbeit nicht mehr im Mittelpunkt stehen. Und doch gab es entscheidende Veränderungen in der Art und Weise, wie gelehrt wird, und auch in den Lehrmaterialien, die wir verwenden. Diese Veränderungen, die Kämpfe um die Befreiung der Bildung aus dem Griff der Dominanzkultur waren erfolgreich, so dass die Bildungseinrichtungen nicht mehr einfach nur Lernfabriken sind, in denen neue, bessere Dominanzmenschen produziert werden. Der nachhaltige Erfolg hat jedoch leider zu unglaublichen Gegenreaktionen geführt. Es gäbe keinen Grund, die Gleichstellungspolitik zu attackieren, wenn sie nicht trotz aller Rückschläge und Misserfolge sehr erfolgreich gewesen wäre. In nur wenigen Jahren haben diese Fördermaßnahmen zur Bekämpfung von Diskriminierung dazu geführt, dass mehr weiße Frauen (die Hauptnutznießerinnen) und mehr Menschen of Color, vor allem diejenigen von uns, die aus der Arbeiterklasse stammen, Zutritt zur akademischen Welt haben. Wir haben unseren Stimmen Gehör verschafft. Wir haben unsere Präsenz spürbar gemacht. Und vieles hat sich verändert. Doch der Kampf für die Umgestaltung der Bildung geht weiter. Heute ringen wir insbesondere darum, eine neue Sprache des Geistes zu finden. In ihrem Buch *The Outrageous Pursuit of Hope* erklärt die Theologin Mary Grey, dass wir nach einer »Sprache der Verbindung suchen, die die Verschiedenheit respektiert und auf einem erneuerten, bescheideneren Universalismus basiert, ohne die alte dominante, hegemoniale Sprache zu reproduzieren, die die Verschiedenheit unterdrückt und ungerechterweise eine Einheit erzwingt, wo es keine gibt.« Und wir sind uns darüber im Klaren, dass diese neue Sprache eine Anerkennung des Zusammenhangs zwischen unserer seelischen Verfassung und unserer Fähigkeit zu lernen beinhalten muss.

Wenn wir aufhören, nur auf das zu schauen, was alles nicht passiert ist, können wir die enormen Veränderungen, die viele Einzelne in nur kurzer Zeit vollzogen haben, deutlicher sehen: die Bewegung von der Sklaverei zur Freiheit, vom Sexismus zum Feminismus, von der Diskriminierung zu mehr Offenheit. All diese unglaublichen Bewegungen für soziale Gerechtigkeit waren erfolgreich, weil sie eine Ethik der Liebe beschworen, die in der Hingabe an das Spirituelle wurzelt. Für unsere spirituelle Stärkung ist es von entscheidender Bedeutung, dass wir alle auf das schauen, was bereits gut funktioniert, auch wenn wir natürlich wissen, dass wir weiterhin Widerstand leisten müssen.

Viele der Menschen, die sich für die Schaffung von Gemeinschaften der Vielfalt eingesetzt haben, sind erschöpft. Diese Erschöpfung äußert sich oft als spirituelle Krise. Es ist wichtig, dass wir in unserer pädagogischen Vision einen Raum schaffen, in dem das Spirituelle eine Rolle spielt, einen Raum, in dem unser Geist erneuert wird und unsere Seelen wieder gesunden können. Dabei müssen wir genauso klar und deutlich unsere Freude benennen, wie wir es mit unserem Leiden tun. Thich Nhat Hanh lehrt: »Wenn man gelitten hat, weiß man die Elemente des Paradieses zu schätzen, die vorhanden sind. Wenn du nur in deinem Leiden verweilst, wirst du das Paradies verpassen.« Für mich ist und bleibt der Unterricht ein Ort, an dem das Paradies verwirklicht werden kann, ein Ort der Leidenschaft und der Möglichkeiten, ein Ort, an dem die Seele, das Spirituelle zählt und all das, was wir lernen und wissen, uns zu einer größeren Verbindung führt, zu einem größeren Verständnis für das Leben in Gemeinschaft.

16

Erkenntnisse aus der Praxis

Als ich an die Hochschule kam, sah ich mich in erster Linie als Künstlerin (Dichterin, Malerin, Schriftstellerin) und strebte eine Lehrtätigkeit nur als Nebenberuf an. Mein Wunsch war es immer gewesen, Kunst zu schaffen. Diese Entscheidung traf ich bereits in meiner Kindheit und ich suchte dann nach Wegen, die mich in meiner Bestimmung bestärken und unterstützen würden. Das College war für mich der Ort, an dem ich Zeit haben würde zu studieren, zu lesen, nachzudenken und zu lernen, und ich ging in der Hoffnung dorthin, dass es mich befähigen würde, eine kritisch denkende Künstlerin zu werden. Meine Neigung zur Kunst stand in direktem Zusammenhang mit meinen Erfahrungen mit der Kraft der Fantasie. Es war die Fantasie, die mich als junges Mädchen aus einem Schwarzen Arbeiterhaushalt in den Südstaaten hoffen ließ, dass ich in der Lage sein würde, mir ein Leben als Künstlerin aufzubauen. Die Macht der Fantasie fühlte sich für mich geradezu verheißungsvoll an. In ihrem Buch *The Outrageous Pursuit of Hope* erklärt Mary Grey, dass »die visionäre Vorstellungskraft unerhört ist – nicht nur, weil der Traum geträumt wird, sondern weil er bereits gelebt wird, bevor er Wirklichkeit geworden ist und weil dieser Traum in konkreten Handlungen verkörpert wird.« Menschen aus marginalisierten Gruppen, ob sie nun Opfer dysfunktionaler Familien oder politischer Herrschaftssysteme sind, finden oft ihren Weg in die Freiheit, indem sie dem Ruf ihrer visionären Fantasie folgen.

Indem ich davon träumte, kam ich zu der Überzeugung, dass ich die Welt der rassistischen Apartheid und der patriarchalen Familiendysfunktion verlassen und mein künstlerisches Selbst finden könnte. Ich stellte mir vor, dass ich in der akademischen Welt Unterstützung für die Suche meiner Seele und meines Geistes nach Freiheit und Unabhängigkeit finden würde. Während meines Studiums begann ich, mich umzuorientieren. Ich gab meine künstlerischen Ambitionen nicht auf, aber ich entdeckte, dass die Arbeit mit Ideen für mich pure Ekstase war: Ich folgte der Berufung, eine Intellektuelle zu werden. Diese Entscheidung ließ sich, so schien es mir, gut mit einer Lehrtätigkeit vereinbaren. Doch die bewegten Jahre des Studiums haben mich eines Besseren belehrt. Ich lernte, dass das Leben als Hochschullehrerin etwas anderes ist als das einer Intellektuellen. Ich lernte, dass die meisten Universitätsangehörigen keine Intellektuellen waren und das intellektuelle Leben im Grunde sogar verachteten. In der akademischen Welt wurden Intellektuelle (genau wie außerhalb) als Nerds, Freaks und asoziale Monster dargestellt, nur wenige Streitgespräche weit davon entfernt, Soziopath:innen zu sein, und unfähig, mit anderen zu kommunizieren. Intellektuelle galten als kalt, gefühllos und nicht in der Lage, im Kontext einer Gemeinschaft zu funktionieren. Und vor allem waren Intellektuelle patriarchale Männer.

Diese Bilder waren beunruhigend und entmutigend. Dennoch konnten sie mich nicht davon abhalten, einen intellektuellen Weg einzuschlagen und mich leidenschaftlich für Ideen zu begeistern. Als Akademikerin in institutionellen Strukturen zu arbeiten, die darauf ausgelegt sind, Ideen einzudämmen, die Fantasie zu unterdrücken und den Geist zu indoktrinieren, hat mich immer wieder extrem frustriert. Meistens standen die Anforderungen des Hochschulbetriebs im Widerspruch zum intellektuellen Leben. Gerade als ich mein Leben änderte, um mich voll und ganz der Arbeit mit Ideen widmen zu können, erhielt ich landesweit Anerkennung als eine der Schwarzen Intellektuellen, die es wert waren, beachtet zu werden. Plötzlich wurde ich mit dem Etikett ›prominente Intellektuelle‹ bedacht. Wie der Begriff ›Schwarze Intellektuelle‹ war auch dieses Etikett keines, das ich ablehnen musste, obwohl keiner der beiden Begriffe mein Selbstverständnis und meine Bestimmung definierte. Niemand schien wirklich das Bedürfnis zu haben, den Begriff ›prominente Intellektuelle‹ zu definieren, aber die Implikation schien zu sein, dass ›prominente Intellektuelle‹ im Unterschied zu ›Intellektuellen‹ keine Freaks, Nerds oder Asoziale mit Hang zum Soziopathischen darstellten, weil sie in der Lage waren, in der Öffentlichkeit aufzutreten und mit ihrem Publikum zu kommunizieren.

Tatsächlich wurden wir, gerade als einzelne Schwarze linke Intellektuelle Anerkennung fanden, als ›prominente Intellektuelle‹ bezeichnet und mit konservativen Gelehrten in einen Topf geworfen, die sich nie zuvor als Intellektuelle bezeichnet hatten. Wie die meisten Bezeichnungen zielte auch die Bezeichnung ›prominente Intellektuelle‹ in Wirklichkeit darauf ab, den Wert und die Bedeutung der intellektuellen Arbeit dieses seltenen Individuums – einer afroamerikanischen Intellektuellen – zu schmälern. In seinem Buch *Propaganda and the Public Mind* bietet Noam Chomsky eine der nützlichsten Definitionen von ›prominenten Intellektuellen‹, wenn er erklärt, dass sie »diejenigen sind, die innerhalb eines gewissen Mainstream-Spektrums als Vertreter:innen von Ideen, als Verfechter:innen von Werten akzeptiert werden«. Die Werte, die sie vertreten, spiegeln in der Regel den gesellschaftlichen Status quo wider. Bei den meisten Themen sind sie konservativ oder bestenfalls liberal. Diese Definition trifft aber auf die Arbeit, die ich mache, ganz sicher nicht zu.

Chomsky definiert »dissidente Intellektuelle«, d. h. herrschaftskritische Intellektuelle als Menschen, die »die Freiheit verteidigen«. Sie stehen dem Status quo kritisch gegenüber und wagen es, ihre Stimme im Namen der Gerechtigkeit zu erheben. Zu Beginn meiner schriftstellerischen Tätigkeit habe ich mich selbst als eine dissidente Stimme bezeichnet. Diese Beschreibung scheint immer noch sehr zutreffend zu sein. Ironischerweise hat mir die fälschliche Bezeichnung als ›prominente Intellektuelle‹ vorübergehend Türen geöffnet, die sich jedoch oft kurz nach meinem Eintritt wieder geschlossen haben. Aber es ist mir immerhin gelungen, den Geist der Dissidenz dorthin zu bringen, wo radikales Denken und Handeln normalerweise abgelehnt oder sogar verachtet werden. Im Gegensatz zu den dissidenten Intellektuellen, die Chomsky als »aus dem System ausgeschlossen« beschreibt, »weil ihre Arbeit zu ehrlich war«, konnte ich eine Zeit lang den Personenkult und den Ruhm nutzen, der einige Institutionen dazu brachte, sich um meine Person zu bemühen. Doch eigentlich habe ich mir nie einen Job aussuchen können. Und das scheint nur passend zu sein. Die Tatsache, dass ich in der akademischen Welt überhaupt Fuß fassen konnte, wenn auch nur in eher randständigen Positionen, ist zum Teil dem Sexismus geschuldet, denn Wissenschaftlerinnen, und seien sie noch so radikal, werden nicht als Bedrohung empfunden, weil wir als Frauen nicht ernst genommen werden. Wir haben nur selten ein tragfähiges Netzwerk unterstützender Kolleg:innen. So werde ich zwar jedes Jahr zu Vorträgen an Colleges und Universitäten im ganzen Land eingeladen. Für gewöhnlich sind es jedoch keine Kolleg:innen, sondern radikale Studierende, die diese Einladungen aussprechen. Ihre Fähigkeit, einen Raum zu schaffen, in dem Andersdenkende zu Wort kommen, gibt immerhin Hoffnung und eröffnet Perspektiven.

Die Entscheidung, meine Festanstellung aufzugeben, war zum Teil auch eine Reaktion auf die ständigen Schikanen, denen ich ausgesetzt war, auf die psychologischen Angriffe, die normalerweise nicht zu dokumentieren sind. Als fest angestellte Professorin blieb ich länger in der akademischen Welt als ich wollte, nicht zuletzt um den Studierenden als Beispiel zu dienen und ihnen zu zeigen, dass es möglich ist, Erfolg zu haben, ohne sich anzupassen. Kolleg:innen, wie mein Freund Ron Scapp, bedrängten mich, noch einmal darüber nachzudenken, ob ich nicht doch einen Fuß in der akademischen Tür behalten wollte; sie sahen, dass mir niemand komfortable Jobs an komfortablen Orten anbot, und dass dies symptomatisch für die Behandlung ist, die Andersdenkende erleiden.

Als Reaktion auf dieses Feedback und den kritischen Dialog mit Shannon Winnubst, der Philosophin und feministischen Theoretikerin, die mich eingeladen hatte, an der Southwestern University zu sprechen, nahm ich dort eine Stelle an (die sie zusammen mit unterstützenden Kolleg:innen geschaffen hatte), um informelle Lehrveranstaltungen anzubieten. Ich verwende das Wort ›informell‹, weil sie für alle offen waren und keine Noten vergeben wurden. Als Shannon mich gefragt hatte, welche Rahmenbedingungen mich dazu bewegen würden, an ihrer Universität zu unterrichten, sagte ich ihr, dass ich gerne offene Kurse geben würde, zu denen alle kommen könnten, auch Mitarbeitende und Angehörige der Fakultät. Ich sagte auch, dass ich gerne Lehrende unterrichten würde, die sich mit Fragen von Race, Gender, Klasse und Religion in ihrem Unterricht befassen, und dass ich zudem gerne mit den Studierenden ins Gespräch kommen würde. Mich an diese Universität zu holen, war Teil der allgemeinen Bemühungen um mehr Diversität. Angesichts meines hohen Bekanntheitsgrades als ›prominente Intellektuelle‹ war ich für diejenigen, die das College als offen für größere Vielfalt präsentieren wollten, ein nützliches Aushängeschild. Die Professor:innen und Studierenden, die sich mit meiner Arbeit vertraut gemacht hatten, waren erstaunt, dass ich in eine überwiegend weiße texanische Stadt kommen würde. Einige Mitglieder der Hochschulverwaltung (einschließlich des College-Präsidenten) waren begeistert und hießen mich in der Gemeinschaft willkommen. Auch wenn diese Freude allmählich abebbte, als meine dissidente Stimme und mein Auftreten eine Leidenschaft für Gerechtigkeit und Wahrheit erkennen ließen, so wurde meine Stimme doch gehört.

Ich bin nicht an die Southwestern gegangen, weil ich dort etwa ein hohes Gehalt angeboten bekommen hätte. Tatsächlich hätte ich mit nur vier Vorträgen genauso viel Geld verdienen können. Nein, es war in erster Linie eine Reaktion auf den intellektuellen Dialog zwischen Shannon und mir. Als weiße lesbische Philosophieprofessorin, die sich leidenschaftlich für die Lehre und für Gerechtigkeit einsetzt, war sie die treibende Kraft, die mir sagte: »Komm doch an diese Universität – so viele von uns lieben deine Arbeit – wir brauchen dich.« Nach meiner ersten Vorlesung an der Southwestern University war ich betroffen von der Art und Weise, wie der akademische Arbeitsmarkt dazu geführt hat, dass viele fortschrittliche Wissenschaftler:innen in Kleinstädten an Hochschulen unterrichten, von denen sie als Studierende nicht einmal im Traum gedacht hätten, dort zu studieren, geschweige denn zu lehren, jedenfalls nicht, wenn es ausreichend Stellenangebote gegeben hätte. So wie ich das Gefühl hatte, in der ›Wüste‹ gelandet zu sein, wenn meine akademischen Jobs mich dazu zwangen, an Orten zu leben, die ich mir nicht ausgesucht hatte, identifizierte ich mich mit den Menschen, die aufgrund der Umstände und des Schicksals an dieser methodistischen Universität gelandet waren. Es war allein Shannon, die mich an diese Universität gebracht hatte, und ich hebe ihre Rolle so hervor, um zu veranschaulichen, welche Macht das Handeln und die Präsenz eines einzelnen Menschen haben kann.

Als ich sie für diesen Aufsatz interviewte, fragte ich, warum sie es für wichtig hielt, mich auf den Campus zu bringen. Sie antwortete:

»Die Studierenden ziehen so viel Nutzen aus deinen Texten. Dich hierher zu holen, war ein großes Geschenk für sie.« Sie fügte hinzu: »Alle Fakultätsmitglieder haben deine Arbeiten gelesen; das war ein verbindendes Element zwischen den Disziplinen. Du hast auch Leute aus der Gemeinde angezogen und so die Kluft zwischen Stadt und Universität überbrückt.« Ich teilte Shannons Begeisterung dafür, dass sie eine Denkerin auf ihren Campus holte, die in einer kleinen, überwiegend weißen texanischen Stadt unter normalen Umständen nicht hätte arbeiten mögen. In den letzten zehn Jahren hatte ich mir immer wieder vorgenommen, öfter einmal unter eher ›ungewöhnlichen‹ Umständen zu lehren und nicht immer nur an Orte zu ziehen, an denen ich hauptsächlich von Gleichgesinnten empfangen werde. Ich wollte mit Leuten sprechen, die nicht so denken wie ich. Ich wollte mit den wenigen Schwarzen dort zusammenarbeiten und Gemeinschaft mit ihnen leben, mit den Menschen of Color, die als Minderheit oft isoliert sind und schikaniert werden.

Obwohl viele Studierende an der Southwestern University begierig darauf waren, mit mir zu sprechen, hatte die Mehrheit der Studierenden noch nie von bell hooks gehört oder sie gelesen. Das Gleiche galt für die Mitglieder der Fakultät. Shannon sagt: »Ich sehe, wer diese weißen Männer und weißen Oberschichtmenschen sind, und ich habe keine Geduld mehr. Ich bin einfach frustriert. Sie wollen nicht aufwachen. Sie suhlen sich einfach im Weißsein – dem Weißsein der weißen Vorherrschaft – und sie sehen es einfach nicht. Wenn man Leute hat, die über Vielfalt reden, aber nicht bereit sind, etwas dafür zu tun, ändert sich nichts.« Doch trotz ihrer Frustration setzt sie sich weiterhin für Veränderungen ein, denn, so sagt sie, »was bleibt uns anderes übrig?« Wir wissen beide, dass Veränderung ein Prozess ist. In ihrem Essay »White Privilege: Unpacking the Invisible Knapsack« betont Peggy McIntosh: »Es reicht nicht aus, die Systeme abzulehnen, um sie zu ändern. Mir wurde beigebracht, dass der Rassismus enden könnte, wenn weiße Menschen ihre Einstellung ändern würden. Aber »weiß« zu sein öffnet uns in den Vereinigten Staaten viele Türen, ob wir nun die Art und Weise, wie uns die Vorherrschaft übertragen wurde, gutheißen oder nicht.« Robert Jensen bringt es in seinem Essay »White Privilege Shapes the U.S.« auf den Punkt, wenn er unmissverständlich feststellt: » In einer Kultur der weißen Vorherrschaft haben alle Weißen ein Privileg, ob sie nun selbst offen rassistisch sind oder nicht.« Ehrlich und klar räumt er ein:

»Ich habe darum gekämpft, dieser rassistischen Konditionierung und dem Rassismus in meiner Kultur zu widerstehen. Ich denke gerne, dass ich mich geändert habe, obwohl ich regelmäßig über die anhaltenden Auswirkungen dieses verinnerlichten Rassismus und des institutionellen Rassismus um mich herum stolpere. Aber egal, wie sehr ich mich ›bessere‹, eine Sache ändert sich nie – ich gehe mit dem Privileg der Weißen durch die Welt. Was bedeutet das? Am wichtigsten ist vielleicht, dass ich nicht bedrohlich wirke, wenn ich mich um die Zulassung zu einer Universität bemühe, mich um einen Job bewerbe oder eine Wohnung suche. Fast alle weißen Menschen, die mich wegen dieser Dinge beurteilen, sehen aus wie ich: sie sind weiß. Sie sehen in mir ein Spiegelbild von sich selbst – und in einer rassistischen Welt ist das ein Vorteil. Ich lächle. Ich bin weiß. Ich bin einer von ihnen. Ich bin nicht gefährlich. Selbst wenn ich mich kritisch äußere, wird mir eine gewisse Nachsicht entgegengebracht. Schließlich bin ich weiß.«

Dieses Verständnis des weißen Privilegs und seiner Macht ist es, was das Bewusstsein weißer Menschen prägt, die sich für ein Ende der weißen Vorherrschaft und des Anti-Schwarzen-Rassismus einsetzen.

Shannon hat sich, wie andere antirassistische Weiße, schon in ihrer Kindheit entschieden, sich für die Beendigung der Vorherrschaft einzusetzen. Sie wuchs in Texas auf und war sich des Rassismus sehr bewusst; er war in ihrer Familie allgegenwärtig. Die Konfrontation mit ihrer Sexualität in der Highschool schuf auch ein größeres Bewusstsein für jegliche gruppenbezogene Unterdrückung: »Gegen Ende meiner Collegezeit musste ich mich mit Sexualität auseinandersetzen, und das brachte echte Überraschungen mit sich – der Umgang mit all dem Selbsthass – zu erfahren, wie es sich anfühlt, gehasst zu werden, weil du anders bist.« Jetzt kann sie behaupten: »Lesbisch zu sein war schwer, aber es war leicht, weil ich immer noch weiß war. Es ist schwer, eine Frau zu sein, schwer, eine Lesbe zu sein, aber leicht, weiß zu sein.« Auf meine Frage, was sie dazu inspiriert hat, die Angst vor dem Anderssein zu überwinden, in der so viele Weiße ›feststecken‹, antwortet Shannon: »Wenn ich Angst in mir spüre, bin ich entschlossen, sie loszuwerden.« Doch wie Jensen weiß auch sie, dass Antirassismus nicht bedeutet, dass sie nicht in den Genuss weißer Privilegien kommen kann. Ein gemeinsames Weißsein kann und wird oft alle anderen trennende Unterschiede ausgleichen, jedenfalls in einem Umfeld, in dem die weiße Vorherrschaft unterschwellig immer noch das verbindende Element darstellt.

Obwohl Shannon mit gemischten Gefühlen an die Lehrtätigkeit an einem methodistischen College heranging, wusste sie: »Das weiße Christentum ist ein Teil meines Hintergrunds und mir hilft zu verstehen, woher die Studierenden kommen«. Auch wenn Shannon und ich vieles gemeinsam haben, glaubt sie nicht an Religion oder spirituelle Praktiken. Wenn wir uns am heftigsten streiten, geht es meist um dieses Thema. Während wir daran arbeiteten, zu definieren, was es uns ermöglicht, trotz unserer Unterschiede in Bezug auf Race, sexuelle Präferenzen und Religion Bande der Solidarität und Gemeinschaft zu knüpfen, sahen wir beide in uns einen Geist radikaler Offenheit, die Bereitschaft, sich auf das einzulassen, was Thich Nhat Hanh den »wahren Dialog« nennt, bei dem »beide Seiten bereit sind, sich zu verändern«. Für mich ist die Bereitschaft, sich zu verändern und verändert zu werden, immer offen zu bleiben, ein bestimmendes Prinzip des intellektuellen Lebens. Es ist eine Art, an Ideen heranzugehen, die im Gegensatz zu der vorherrschenden akademischen Strategie steht, bei der man eine Position findet, sie verteidigt und an ihr festhält.

Dekan Jim Hunt war und ist der Meinung, dass der wichtigste Beitrag, den ich für den Campus geleistet habe und in Zukunft leisten werde, darin besteht, Studierende und Lehrpersonen zu ermutigen, über den Tellerrand hinauszuschauen. Er bekräftigt den Erfolg dieses pädagogischen Experiments: »Dass Sie mit Ihren einzigartigen Talenten für die Lehre und den Dialog hierhergekommen sind, war für uns sehr wichtig. Die Lehrenden hier wollen den Studierenden helfen, ihre Annahmen infrage zu stellen, sie zu dekonstruieren und sie dann auf neue Weise zu rekonstruieren. Genau das konnten Sie für uns als Gemeinschaft tun. Das ist es, worum es beim Lehren geht – nicht nur Informationen zu vermitteln, sondern uns mitzunehmen in unser Inneres und uns von innen heraus zu verändern.« Wie Jim bin ich immer noch beeindruckt von all den Maßnahmen, die aufgrund dieser gemeinsamen Bemühungen um

Wissensaustausch stattfanden. Für mich war es sehr spannend, über Unterschiede hinweg zu unterrichten, und vor allem, dass ich neben den Lehrveranstaltungen auch individuell mit Kolleg:innen arbeiten konnte. All die Diskussionen, die ich mit Menschen of Color, mit den Beschäftigten in der Verwaltung und den Lehrenden geführt habe, haben unser Verständnis dafür vertieft, wie wir in einem akademischen Umfeld, in dem Rassismus und weiße Vorherrschaft oft den Umgang miteinander prägen, ein Gefühl der Gemeinschaft erleben können.

Die Zusammenarbeit mit den Beschäftigten in der Bibliothek, die mich alle willkommen hießen und meinen Arbeiten einen Platz für die Studierenden zur Verfügung stellten, gehörte zu meinen positivsten Erfahrungen. Bibliothekar:innen treffen nur selten einmal auf die Intellektuellen, die an die Universität kommen. Die Zeit, die ich in der Bibliothek verbrachte, um mich mit den dort Beschäftigten auszutauschen, die hart daran arbeiteten, eine Sammlung aufzubauen, die die Diversität des Buchbestandes in unserem Land widerspiegelt, war eine wichtige Intervention, die für alle Seiten inspirierend war. Aufgrund meiner positiven Erfahrungen in der Bibliothek fiel es mir schwer, Nein zu sagen, als ich gebeten wurde, auch dann zu helfen, wenn ich das Gefühl hatte, dass meine Fähigkeiten und meine Zeit nicht immer optimal genutzt wurden.

Als Präsident Jake Schrum und Dekan Jim Hunt mich baten, die Festrede auf der Abschlussfeier zu halten, sagte ich zu, obwohl ich mich zunächst dagegen gesträubt hatte; ich bin keine Wohlfühlrednerin, und das ist es, was die Leute bei Abschlussfeiern wollen. Aber diese beiden weißen Männer überzeugten mich, dass die Eröffnungsrede auch eine Gelegenheit sein kann, kritisches Denken zu fördern. Jim Hunt erinnert sich: »Sie sagten nein, und ich habe Sie überredet, weil ich glaube, dass alle, die eine Rede halten, das sagen, was sie glauben. Vielleicht ahnten Sie, dass das, was Sie glauben und was Sie sagen würden, den Leuten möglicherweise nicht gefallen würde.« Jim forderte mich heraus, indem er mich darauf hinwies, dass es mir eigentlich ein Anliegen ist, nicht immer nur mit Menschen zu sprechen, die so denken wie wir selbst. Schließlich ließ ich mich von der Idee verführen, zu einer Gruppe von Menschen zu sprechen, mit denen ich normalerweise nicht sprechen würde. Für mich war der Vortrag, den ich vorbereitet hatte, nicht besonders kämpferisch oder offen radikal. Vor der Veranstaltung hatte ich dem Organisationsteam nur angekündigt, dass ich über den Tod sprechen würde. Und ich hatte darum gebeten, dass Shannon mich vorstellte, um sicherzugehen, dass ich nicht die einzige Frau sein würde, die sprach, oder die einzige radikale Stimme, die zu hören war.

Am Tag der Abschlussfeier wurde mir klar, dass ich vor Tausenden Weißen sprechen würde, von denen viele offen rassistisch eingestellt waren. Ich hatte Angst. Als ich meine Rede beendete, drückten viele dieser Weißen ihren Unmut und ihre Verachtung durch Buhrufe aus. Später ließen sie ihrer Wut freien Lauf, als sie die Universität dafür beschimpften, dass sie mir das Wort erteilt hatte. Während Jim Hunt die ganze Zeit über solidarisch mit mir blieb und stets anerkannte, dass ich von Anfang an Zweifel daran geäußert hatte, ob ich die richtige Rednerin für die Veranstaltung sei, distanzierten sich andere Mitglieder der Verwaltung und auch Kolleg:innen von mir. Mir wurde vorgeworfen, ich hätte Dinge gesagt, die ich einfach nicht gesagt hatte. Jim Hunt hatte Verständnis, denn er hatte ja einen Großteil der Konsequenzen zu verkraften. Er ist immer noch der Meinung, dass die Tatsache, dass ich als »feministische Wissenschaftlerin« vorgestellt wurde, viele Menschen vor den Kopf stieß, noch bevor ich gesprochen hatte. Ich wäre akzeptiert worden, wenn man davon ausgegangen wäre, dass ich eine ›prominente Intellektuelle‹ sei, also eine Person, die, wie Chomsky es ausdrückt, »die Werte und Prinzipien und das Verständnis« des Status quo vertreten würde. Aber diese Akzeptanz war vorbei, als ich abweichende Ideen äußerte, wie vorsichtig auch immer. In unserer kritischen Reflexion dieser Erfahrung stimmten Jim Hunt und ich darin überein, dass normalerweise, wenn ich Vorträge halte, Zeit für Diskussionen bleibt. Wir sind beide der Meinung, dass die Menschen die Möglichkeit haben müssen, neue Paradigmen, neue Denkweisen zu verarbeiten. Gespräche mit dem Publikum über Race, Klasse, Gender und andere Themen sind etwas, das ich besonders gut kann. Aus dieser Erfahrung habe ich gelernt, dass ich lieber nicht mehr in Situationen spreche, in denen ich festgefahrene Denkweisen infrage stelle und in denen dann aber keine Zeit für einen Austausch vorhanden bleibt.

Viele der Anwesenden sahen in dieser Erfahrung ein Scheitern der Bemühungen um Vielfalt und Inklusion. Ich sah es als einen Triumph, in erster Linie der Meinungsfreiheit, die jede Hochschule unterstützen muss, um ihrem Auftrag gerecht zu werden. Gemäß dem Leitbild der Southwestern University besteht ihr Hauptzweck darin, »eine geisteswissenschaftliche Hochschulgemeinschaft zu fördern, deren Werte und Handlungen einen Beitrag zum Wohl der Menschheit leisten«. Ihre Werte und wesentlichen Ziele sind »die Förderung des lebenslangen Lernens und der Leidenschaft für intellektuelles und persönliches Wachstum, die Berücksichtigung vielfältiger Perspektiven, die Wahrhaftigkeit gegenüber sich selbst und anderen, der Respekt vor der Arbeit und der Würde der Menschen sowie die Ermutigung zu aktivem Handeln im Streben nach Gerechtigkeit und Gemeinwohl.« Diese Ziele sind voneinander abhängig und können nicht erreicht werden, wenn ein Teil der Gesamtzielsetzung vernachlässigt wird. Ich habe schon andere Eröffnungsreden gehalten, aber nie an einer konservativen Bildungseinrichtung. Dass ich diese Rede an dieser konservativen Hochschule halten konnte, betrachte ich als einen Sieg für die freie Meinungsäußerung – gerade in einer Zeit, in der viele Menschen in unserem Land versuchen, andere zum Schweigen zu bringen und damit das Fundament der Demokratie zu verraten.

Es war nicht zuletzt die Welt des ›weißen männlichen Privilegs‹, die mich ermächtigt hatte, zu Massen von Weißen zu sprechen, die wahrscheinlich noch nie einen Vortrag einer Schwarzen Frau gehört hatten, egal worüber, geschweige denn von einer linken, dissidenten, feministischen Schwarzen Intellektuellen. Und ich habe nicht gerade zu Gleichgesinnten gesprochen. Dieses Sprechen über die Barrieren der Differenz hinweg ist eine radikale Intervention. Auch wenn diese Welt der konservativen und liberalen weißen Männlichkeit mich vielleicht nur deshalb ausgewählt hatte, weil sie nicht wirklich verstand, aus welcher Richtung ich kam, und lediglich gehofft hatte, mich als Aushängeschild für Vielfalt benutzen zu können, schuf diese falsche Absicht dennoch einen Raum für kritische Intervention und mögliche Veränderung. Die Nachwirkungen sorgten jedenfalls für viel Dialog und Diskussion. Ein weißer Student brachte es auf den Punkt, als er fragte: »Wie viele Leute können sich schon an die Rede auf ihrer Abschlussfeier erinnern, wer gesprochen hat und worüber? Diese Abschlussfeier, diese Rede werden wir nie vergessen«. Er war kein radikaler Student, der in meine Kursen besucht hatte. Er hatte keins meiner Bücher gelesen. Und doch fühlte er sich von meinen Worten angeregt, kritisch zu denken, nicht passiv zuzustimmen, sondern selbst zu denken und Dinge zu hinterfragen. Das ist es, was Bildung als Praxis der Freiheit möglich macht. Sie erweitert den Horizont. So wie ich in meiner Rede darüber sprach, wie wichtig es ist, sich im Studium nicht nur anzupassen, sondern es zu wagen, mutig an Offenheit und kritischem Denken festzuhalten, so hoffte ich, diesen Mut, diese radikale Offenheit auch durch meine Anwesenheit zu verkörpern. Diese Hoffnung hat sich voll und ganz erfüllt. Jim Hunt sagt: »Es vergeht keine Woche, in der ich nicht über einige der Ideen nachdenke, die angesprochen wurden.«

Während meiner gesamten Lehrtätigkeit habe ich den Studierenden meinen Glauben an die Macht der prophetischen Vorstellungskraft vermittelt und ihnen immer wieder gesagt, »dass wir das, was wir uns nicht vorstellen können, auch nicht ins Leben rufen können«. Mary Grey unterstreicht diesen Gedanken und ruft uns in Erinnerung, dass, wenn wir von der Zukunft träumen, davon, liebevolle herrschaftsfreie Gemeinschaften zu schaffen, dann »hat das, was sein muss, Vorrang vor dem, was ist«. Sie erklärt dazu: »Der wichtige Punkt ist, dass die prophetische Vorstellungskraft, wie die poetische Vorstellungskraft, nicht auf einen privaten Tagtraum beschränkt ist, sondern eine völlig öffentliche Vorstellungskraft ist. Sie gehört zum Bereich der Öffentlichkeit und inspiriert das gesamte Spektrum der dazugehörigen Gemeinschaften, die sich für eine umfassendere Vision des Guten Lebens einzusetzen (...) Prophetische Vorstellungskraft oder prophetisches Träumen, das Visionen lebendig hält, ist das, was alle Gruppen in ihrer Vielfalt dazu anregt, eine Kultur für das Leben zu schaffen, eine biophile, eine lebensliebende Kultur«. Wenn ich an die Arbeit an der Southwestern University denke, an die Zusammenarbeit mit Shannon und all den unglaublichen, radikal offenen Lehrenden, Studierenden und Angestellten, möchte ich besonders das Personal der Cafeteria hervorheben, das mich stets mit fürsorglicher, unterstützender Gemeinschaft umgab, während es die Bücher von bell hooks las und sich mit mir darüber austauschte. Dies war und ist ein Experiment in der Lehre, das funktioniert hat, auch, wenn es nicht ohne Fallstricke und Enttäuschungen war. Es brachte uns näher zusammen, schuf wahre Gemeinschaft, jedenfalls unter denjenigen von uns, die sich engagierten. In seinem Buch *The Different Drum. Community Making and Peace* definiert M. Scott Peck wahre Gemeinschaft als das Zusammentreffen »einer Gruppe von Individuen, die gelernt haben, ehrlich miteinander zu kommunizieren, deren Beziehungen tiefer gehen als ihre Masken der Selbstbeherrschung, und die ein beträchtliches Engagement dafür entwickeln, »sich gemeinsam zu freuen, gemeinsam zu trauern« und »sich aneinander zu erfreuen«, »die Probleme der anderen zu unseren eigenen zu machen«. Sicherlich ist gemeinsames Lachen notwendig, wenn wir es wagen, uns auf das Gespräch über Verschiedenheit einzulassen, das in uns oft Erinnerungen an alte Wunden oder aktuellen Schmerz hervorruft.

Shannon und ich sind uns einig, dass unsere Bindungen durch gemeinsamen Humor gestärkt werden. Wir lachen und scherzen miteinander, machen Witze, die manchmal auch böse sind. Hin und wieder brauchen wir einfach einmal eine Pause von all der Ernsthaftigkeit um uns herum. Auch wenn ich immer wieder von der ›politischen Korrektheit‹ höre, die alle so verklemmt macht, ist das nicht meine Erfahrung. Vielleicht ist es nur meine ganz eigene, zugleich bodenständige und flippige Südstaaten-Art, die die Verklemmtheit durchbricht, aber eines weiß ich: Wir müssen gemeinsam lachen, um Frieden zu schaffen und Gemeinschaft zu erleben. In seinen Memoiren *Hunting for Hope* fragt Scott Russell Sanders, welche Werte als Vorbereitung auf das Leben in der Gemeinschaft vermittelt werden müssen. Ich teile mit ihm die Werte, die er als »Gewohnheiten des Herzens und des Geistes« bezeichnet und die »für die Schaffung und Aufrechterhaltung von Gemeinschaft unerlässlich sind«. Dazu zählen »Großzügigkeit, Treue und Barmherzigkeit, Einfühlungsvermögen, eine tiefe und beständige Sorge um die anderen, die Freude an der Natur und am menschlichen Miteinander und an allen Formen der Schönheit, eine Leidenschaft für Gerechtigkeit, ein Sinn für Zurückhaltung und ein Sinn für Humor, eine Freude an geschickter Arbeit, eine Bereitschaft, über Differenzen zu verhandeln, eine Bereitschaft zur Zusammenarbeit und Zuneigung«. Eine solche Gemeinschaft gibt uns immer wieder neue Hoffnung.

Die engagierten Lernenden an der Southwestern, sowohl die Professor:innen als auch die Studierenden, haben alle etwas Grundlegendes über die Freude am Engagement, über die Verbindungen zwischen Theorie und Praxis gelernt. Wir haben gelernt, dass der Weg vom Reden zum Handeln oft eine Reise mit vielen Unwägbarkeiten ist. Doch wie bei allen großen Abenteuern verändert der Weg uns positiv. Am Ende der Reise sind wir mehr wir selbst – wir sind ganz. Parker Palmer spricht davon, dass wir die Angst überwinden, wenn wir beginnen, neue Ideen und neue Sichtweisen auf die Welt zu lernen, wenn wir uns mit Unterschieden auseinandersetzen, ohne sie zu negieren, und bekennen: »Ich fürchte mich. Ich habe Angst. Aber ich muss nicht meine Angst sein, wenn ich zu euch spreche. Ich kann mich euch von einer anderen Seite nähern – einer Seite der Hoffnung, einer Seite des Mitgefühls, des gemeinsamen Unterwegsseins in einem Geheimnis, von dem ich weiß, dass wir es teilen.« Die Dominanzkultur hat versucht, uns alle in der Angst gefangen zu halten, um uns dazu zu bringen, Sicherheit statt Risiko, Gleichheit statt Diversität zu wählen. Diese Angst zu überwinden, herauszufinden, was uns verbindet und uns an unseren Unterschieden zu erfreuen – das ist der Prozess, der uns einander näherbringt, der uns eine Welt gemeinsamer Werte, eine echte Gemeinschaft schenkt.